Paris-Hollywood

Cécile Mury

Paris-Hollywood

roman

Flammarion

978-2-0804-6090-5

À mon frère, Louis

1

Sueurs froides

Même la moquette sait que je n'ai rien à foutre ici. Ça chuinte de dédain sous mes baskets. Hôtel Meurice, cinq étoiles, troisième étage. Je rase des moulures dorées à la feuille, le long d'un corridor trop calme, dont le luxe crémeux semble vouloir m'engloutir tout entière.

J'en viens presque à regretter le chaos qui règne en bas. La chaussée bloquée, de la rue de Rivoli jusqu'à la Concorde. Les cris, les klaxons. La moitié des flics de Paris – j'exagère à peine – bousculés, débordés. Les fans, un vortex de téléphones portables, de pancartes énamourées et de bouquets de fleurs sous plastique. Les paparazzis avec leurs téléobjectifs taille bazooka. Les curieux qui s'attardent et s'entassent devant l'hôtel :

« Mais qu'est-ce qui se passe ?…

— C'est Ben Whyte. Il paraît qu'il est là… »

Bien sûr qu'il est là, ce crétin. À cause de lui, j'ai dû jouer à *Hunger Games* à travers une foule de concurrents agglutinés. J'ai failli fusionner avec une barrière de sécurité, en attendant qu'un des vigiles à oreillettes vienne scruter la photo sur ma carte de presse, histoire de vérifier que je n'appartiens pas à l'espèce écumante des adorateurs hardcore, prêts à tout pour approcher l'illustre objet de leur désir.

Et de tous mes fantasmes, depuis l'adolescence.

Ben Whyte.

L'acteur que je dois interviewer aujourd'hui. La star de ma génération.

Ben Whyte et ses yeux verts. Et la fossette qui lui griffe une joue, une seule – la gauche – quand il sourit. Nom de Dieu, cette fossette.

Nom de Dieu, cette trouille.

Ça m'apprendra à faire la mariole. Et Ben Whyte par-ci, et Ben Whyte par-là. Et que je te mets une photo (à cheval, en armure) en fond d'écran, au bureau. Et que je frétille comme une écervelée. Et que je me jette sur tous ses films. Un genre de récré, le cortex en jachère, entre un drame germano-serbe et un documentaire sur l'extinction des espèces. Peu à peu, sans le vouloir, j'ai planté mon drapeau et revendiqué le gaillard.

Chacun a ses petites obsessions. Chacun rêvasse, à l'occasion. Mais moi, je suis journaliste cinéma à *L'Œil Hebdo*, le premier magazine culturel français. J'aurais dû voir venir le danger.

Quand on bosse à *L'Œil*, on n'a pas seulement le privilège d'inspirer sans arrêt les mêmes blagues (« Ah bon, t'es bénévole ? »). On peut aussi approcher les stars. Un peu. Parfois. Par exemple, en cas de promo mondiale avec étape à Paris. On a de « belles opportunités », comme disent les attachés de presse.

Voilà comment on se retrouve coincée au fond d'un couloir de palace, par un tiède après-midi de mars.

Je t'en foutrais, des « belles opportunités ».

Suites 312 et 314. Devant les portes, difficile de louper l'affiche XXL du blockbuster qu'on nous fourgue aujourd'hui : des buildings en ruines, un chaos de ferrailles tordues qui semblent supplier le ciel. La chose s'appelle *Z-End*. Z comme zombies, mais surtout comme Zut, pas de fossette : au premier plan, cradingue, ébouriffé, le dernier survivant de l'humanité fait la gueule. Parce que la fin du monde, c'est triste. Et les morts-vivants, c'est con comme un intestin grêle.

Hier matin, j'ai vainement essayé d'en convaincre mon rédacteur en chef. Vincent Teyssier-Turpin – que tout le monde, y compris sa femme et son dentiste, surnomme VTT – m'a fait venir dans son bureau. Frétillant du sourcil, qu'il a grisonnant et touffu. Persuadé de m'offrir le cadeau du siècle : « Devine qui tu vas rencontrer demain ? »

Merci bien. C'est pas parce qu'on aime regarder des photos de l'Himalaya qu'on a envie d'aller crever au sommet.

J'ai aussitôt tenté de me défiler : d'abord, *Z-End*, c'est juste un énorme parc d'attractions virtuel pour geeks nécrophiles. Pourquoi aider à vendre le truc en publiant une interview ?... Ont-ils vraiment besoin de nous, ces panzers de la culture jetable mondialisée ?... Hein, VTT ? Sauf qu'en réalité, sous le choc, j'ai juste dit : « Mais Vincent, le film est nase. » Il a tiré sur sa clope électronique, elle a gargouillé comme une paille dans un fond de verre, et il a répondu : « On s'en fout, c'est Ben Whyte. Deux pages, pour lundi. »

N'en déplaise à mon chef et à une majorité du public international, le mec est tout sauf un cadeau. Comme on dit dans le métier, c'est un client difficile. Traduction, il bouffe du journaliste à tous les repas.

En 2016, il a quitté un plateau de la chaîne américaine NBC en plein direct. L'animateur s'était mis en tête de lui faire lire les petites lettres sur un tableau d'opticien. Ben Whyte est notoirement myope comme une taupe. Le gag l'agace, il refuse. L'autre insiste… Et se retrouve tout seul. Porte claquée, coupure pub, scandale.

Au moins, je n'ai pas prévu de lui fourguer des lunettes.

En 2021, au cours d'une fête sur un yacht, au large de Saint-Barth, il a jeté par-dessus bord le portable d'un quidam qui essayait de le photographier en douce. S'il s'est contenté du téléphone, c'est juste parce que d'autres invités l'ont empêché in extremis de s'entraîner au lancer d'humain.

Enfin, il y a Séoul, l'an dernier. Dans le cadre d'une tournée de promo comme celle-ci, dans un hôtel comme celui-ci, il a viré manu militari – par le col de la chemise – le journaliste coréen qui l'interrogeait. Une erreur de traduction, paraît-il.

Trois explosions parmi d'autres. « Ma star » est une bombe. J'ai rendez-vous dans un quart d'heure, et j'entends presque le tic-tac de la minuterie.

La suite 312, grande ouverte sur un attroupement d'initiés, sert de salle d'attente. Ça rentre, ça sort.

Les gens débordent jusque dans le couloir, debout contre un mur, ou même assis par terre.

Léger brouhaha. Excitation feutrée.

Juste à côté, l'accès à la 314 est surveillé par une paire de géants impassibles, des cariatides dopées aux anabolisants, costard noir et crâne rasé. Si ceux-là sont dans la presse, alors moi, je suis Bob l'éponge.

La porte est mal fermée. On perçoit les rumeurs de l'interview en cours. Soudain, Sa Voix. Impossible à confondre avec une autre. Profonde, ample et vibrante comme l'ouverture d'un opéra de Wagner.

Je vais faire une crise cardiaque. En allemand.

Je suis toujours vissée dans le couloir à rêver de triple pontage, quand surgit Françoise Saunier, l'attachée de presse qui organise le truc. « Oh, coucou, Marianne ! » De quoi, coucou ? Je la connais à peine. Elle m'accueille pourtant comme si on passait nos soirées libres à se laquer mutuellement les orteils. J'imagine qu'elle essaie de mettre un peu d'humanité dans cette grosse machine à sous. Bisou, bisou. Bouffée de parfum, fleurs poudrées, avec une note de tête migraineuse. Je regarde ses cheveux blonds coupés court, ses gestes vifs, le maquillage qui gomme la fatigue et les rides. Je calcule qu'elle a dû débuter quand j'étais en petite section de maternelle... On n'a sans doute pas beaucoup changé depuis, ni l'une ni l'autre. Tant mieux pour elle, tant pis pour moi.

« ... de vingt minutes ! »

Pardon ?

« Je dis que tu vas faire des jaloux ! On a réussi à t'obtenir vingt minutes avec Ben. »

Vingt minutes. Je ne comprends pas. On appelle ça un *press junket*. Une usine à promo. De l'abattage. La version hollywoodienne de la grande distribution. Chacun son interview lyophilisée, par mini-tranches de quatre ou cinq minutes maximum, et au suivant. Enfin, d'habitude.

Vingt minutes, bordel. Je ne suis pas prête. Je ne suis pas de taille. Je n'ai pas assez de questions. Je n'ai pas assez de points de vie, comme on dit dans les jeux vidéo.

Je veux rentrer chez moi. Tout de suite.

N'étant pas télépathe, mon interlocutrice ne m'entend pas geindre. Elle croit s'adresser à une vraie pro, pas à une écolière attardée, coincée par erreur dans un boulot d'adulte. D'un instant à l'autre, je vais être démasquée : « Et qu'est-ce que tu fais là, toi, tu as perdu ta maman ? »

Mais non. Au contraire. Radieuse, Françoise Saunier attend que je m'illumine à mon tour.

« Tu verras, Ben est étonnant. Très sympa, très simple. J'irais même jusqu'à dire qu'il est authentique… »

Mais bien sûr.

Qu'est-ce que ça veut dire, « authentique » ? Ici, rien n'est « authentique », à part peut-être le mobilier chic de la suite 312, où je pénètre enfin.

C'est surpeuplé, là-dedans. J'enjambe des pieds de caméra, je cherche un siège libre, je ne trouve pas, je me faufile vers le fond, où trône une espèce de buffet-goûter, boissons à volonté, viennoiseries et pile multicolore de macarons Ladurée. J'en croque un à la framboise, il est rouge vif, un peu collant, je regrette aussitôt. Il ne manquerait plus que je me retrouve avec un sourire de vampire.

Juste avant d'aller papillonner vers quelqu'un d'autre, Françoise Saunier m'a achevée : « Et surtout n'oublie pas, Marianne : aucune question personnelle. Il a horreur de ça. »

Comme si j'allais lui demander la couleur de son caleçon, ou sa position tantrique préférée. Oui, mais si ça m'échappe ? Si je passe les bornes par erreur ? Par exemple, est-ce que j'ai le droit de l'interroger sur ses origines, sans qu'il me saute à la gorge ? Ben Whyte n'est pas américain. Avant de prendre perpète à Hollywood dès l'âge de dix-neuf ans, il est né simple mortel à Auckland, Nouvelle-Zélande. Depuis, il accumule les triomphes. Trois Golden Globes, un prix d'interprétation à Cannes, mais pas encore d'Oscar.

Note pour tout à l'heure : surtout, ne pas mentionner les Oscars.

Je pique un autre macaron. À la vanille, cette fois, parce que c'est assorti à l'émail dentaire. Je lèche le sucre sur mes doigts, j'essaie de me calmer un peu. D'anticiper l'ampleur du soulagement, après. C'est quoi, vingt minutes, dans une vie ? Presque rien. Un trajet en métro. Une bonne douche.

« Pas de questions personnelles » et c'est plié.

2

Apocalypse Now

Le jour décline. Pas envie d'allumer la lampe de chevet. Même pas envie de me changer. Je reste affalée au pied de mon lit, à sécher sur place. Au sens propre, et néanmoins sale : sur mon jean, la tache de café ne s'est pas tout à fait évaporée. Elle diffuse encore le frisson humide de la honte.

Tout à l'heure, c'est la première chose que Ben Whyte a regardée. Ma cuisse. La droite, repeinte de la hanche au genou.

« Sers-toi quelque chose à boire », qu'elle disait, la Françoise.

Deux heures que je me repasse le film en boucle. L'attente, interminable, à tricoter la peur et l'impatience, une maille à l'endroit (tout ira bien), une maille à l'envers (je vais mourir). Le grand pot fumant que je venais de saisir, quand Gentille Organisatrice a jailli une ultime fois derrière moi : « Viens. C'est maintenant. »

J'ai sursauté.

On ne fait pas attendre une star : il a fallu débouler séance tenante dans la suite 314, le jambon bouilli à l'arabica. Le contenu entier du pot. Un bon litre, à vue de cuisse. Le tas de serviettes qu'on m'a refilé d'urgence pour éponger le désastre n'a pas servi à grand-chose.

« *This is Marianne Corvo, from the French magazine* L'Œil Hebdo. Elle vient d'avoir, heu, un petit contretemps... »

And This is Ben Whyte.

Ça brûle.

Je suis dans la réplique exacte du salon que je viens de quitter, un autre garde-meubles Louis XV, ou XVI, aucune idée du Bourbon concerné. Le seul roi, c'est l'homme qui trône ici. Imposant, immobile et languide dans les ors délicats de son fauteuil, comme s'il s'apprêtait à rendre la justice, le menton calé sur son poing.

On dirait qu'il pose pour l'affiche d'un drame shakespearien inédit. Puissance et ténèbres. Ne manquent que les fourrures et la couronne de travers. Pour le reste, de la barbe courte aux épis châtain, il descend directement de Richard III : Ben Premier, dit Le Morose, aussi avenant qu'un pont-levis en période de siège.

Comment peut-on être à la fois si massif et si gracieux ? Et, accessoirement, si malpoli ? Il ne s'est pas levé, ne s'est pas fendu d'un geste ni d'un mot, pas même : « Approche, souillon ! » (Ou, en VO à collerette : « *Come forth, thou filthy slob!* ») Il a juste maté ma cuisse fumante.

Assis à ses côtés, un homme et une femme m'ont eux aussi regardée avancer en hâte – clip-clop, flicfloc – avec ce dégoût distrait qu'on réserve d'habitude aux gros insectes amoureux des réverbères, les soirs d'été.

Elle est brune, il est maigre. Ils sont flous.

Françoise Saunier, derrière moi, a tenté de me les présenter. Des gens de la Golden Lion, le grand studio qui produit le film. Normal. On ne rencontre pas des stars de cette ampleur sans la présence de quelques garde-fous. En revanche, je n'ai pas saisi leurs fonctions exactes. Ni leurs noms. L'âme et le derme en feu, c'est à peine si je me souvenais du mien.

Il n'y a pas plus troublant que de reconnaître un inconnu. Ben Whyte ne voit qu'une tache, je ne vois que ses personnages. Tous ramassés dans le même corps, sur le même fauteuil. Chaque détail de ce visage me semble plus familier que mon propre reflet. Le menton à peine trop long, belle mâchoire de crâneur. La lèvre supérieure juste assez fine pour donner envie de croquer l'autre, plus charnue. Le nez bien droit, narines ouvertes, pépins de colère.

Et les yeux, surtout les yeux. Longs, fendus, tombants. Chien battu. Mais aucun clébard, maltraité ou pas, n'a ce regard d'un vert sylvestre. Mousse, torrents et sapins. Le territoire d'un loup.

Qu'importent mes illusions de cinéphile. Le loup n'est pas un animal familier. C'est une espèce dangereuse. Ce spécimen plus que tous les autres, fou d'ennui dans son enclos doré. Quand l'attachée de presse s'est éclipsée pour nous laisser « entre nous », j'ai résisté à l'impulsion de me cramponner à sa jupe. En se refermant, la porte a émis un petit clic carcéral.

C'est alors que j'ai cru bon de m'asseoir sur le premier truc disponible.

Le premier truc disponible était un être humain.

Un quatrième larron. Bien calé au fond de son canapé. Difficile à louper. Pourtant, je l'ai bel et bien confondu avec un coussin. Quand j'ai atterri lourdement sur ses genoux, tout le monde a poussé un petit cri, même moi. Je me suis relevée comme un diable, en plein dans la table basse.

Vibrations. Tintements. Un verre a roulé jusqu'au bord du plateau.

Ben Whyte a dit « *Oh, God.* »

Un jour, j'en tirerai peut-être une bonne anecdote. Le genre d'histoire qu'on aime faire durer, en fin de repas, pour amuser la galerie. « Oh oui, Marianne, raconte-nous encore comment tu t'es assise sur Ben Whyte ! — Pas sur Ben Whyte, les gars, pas sur Ben Whyte. Mais attendez, c'est pas fini… »

Un jour, mais pas ce soir, ni bientôt. Ce soir, je rumine dans l'obscurité, en rêvant de m'encastrer dans une poubelle et de refermer le couvercle, en attendant les services municipaux.

La star a un peu remué sur son siège. J'ai pris son regard froid en pleine gueule. Avec le sous-titre évident : « On y va, oui ou merde ? »

Merde.

J'ai dit : « *What…* »

J'ai répété : « *What…?* »

Et puis rien.

Grand néant venteux.

J'avais préparé des questions. Je les avais traduites, apprises par cœur. Relues ce matin, au bureau. Puis dans le métro. Puis dans la suite voisine, où elles sont manifestement restées coincées, en compagnie des macarons.

Il s'est penché. Une mèche est tombée sur son front : « *What... what?* »

Qu'est-ce que quoi ?

J'ai remarqué le dessin hideux sur son T-shirt : une tête en décomposition, se curant l'oreille avec la langue. Et le nom de quelque obscur groupe de métal imprimé juste au-dessus, gris sur noir, en lettres gothiques : *The Dead Cherries.* Les Cerises Mortes.

Mortes. *Dead.*

Braindead, The Walking Dead... Shaun of the Dead... Evil Dead.

Z-End.

« Qu'est-ce que... »

Dead...

« Qu'est-ce que ça fait... de tourner avec des zombies ? »

Oui, j'ai vraiment demandé ça.

« Eh bien, je... Attendez. Comment ça, avec des zombies ?

— Euh... Je veux dire...

(Rien du tout)

— ... Est-ce que c'est différent de... des humains ? »

Naufrage. Titanic. Lusitania.

Les narines de Ben Whyte ont palpité.

« C'est pas des vrais, vous savez. Les zombies. Et dans *Jurassic Park*, c'est pas des vrais dinosaures non plus. J'espère que vous n'êtes pas trop déçue.

— Ah non, mais pas du tout. Je voulais juste savoir si vous aviez… euh, profité…

(Toujours rien)

… d'une bonne baise. »

Sidération dans les rangs.

On était d'accord. Pas de questions personnelles.

On n'a jamais parlé des lapsus.

Je me suis aussitôt précipitée, en vrac :

« Non, non, NON ! *Crew*, *crew*, pas *screw* !… Une équipe. Une bonne équipe. Pas la… pas une… »

Quelque chose s'est allumé dans l'œil de Sa Majesté.

À sa gauche, la femme brune s'est ratatinée. À sa droite, le maigrichon a lentement dégainé son portable. Derrière moi, le canapé a émis un léger couinement de détresse.

Le silence s'est étiré.

Tic, tac.

Ben Whyte s'est passé la main dans la barbe. Une main d'étrangleur. Grande, épaisse, carrée. Avec un anneau de métal gris au petit doigt, coquetterie de mafieux.

Il a pris le temps de s'allumer une clope. Dunhill rouge. Comme si on n'était pas là. Ni moi, ni les sbires de la Golden Lion, ni les lois anti-tabac. L'hôtel lui a même fourni un superbe cendrier en cristal de Baccarat, déjà saturé de mégots.

Enfin, trop calme, dans une volute de fumée tentatrice : « Asseyez-vous, au moins. Qu'on la commence enfin pour de bon, cette *fucking* interview. »

« *Fucking*. »

Tic, tac.

Je me suis empressée d'obéir, en prenant bien soin de n'écraser personne. Du coup, cette fois, j'ai failli m'asseoir dans le vide. Par miracle, ma fesse a rencontré l'accoudoir du canapé. Je suis restée perchée dessus.

Il a éteint sa cigarette à peine entamée.

« Je vous écoute.

— Moi aussi.

— Pardon ?

— Pardon.

— …

— Euh, d'accord. Donc. Au sujet des zombies…

— Ah, encore. Oui ?

— Eh bien, je… Vous les aimez ?

— Qui ça, moi ? Vous voulez dire, en tant que spectateur ?

— Oui, mais non… Oh non, pas…

(… de questions personnelles)

— Vous… Euh… L'autre. Il les aime ?

— Quel autre ?

— L'autre… Dans *Z-End*…

— Mon personnage ?

— Oui, voilà. Lui. Il les aime ?

— Vous l'avez vu, le film ?

— Bien sûr, je…

— Alors… Vous avez quand même dû noter qu'il passe son temps à les découper en morceaux, les zombies. Pendant qu'eux, ils essaient de le bouffer. Non ?

— Si.

— Donc vous avez déjà la réponse à votre… question. Enfin, il me semble.

— Mais… Pas forcément. La viande rouge, par exemple… On l'aime, et pourtant…

…

Je ne sais pas ce qui m'a pris. Avec le recul, je diagnostique une bouffée délirante. Les gens de la Golden Lion se sont regardés, en se demandant sans doute s'il fallait intervenir ou laisser Ben Whyte faire tout seul le sale boulot.

Il a dit : « J'en déduis que vous n'êtes pas végane. »

Trente secondes de silence, les yeux dans les yeux. C'est long, trente secondes dans tout ce vert.

Et puis j'ai fait « non » de la tête, avec tant de vigueur que la barrette qui retenait mon chignon a sauté comme une grenouille en fuite, et rebondi à ses pieds.

Il a pincé les lèvres. À travers un épais brouillard de honte et de cheveux, je l'ai vu se pencher en avant. J'ai cru qu'il allait ramasser l'objet. Mais non. Il est resté courbé, bras croisés, comme sous l'effet d'une vive douleur.

Trop, c'est trop.

J'ai voulu m'excuser. « Je vais vous laisser, maintenant… Désolée d'avoir été si gluante. »

Je viens de vérifier, j'ai bien dit « gluante ».

Clumpy. Au lieu de « maladroite ». *Clumsy.*

Encore trahie par l'anglais. Mon année de fac à Dublin, en Erasmus, n'est pourtant pas si loin. Depuis cette alerte période d'immersion dans la Guinness, tout le monde considère, moi la première, que je suis bilingue. L'idée de demander un interprète aujourd'hui ne m'a même pas effleurée.

Toujours cassé en deux, Ben Whyte a émis une sorte de hoquet. Et puis un autre. Un grand frisson a parcouru ses épaules.

Les spasmes du fou rire.

Il s'est redressé d'un coup, il a essayé de parler, à demi asphyxié, les yeux humides, et c'est reparti. C'est l'apparition de la fossette, cette fissure joyeuse en travers de sa joue, qui a eu raison de mes dernières forces. J'aurais tout aussi bien pu éclater en sanglots, mais son hilarité m'a gagnée. Mon sac a glissé au sol, j'ai vacillé au bord de mon accoudoir et de la crise de nerfs.

Je ne me suis pas aperçue tout de suite qu'il avait fini par se calmer. Que j'étais désormais seule à ricaner, dans cette antichambre de l'enfer. J'ai ramassé mes affaires, en pensant aux redoutables sourcils de VTT quand il apprendrait la nouvelle. L'interview, mon vieux, tu peux t'asseoir dessus, toi aussi.

J'ai presque atteint la porte.

« Hey… C'est quoi, votre nom, déjà ?

— Corvo. Marianne Corvo.

— Marianne, vous ne voulez pas essayer, au moins ?… Encore un peu ? »

Je me suis figée, presque moins stupéfaite que le trio de garde-chiourmes.

« Allez, revenez. »

Zut.

Il m'a regardée obtempérer, avec ce grand sourire canaille qui lui remonte les pommettes, lui étire un peu le menton et fait pâmer les foules. Tellement différent du fauve maussade et hautain du début.

J'ai réussi l'exploit de m'asseoir normalement.

« Vous avez quel âge, Marianne ? »

Très amusant, l'inversion des rôles.

« Vingt-huit ans.

— Tiens, je pensais que vous étiez plus jeune. Vous êtes journaliste depuis longtemps ?

— Environ cinq ans.

— Ah ouais, quand même… »

Prends ça dans les dents.

« Vous savez à qui vous me faites penser ? »

Non, à qui ? Borat ? Dumb et Dumber ? Pas du tout envie de le savoir. J'ai avisé ma pauvre barrette, qui gisait, oubliée, près de sa belle chaussure de cuir noir.

« À Peter Sellers. Vous connaissez ? »

Comme quoi, j'y étais presque. Le regretté Peter Sellers. Immense acteur comique des sixties. Célèbre pour ses rôles de catastrophe ambulante, en particulier dans *La Party* (il sabote une fête) et *La Panthère rose* (il sabote une enquête).

« J'adorerais le rencontrer… »

Il est au courant que le mec est mort avant sa naissance ?

« Maintenant, grâce à vous, c'est presque comme si c'était fait. »

Et voilà. Ben Whyte ne m'a retenue que pour se payer ma tête. Se dégourdir la fossette à mes dépens, entre deux fournées de gens sérieux.

« Bon, on en était où ? Ah oui, la viande rouge. On avait un débat sur le tartare de zombies… »

Et puis, il a vu ma tête. J'ai dû lui faire pitié :

« *Never mind.* Allez, on enchaîne. »

Trop tard.

À peine le temps de bredouiller deux questions miteuses, et Françoise Saunier revenait déjà me libérer, suivie de près par une équipe télé.

Tout le monde s'est levé. Cette fois, même Ben Whyte a fait l'effort. Je me suis retrouvée nez à nez avec lui.

Enfin, nez à torse. Je l'ai trouvé trop grand pour moi. Je me suis demandé ce que ça ferait, de l'escalader. Léger vertige. Juste avant qu'il ignore ma main tendue et me prenne dans ses bras.

Dans ses putains de vrais bras.

Enfin, presque. Bien sûr que je sais reconnaître un *hug*, cette vague étreinte formelle, ce simulacre de convivialité à l'américaine. Mais quand Ben Whyte a effleuré mes épaules, j'ai oublié l'existence même de cet usage. Pour ma défense, je venais de rencontrer son odeur. Soudain engloutie dans une ineffable preuve d'humanité. Tabac, linge frais, verveine. J'ai réagi à l'instinct.

Un instinct très français.

Il s'est incliné pour l'accolade, je me suis étirée pour la bise. Une seconde de confusion, un dérapage malencontreux contre la barbe la plus douce de toute l'histoire de la pilosité masculine… Et ma bouche a fini dans son cou.

Le petit bruit de succion pataude, sur sa peau, me hantera jusqu'à la fin de mes jours.

Évidemment, quand je me résigne à prévenir le Sourcil en chef, je lui sers une version légèrement édulcorée des événements. Après tout, une cuisse bouillie, c'est presque un accident du travail, et...

« Rien à battre, de ton histoire de café ! »

Aucune compassion. Il est sept heures du soir, et je prends un savon historique par téléphone.

« Alors ce que tu vas faire, Marianne, c'est que tu vas rattraper le coup.

— Mais...

— Mais rien du tout. Ben Whyte, c'est la couverture du prochain numéro. Tu l'as oublié, ça ? Tu t'y prends comme tu veux, mais moi, j'ai son portrait sur mon bureau lundi matin. Alors tu vas rappeler l'attachée de presse. Tout de suite. Tu lui dis que tu as besoin de compléter l'entretien.

— Mais c'est trop tard, je...

— Démerde-toi. Le papier, bordel. Lundi. »

Enfer et boulettes.

3

Un jour sans fin

La nuit est bien avancée, maintenant. Le nez contre la fenêtre de mon taxi, je regarde filer le boulevard des Batignolles. Les vitrines repeignent les trottoirs en jaune électrique, les poubelles attendent, les arbres s'emmerdent en cage, tout est calme.

À part moi. Et cette vieille bagnole, qui vibre un peu trop, elle aussi, et ralentit place de Clichy, devant le cinéma Wepler. Soudain, Ben Whyte me toise depuis une affiche haute de deux étages. Un géant furieux, en armes et en haillons, sous les grandes lettres lézardées de *Z-End*.

Je tords le cou pour mieux voir, je tombe sur la phrase d'accroche : « C'est la fin de votre monde. Survivrez-vous dans le sien ? »

Bonne question.

Fou rire nerveux, brutal, à m'en fissurer les côtes. Je m'étrangle, ça dégénère en quinte de toux.

Coup d'œil du chauffeur, dans le rétro : « Et allez, encore une… À cette heure-ci, c'est toujours pareil. Que des gens bourrés comme des matelas. Après, si vous êtes malade, qui c'est le pauvre con qui va tout nettoyer ? »

Minute, papillon. L'alcool n'y est pour rien.

Tu te trompes d'ivresse.

Si j'avais su…

Si j'avais su, le trac aurait changé d'échelle.

En début de soirée, c'est pour mon job que je tremblais. Ça partait mal. Quand Françoise Saunier a compris pourquoi je l'appelais, elle en a oublié de me tutoyer.

« Demain ? Encore ? Vous plaisantez. »

J'ai répondu un truc inintelligible. Même pour moi.

« Mais enfin, pourquoi ? Ça ne s'est pas bien passé ? Personne ne m'a rien dit. Je l'ai entendu rire, pourtant, alors que… »

Alors que d'habitude, il cogne ?

« Le planning explose déjà. Le staff de Ben ne validera jamais une seconde interview… »

Notons qu'à leur place, je ne me « validerais » pas non plus. Je me collerais sur une liste noire, à vie.

« À moins que… »

J'entendais presque la pauvre Françoise réfléchir à toute vitesse. D'un côté, l'empotée de *L'Œil.* Mais aussi la une de *L'Œil.* Les lecteurs de *L'Œil.* De l'autre, la star et son staff, qui se moquent de la presse française comme de leur premier latte au concombre.

« Écoutez, on va essayer. Là, Ben est au JT de France 2, tout le monde est débordé, je vous tiens au courant. Mais bon. Entre nous, je pense que c'est cuit. »

Quand elle a fini par rappeler, j'étais déjà sous la couette, le nez sur mon ordinateur, à cuver mon échec devant un épisode de *Docteur Who.* De la SF anglaise et un vieux bout de pizza, la recette du réconfort.

Sauf que… « Marianne ? C'est d'accord. Vous avez cinq minutes avec Ben. Mais pas demain. Maintenant. Tout de suite. »

Jaillir de mon pyjama.

Cavaler sous la douche.

Déraper. Renverser tous les flacons. Rater mon maquillage. Recommencer. Ressembler à un lémurien relooké par Tim Burton. Perdre un temps précieux à retrouver mon unique robe noire au fond du placard, vu qu'on m'incrustait dans une soirée chic.

Françoise a dit « attention, il y a un dress code. Cocktail. » Comme si j'étais censée comprendre.

Va pour la vieille robe.

Direction l'hôtel Raphael. Un autre palace, dans le XVIe arrondissement, tout près de l'Arc de triomphe, à l'épicentre du luxe. Nouvelles barrières, nouveaux contrôles. Même punition. La version cinq étoiles du mythe de Sisyphe, avec Ben Whyte dans le rôle du rocher.

Je suis arrivée sur la terrasse, en pleine fête d'avant-première.

Z-End venait d'être projeté au Grand Rex, en présence de l'acteur. Je parie qu'il n'est même pas resté pour le film. Juste trois pas sur le tapis rouge pour les caméras, le temps de bloquer les boulevards et d'affoler les badauds.

Rien d'aussi vulgaire sur le toit du Raphael. Il faisait bon, la voix de Nat King Cole caressait *Mona Lisa* sous un ciel de velours noir. Cette fois, à part quelques patrons de journaux – et moi, cherchez l'erreur –, la presse n'était pas invitée à partager ce chromo pour

Américains en voyage de noces, au bord des toits opalins et des scintillements de la tour Eiffel. Le grand jardin suspendu, avec alcôves végétales, tables discrètes et recoins tamisés, était réservé à l'élite.

Cocktail.

Exquise mixture de comédiens, influenceurs, producteurs et autres huiles essentielles. Stars, demi-stars, quarts-de-stars. Et même Bertrand Levallon, notre infâme ministre de la Culture. Cette raclure ultralibérale pérorait au buffet, devant un groupuscule de lèche-mocassins. Envie de lui planter ses petites brochettes au foie gras dans les narines, comme des banderilles de corrida.

C'est dire si je m'épanouissais, dans les effluves du pouvoir et des petits fours tièdes. Ne sachant ni quoi faire ni à qui me vouer. Françoise Saunier m'avait prévenue qu'elle serait absente, occupée à préparer la journée presse du lendemain. Elle n'a pas expliqué grand-chose d'autre, à part que mon nom serait sur une liste.

Et que « Ben » en personne m'avait « validée ».

« Ses collaborateurs m'ont envoyée ch…, ils ne voulaient rien savoir, comme prévu », a-t-elle insisté. « Mais lui, il s'est mis à rigoler dès qu'il a entendu votre nom. Il a dit : “On va bien réussir à la caser quelque part… Ou sur quelqu'un !” Je n'ai pas vraiment saisi la blague, mais… Bref, vous avez beaucoup de chance, Marianne. »

Une veine de pendue.

J'ai attendu en sirotant du champagne au bord d'un plateau d'échecs géant. Je me demandais qui pouvait bien s'en servir, dans ce repaire de millionnaires pressés, et Nat King Cole célébrait désormais chaque lettre du mot *Love*. Il en était à V, comme « *Very, very extraordinary* », quand il y a eu du mouvement. L'assistance a tangué. Quelques photographes ont fait crépiter leurs flashs. Ben Whyte venait de faire son entrée. Veste noire, chemise noire. *All black*.

Very, very extraordinary.

« T'as pas des mots plus forts ? Je ne suis pas sûr qu'on ait vraiment senti ton extase, les douze premières fois. »

Jean se frotte les yeux. Il est hirsute et chiffonné, la marque de l'oreiller encore tatouée sur la gueule. La définition même du public captif.

C'est devant son immeuble, place Pigalle, que le taxi vient de me déposer. Oui, en pleine nuit. Pas envie de rentrer chez moi, pas encore, pas tout de suite. Besoin de tout déballer, ne serait-ce que pour y croire moi-même. Évidemment, c'est tombé sur lui. Mon meilleur pote. Mon frère.

Entre nous, ça dure depuis la primaire. À la vie, à la mort.

Surtout la mort, vu l'heure qu'il est.

Pour une fois qu'il n'est pas de garde. Jean est infirmier à l'hôpital Necker. Et moi aussi, cette nuit, j'ai une urgence.

Assis en caleçon sur le canapé-lit défait de son studio – un clapier encore plus petit que le mien, tout en haut d'un escalier vermoulu qui pue la vieille soupe et la serpillière –, il me hait de toute son âme somnolente. Son mec, lui, n'est pas du tout fâché. Serge, victime collatérale. Barbu, grisonnant. Aussi mat, épais et courtaud que Jean est blême, long et blond. Un petit moulin à poivre à côté d'une grande salière.

Serge a remis ses lunettes, et il a plein de questions. « Mais non… DEUX fois Ben Whyte en une seule journée ? Il était comment ? Sympa ?… Horrible ?… Il est vraiment baraqué ?… Tu l'as touché ?… C'est dur ? »

Patience.

Jean bâille comme un vieux lion blasé, et je reprends mon récit.

Sur le rooftop du Raphael, Ben Whyte a serré d'innombrables mains. Donné quelques rares accolades.

Personne n'en a profité pour lui sucer le cou.

En revanche, ça se marchait dessus pour une miette de son attention, quelques mots, l'hommage de son regard. Tout en lui parlant, une femme au chignon haut ne cessait de se toucher l'épaule et d'écarter le bord de son kimono satiné. Comme rongée par l'urgence inconsciente d'arracher ses fringues. Ici, maintenant, là, tout de suite, pour lui, entre deux yuccas. Je ne me voyais pas du tout débouler au milieu : « Bonsoir madame, pardonnez-moi d'interrompre votre parade nuptiale de printemps, c'est rapport à mon boulot… »

Il l'a plantée en pleine phrase, happé par quelqu'un d'autre. Et je l'ai perdu de vue, refoulée derrière une mouvante barrière d'invités plus tenaces. Impression d'être au Louvre, devant la *Joconde*, avec un car entier de collégiens en sortie scolaire.

J'ai hésité, contourné, piétiné une bonne demi-heure, avant que ça se calme.

Et pour cause : il avait disparu.

J'ai fait deux fois le tour de la terrasse. J'ai regardé derrière chaque buisson. Rien. Aucune tête familière. Personne pour m'aider.

Il était minuit, au bord du vide.

J'ai fini par battre en retraite à l'écart, dans un salon d'extérieur entouré d'énormes massifs de buis. Du tek, du rotin, des coussins, une illusion de quiétude. Vaincue, avachie sur le sofa, j'ai pensé à ma couette, mon pyjama, mon *Docteur Who*, avec toute la tendre amertume de l'exilé pour son lointain village natal.

Sur la table basse, des dizaines de bougies multicolores agitaient leurs petites têtes ardentes.

Un texto à VTT – « Encore raté » – et au dodo.

...

« Vous revenez d'un enterrement, Peter ? »

J'en ai lâché mon téléphone.

Soudain il était là, dans le tremblement du feu.

Le roi du monde.

Émotion verticale.

« Pourquoi il a dit ça ? Tu faisais la gueule ? » demande Serge qui décidément s'intéresse, pendant que Jean capitule des paupières.

« Non, c'était à cause de ma robe. »

Serge louche sur le corset. Le bouillon de tulle transparent. Les petits crochets. Les nœuds. Un compromis entre veuve corse et pompon gothique, cadeau de ma sœur Charlotte. Entièrement (et mal) cousue main. Jusqu'à ce soir, la chose pendait à l'abri des modes, sur un cintre oublié.

« Ah. D'accord. N'empêche, c'est un peu vexant... »

Un peu.

Ben Whyte se tenait à l'entrée de l'alcôve végétale, l'œil plein de mèches et de flammèches.

J'aurais bien aimé lui retourner une vanne, un de ces revers bravaches et artificiels qu'on ne balance qu'au cinéma : « En effet. Ma dignité n'a pas survécu à notre première rencontre. Vous portez le deuil, vous aussi ? » Après tout, il était en noir des pieds à la tête, comme moi.

Ou plutôt comme Cary Grant, un soir de première.

Le métal à son doigt a accroché la lumière. Un éclat froid, menaçant, qui m'a rappelé la fameuse phrase de Tolkien : « *Un anneau pour les gouverner tous, et dans les ténèbres les lier.* »

... Dans les ténèbres, où rampait la réponse la plus plate de toute mon existence :

« Un enterrement ?... Euh, non. Je viens de chez moi. »

Il a fait un pas en avant. Je me suis enfoncée dans le sofa.

Ressaisis-toi, Peter... Marianne. Après tout, c'est juste un mec, pas le Taj Mahal. Tout, sauf parfait. Surtout pas mignon. Une gueule de pilier de pub, de rosbif coriace, avec son visage un peu rude, son menton goguenard, croqué d'ombres. Un simple touriste, descendant d'aventuriers et de soldats, de miséreux et d'orpailleurs.

Tout un pedigree romanesque.

« Et c'est où, ça, "chez vous" ?... Près d'ici ? »

J'ai cru qu'il allait ajouter « On y va ? » Vraiment. Le premier qui m'explique pourquoi, je lui paye un Spritz. Une seconde de panique, tous aux remparts : « Ah non, non, c'est loin. C'est beaucoup trop loin. Il faudrait qu'on prenne un taxi... »

« Hein ? » dit Serge.

« On ? a fait Ben Whyte. Vous m'invitez ?

— Comment ? Holà, ouh, pas du tout. Jamais, jamais, je... »

Il s'est fendu d'un sourire oblique.

« Holà-ouh, pas du tout ? Jamais-jamais ? Aïe.

— Non, mais... Bien sûr que vous... que je... j'aimerais beaucoup... vous avoir, euh, en moi, mais...

— Ah bon ? »

Très, très réjoui.

« ... CHEZ moi ! Mais c'était juste pour dire, parce que... »

Je me suis tue, liquide.

Dès demain, je me fais trépaner.

« Parce que vous habitez loin, oui, j'ai compris. Sur quelle planète ? »

Ces yeux penchés, en accent circonflexe. Comme sur « drôle ». Et « chômage ».

Derrière lui, quelques courtisans ont froufrouté de rire. Le staff. L'inévitable entourage. Même le matin, dans la salle de bains, cet homme-là doit se coltiner des masseurs de barbe et des porteurs de savonnettes.

Il ne lui manquait qu'une bouffonne.

« Bon, on s'y met ? On vous la répare, votre interview cassée ? »

Et de venir s'installer dans mon sofa. Juste à côté. Le rotin a frémi, moi aussi. L'air s'est imprégné de verveine et de confort. Personne ne peut sentir la fibre propre à ce point. Surtout après minuit.

Dans la foulée, deux types de son escorte ont entrepris de squatter les fauteuils d'en face. Il les a dévisagés, froidement : « Qu'est-ce que vous faites ? »

« La presse… » a commencé le plus âgé, d'un ton léger. « Merci, l'a coupé Ben Whyte. Mais la presse et moi, on va se débrouiller tout seuls, cette fois. Hein, Peter ? »

Ils se sont relevés, au garde-à-vous.

« Attendez, je boirais bien quelque chose. Un whisky, sec. Dalmore, s'ils ont ça par ici. Et… ? »

Verveine.

J'ai dit : « Comme vous. »

Jean, que je croyais rendormi sur l'épaule de Serge, se redresse d'un coup pour interrompre mon histoire : « Mais tu détestes le whisky… Depuis la cuite, tu sais… »

Je sais.

On nous a apporté la gnôle, toute une bouteille, rousse et trapue, ornée d'une tête de cerf argentée.

Sacré carburant, pour cinq pauvres minutes d'interview en tête à tête, entre trois murs végétaux et un mur humain : l'énorme dos d'un garde du corps.

« Peter » et le Dragon : le retour.

Ben Whyte a aussitôt sifflé son verre. J'en ai profité pour lorgner les mouvements de sa pomme d'Adam et dériver en douce vers le petit creux délicat, à la base du cou, entre les clavicules…

« Ouais. Ça s'appelle le manubrium sternal. Oh mon Dieu, il a des os ! C'était un être humain, depuis le début ! » Jean roule des yeux et se lève pour préparer le café dans sa micro-kitchenette.

D'accord. Au moins, maintenant, il est bien réveillé.

Toujours est-il que ce « manubrium sternal », dans l'échancrure discrète de la chemise, mériterait vraiment un autre nom : le Berceau du Désir ? La Petite Cuillère du Paradis ?

« Vous n'avez pas envie d'y goûter ? » a demandé l'acteur.

Doux Jésus.

« Vous devriez, il est excellent, ce whisky.

— Je… C'est… Je peux vous enregistrer ? Ce serait mieux pour… »

La suite de la phrase est morte sur le coup, écrasée par son regard, de mon col à mes cuisses.

« Elle va jusqu'aux pieds, votre soutane de l'enfer ? »

Il s'est penché, comme s'il voulait renouer mes lacets :

« Ah non, quand même pas. »

De l'art de se faire marrer tout seul.

« Ils font des cagoules assorties ? »

J'ai tenté de garder le cap :

« Euh, non. Mais comme je n'ai que cinq minutes…

— Ah oui, c'est vrai. Cinq minutes, c'est un peu court, pour une messe noire.

— Je…

— Vous voulez qu'on commande un poulet ? On ne va quand même pas sacrifier des plantes vertes. »

De nouveau, ce rire de fumeur, chaud et râpeux.

« J'arrête, j'arrête… Mais c'est vous, là, aussi… Avec votre petit emballage d'Halloween et vos yeux géants… »

Mes yeux géants ?

« On dirait que Titi vient de s'offrir à Satan. »

La méga-poilade.

Le gorille, presque deux mètres de barbaque hostile et un cou à boudins multiples, s'est brièvement retourné, sans doute pour vérifier que Dark Titi n'était pas en train de buter son client à coups de gags.

Je me suis vengée sur le whisky. C'était amer et dégueulasse, mais autant se faire humilier sous anesthésie. Au passage, j'en ai aussi renversé un peu sur mes genoux.

Il m'a encore regardée dans la robe, avant de m'infliger sa compassion railleuse en plein visage : « Ça vous arrive de faire un truc normalement ?… Entre deux bals costumés ? »

Au lieu de répondre, j'ai bu une autre gorgée. Même plus envie de mater son matrimonium central.

« Son ma-nu-brium sternal... » soupire Jean, le nez dans sa tasse fumante.

Ta gueule, toi.

Ben Whyte s'est laissé aller contre le dossier, tête en arrière. « Pardonnez-moi. La journée a été longue. Je commence à fatiguer... »

Le temps s'est épaissi. On n'a plus entendu que la rumeur feutrée des conversations, au-delà des arbustes. Et Nat King Cole, toujours en service, toujours câlin, qui roucoulait en sourdine. *Quizás, quizás, quizás ?*... Bonne question. « Qui sait » de quel bois vert me chauffait ce regard ?

« Allez-y. Et laissez tomber les cinq minutes. On verra bien où ça nous mène.

— Merci. Et aussi pour votre patience, cet après-midi...

— Je n'ai aucune patience.

— Mais vous avez...

— J'ai démontré à quel point je suis calme et gentil ? Peter, la terre entière sait que je suis un sale con... »

Ben Whyte s'est interrompu un instant, l'œil bas. L'air de chercher ses mots directement sur ma bouche.

« Mais vous... vous étiez... vous êtes... marrante. »

Beaucoup d'acteurs sont des maniaques de la séduction. Je le sais bien. C'est plus fort qu'eux, ils adorent jouer la comédie de l'intimité en interview. Pourquoi pas ? Personne n'est dupe, et c'est plus rigolo qu'une paire de gifles.

Depuis que je fais ce boulot, j'ai eu ma part de numéros de charme. Mais ce soir, autant comparer un banc de sardines aux *Dents de la mer.*

« … Très marrante. »

Envie de patauger plus près du danger. Assez près pour apprécier la courbure féminine de ses cils, leur épaisseur, leurs petites pointes bien rangées. Pour distinguer quelques traits blonds, dans le châtain de cette barbe, qui…

Bref, j'ai un peu perdu le fil.

« Marianne ? »

Mâr-ian… Mon prénom, mon vrai prénom, sur Sa Langue.

« J'attends vos questions. On n'a pas toute la nuit, non plus. »

J'ai failli crever de honte. Fais ton boulot, pour une fois. Va calmer tes bouffées d'érotomanie devant un film, comme tes millions de semblables. Tous ceux qui pensent posséder le bonhomme parce qu'ils l'ont si souvent vu jouir, souffrir, s'offrir. Parce qu'ils ont oublié que l'écran ne renvoie que leur propre désir.

Ben Whyte et son corps public, dans leur beau costume noir. Cernés par l'avidité des foules affamées…

« Ces zombies qui vous traquent, c'est une métaphore de la célébrité ? »

Un long silence, après une question, c'est parfois bon signe.

Parfois moins.

Si un regard pouvait mordre, j'aurais eu besoin de points de suture.

« Quel rapport avec la célébrité ? D'où elle sort, cette idée stupide ? »

Pas plus stupide que ton navet à la con. Pour une fois que j'avais une vraie question. Des heures que ce type me pourrissait la vie, sous prétexte que je dois la gagner. Et malgré tout, j'allais m'excuser. Un réflexe.

Mais il a ajouté : « Vous êtes gentille, avec vos zombies, on a tous bien ri, mais si vous continuez, ça va vite devenir pénible. Ce soir, c'est votre joker. Ne le gâchez pas. »

Ben Whyte, star internationale du mansplaining.

C'est ainsi que j'ai craqué.

« … Pas mes zombies.

— Comment ?

— C'est pas "mes" zombies. Je veux bien vous interroger sur les poneys, moi, si vous préférez. J'en ai pas vu gambader beaucoup dans *Z-End*, mais d'accord. On fait comme vous le sentez. Ou sinon, on peut revenir à ma robe. Ça oui, c'est pertinent. Pas du tout pénible ni déplacé. Très pro. Vous avez bien encore quelques bonnes blagues en magasin… Titi égorge des boucs ? Titi kidnappe des vierges ?… Oui, hein ?… Dommage. Je crois que vous allez devoir vous les mettre au même endroit que votre "joker". Merci et bonne soirée. »

Et j'ai fini mon whisky. Cul sec.

4

Firestarter

« Tu lui as balancé tout ça… en anglais ? »

Serge en reste bouche bée.

Jean aussi. Pas pour les mêmes raisons. « J'appelle un exorciste. »

C'est vrai que d'habitude, je n'ai rien d'une tueuse. C'est peu de le dire.

Le problème, avec ce genre d'incendie, c'est que ça s'éteint très vite. Je me suis levée en tremblant comme un flan, sans oser le regarder, dans l'intention confuse de fuir, d'urgence.

« Non. »

Quel coffre.

Même le gorille a tiqué. J'ai entrevu un profil dur, remodelé par une vie entière de torgnoles.

« Asseyez-vous. »

Un ton plus bas.

La voix était ferme, pas hostile. J'ai risqué un œil. Impassible. Presque. Trahi par sa fossette.

« Les poneys, hein ?

— Oui. Mais….

— Qu'est-ce que vous faites encore debout ?

— Je crois qu'il vaut mieux…

— Assise. »

L'ordre a claqué directement à l'arrière de mes genoux ; je suis retombée dans le sofa.

Jean en avale son fond de café de travers. « Tu as obéi ? Ça va pas ? C'est quoi, *Cinquante nuances de Whyte* ? »

Ouais, en pleine séance de BDSM : Bon Dieu de Soirée de Merde.

Sa Majesté a levé un doigt – « *Hold on* » –, fouillé ses poches, trouvé ses Dunhill et un ridicule mini-briquet rose fluo.

La clope a brasillé.

« Les zombies, ça n'a rien à voir avec le public, si c'est ce que vouliez dire. Ce sont les autres, en général. Le groupe qui bouffe l'individu. La communauté qui se retourne contre vous. C'est toujours le même cauchemar, vous y mettez ce que vous voulez. La dictature. La société de consommation… Mais comparer l'amour des gens pour le cinéma, leur besoin de rêver, à la voracité d'une horde de morts-vivants… Non. Je trouve ça méprisant.

— Si c'est toujours le même cauchemar, pourquoi le répéter ? Qu'est-ce que *Z-End* apporte de nouveau ?

— La solitude absolue de mon personnage. Son impuissance. Tout est foutu, quoi qu'il fasse. Il est le dernier fantôme de son espèce… Ce n'est pas un film, c'est un trou noir. Mais évitez quand même de trop le dire dans votre article. Ça reste un divertissement. On veut des spectateurs, hein, pas des suicides collectifs.

— À propos… Ça finit presque toujours mal pour vous, à l'écran. Dans *Z-End*, dans *Neville's Cross* ou *La Chevauchée des ténèbres*, et même déjà dans *White Trash*…

— C'est une question ?

— Oui. Pourquoi vous mourez tout le temps ?

— Tiens, elle est bonne, celle-là. C'est une première. Pourquoi ? Aucune idée. Peut-être que ça m'excite. Parce que c'est moins définitif…

— Vous faites ce métier "parce que c'est moins définitif" ? »

Il m'a regardée d'un drôle d'air. Flottant, comme à la surface d'un étang.

Puis une blonde a passé la tête entre les arbustes et le biceps monumental de King Kong :

« Ben, la voiture est prête… »

Il n'a même pas tourné la tête.

« Plus tard. On n'a pas fini. »

Après une seconde d'insistance muette, elle avait disparu.

« Excusez-moi. Je suis attendu ailleurs.

— À cette heure-ci ?

— Oui, à cette heure-ci. Vous comprenez pourquoi "je meurs tout le temps" ? Ça me donne l'occasion de m'allonger. »

Jean est en train de farfouiller dans sa penderie. « Bon, moi aussi, je suis attendu ailleurs. Et avant, il faut encore que je prenne ma douche. Alors si on doit se taper toute l'interview… »

D'accord, j'accélère. Je ne raconte pas comment on s'est baladés dans sa filmographie. Comment, tout en parlant, il jouait sans cesse avec son anneau. Je me suis demandé si, à force de le faire tourner sur son doigt, il allait produire une sorte de magie.

Si Ben Whyte allait finir par disparaître.

Bien sûr qu'il allait disparaître.

J'avais obtenu ce que j'étais venue chercher, épuisé toutes mes questions. Et pourtant, je m'ingéniais à en trouver d'autres. N'importe quoi pour le retenir encore un peu, avant qu'il ne retourne pour toujours dans un écran. Si on m'avait dit ça hier, je me serais désintégrée de rire. Si on m'avait dit qu'il se laisserait faire, aussi peu pressé que moi, je me serais désintégrée tout court.

Une bonne demi-heure plus tard, nous y étions encore. Les gens de son équipe étaient sans doute en train de s'immoler en groupe, après trois ou quatre tentatives d'extraction ratées.

Je voguais sur le toit du Raphael depuis la nuit des temps, dans un irréel bateau de feuillages éclairé à la bougie. Un clair-obscur troublait son visage et lui dessinait des cernes de pirate. J'étais bien. J'étais cuite. Et pas seulement parce qu'il ne cessait de remplir nos verres.

C'est là que tout a dérapé. Après ma dernière question improvisée.

« Qu'est-ce qui vous plaît le moins, dans votre métier ?

— Les interviews, je pense. »

Des tréfonds de mon whisky, j'ai trouvé ça désopilant. La chute parfaite de cette vaste blague : « Tu m'étonnes ! Quel calvaire, hein ? »

Et sans plus réfléchir, je lui ai mis une bonne claque sur la cuisse.

Paf.

Ne jamais boire pendant le service. On devrait apprendre ça dans toutes les écoles de journalisme.

« Oh merde. Oh pardon », ai-je glapi, *in French*. Soudain dégrisée, la paume encore émue par sa brève mais gaillarde rencontre avec une étoffe lustrée, un muscle solide.

« Ah, Peter… Qu'est-ce que je vais faire de vous ? »

Il va me manger. L'idée folle a voleté dans mon crâne, est venue cogner dans ma poitrine. À cause de cette gaieté d'ogre. Cet air roublard. Ou bien c'était juste l'alcool.

J'ai un peu gigoté.

« Bon, voilà, donc… Merci pour tout, je vais…

— Attendez. Vous avez bien une minute. »

Le monde à l'envers.

« On ne va pas se quitter sur un malentendu. »

Quel malentendu ?

Il a marqué une pause, le temps de déguster mon égarement. Presque à s'en lécher les moustaches.

« Vous êtes une catastrophe. À ce point-là… Jamais vu ça. Et pourtant, je n'ai pas débuté hier. Mais… »

A train wreck. Un accident ferroviaire.

J'ai extrait à tâtons une cigarette de mon paquet.

« Dès que vous oubliez d'avoir peur, c'est vraiment… bien. Différent. Si vous saviez les conneries qu'on me demande, d'habitude... Essayez de vous en souvenir, avec vos prochaines victimes. »

Dans cette lumière, ses yeux viraient au fauve.

« Donc, quand je dis que je n'aime pas les interviews, ne le prenez pas pour vous. Vous êtes une exception. »

Du feu. Il me fallait du feu.

« Et une jolie exception, en plus. »

La cigarette éteinte s'est mise à trembler au bout de mes doigts.

« Très, très jolie. Même avec ce... machin sur le dos. Il en a de la chance, Satan. »

Lucky bastard.

Cette voix de naufrageur.

Il s'est marré, tout doucement : « Désolé. Pas pu résister. »

« Ramasse ta mâchoire, dit Jean à Serge. Il ne l'a pas demandée en mariage, non plus... »

Certes non. Mais il m'a presque sauvé la vie.

Jusqu'à ce soir, je ne savais pas qu'on pouvait entendre ses propres battements de cœur. Ça pulsait comme à l'entrée d'une boîte de nuit. Une seule idée dominait le vacarme : fumer cette putain de clope, et m'y agripper jusqu'à ce que l'univers se stabilise. Mais plus de briquets, nulle part. Même pas celui de Ben Whyte, pourtant facile à repérer.

Pas dans mon sac, pas sur la table. Par terre ?

Il a mal interprété mon trouble, mes yeux fureteurs. Je l'ai entendu marmonner, pendant que je retournais fébrilement un coussin. « Hey, Peter... *Take it easy.* Je ne suis pas en train de vous... »

Les bougies. Mais bien sûr. Les bougies. Je me suis précipitée, clope au bec.

« Aïe, je sens venir le truc », dit Jean.

Et le truc est venu.

J'ai de longs cheveux. Beaucoup de cheveux. Le feu a pris tout de suite.

Fumer tue.

Ben Whyte s'est jeté sur moi.

Il m'a balancée en arrière, contre le dossier du canapé, en tapotant frénétiquement les mèches embrasées.

Ça n'a pas duré trois secondes.

« *Oh, for fuck's sake... Damn you, Peter Sellers!* »

On a frémi de rire, dans une puissante odeur de cochon grillé. Avant de réaliser aussitôt dans quelle délicate position l'incident nous avait collés.

Moi, à demi renversée. Lui courbé par-dessus. Les mains noyées dans mes cheveux.

Bien à plat sur mes seins.

Il les a regardés. Je les ai regardés. J'ai senti un pouce bouger, à peine. Petit choc électrique. Puis il s'est écarté en sursaut.

Une autre bordée de « *Fuck* », et il était debout.

« Avec ce que vous avez bu, vous auriez pu exploser. Pensez-y, avant de me faire un procès. »

Tout ce que j'avais l'impression d'avoir bu, c'était une tisane hallucinogène. Je me suis dépliée à mon tour, sans être sûre que mes jambes allaient collaborer.

« Un procès ?

— Mais quel con, mais quel con. Mais c'est pas vrai, quel con.

— Pardon ?

— Vous êtes belle, ça vous regarde. C'est pas à moi de vous le dire. »

Tu viens de recommencer. En pire.

Beautiful.

« C'était déjà complètement inapproprié. Mais alors vous toucher, même pour… vous éteindre… Il est tard, j'ai trop bu, je suis crevé. Je n'aurais jamais dû accepter cet entretien. Ça suffira, si je vous présente des excuses, ou bien vous préférez quelque chose de plus officiel ? »

Oui, je veux un huissier de justice, une conférence de presse, et un prélèvement de cheveux cramés.

« Mais non… C'est moi qui me suis enflammée toute seule. »

Il a souri, amusé malgré lui par la maladresse de la formule.

« En effet. Mais vous êtes très… contagieuse.

— Dangereuse, vous voulez dire. D'ailleurs, je m'étonne que votre copain, là, ne soit pas intervenu.

— Qui ça, Carmine ? »

On s'est tournés tous les deux vers l'immuable Portail Humain.

« "Carmine" ? Vous l'avez trouvé où ? Dans le casting d'un film de Scorsese ? Dans la vraie mafia ? »

Il s'est penché sur moi, j'ai respiré son haleine à deux grammes.

« Non, à la CIA. Opérations spéciales. Meurtres, torture, enlèvements… Mais il a dû arrêter. Trop de tendinites.

— Oh mon Dieu, c'est vrai ?

— Non. »

Impavide. Sauf les pommettes, arrondies, malicieuses, appétissantes.

Il m'a tendu la main. « Allez, bonne nuit, Peter. »

Après, tout est devenu flou.

Au petit matin, dans l'odeur familière du café, devant Jean qui se lave les dents et Serge qui replie le canapé-lit, je ne suis plus sûre de rien. Je me perds dans un éblouissement informe.

Je revois le visage de Ben Whyte approcher.

Pourtant, je sais qu'il n'a pas bougé. L'impulsion était dans mon corps, l'élan sous mes talons. Courant ascendant.

C'est moi qui me suis envolée, et posée sur ses lèvres.

« QUOI ? »

Serge, mon meilleur public.

Je l'ai embrassé, les gars. J'ai embrassé Ben Whyte. Moi qui n'ose jamais rien.

Pour une fois dans ma vie. Pour une seconde d'effleurement soyeux. J'ai chapardé un souvenir. Je me suis servie, sans lui demander son avis.

Ça doit lui arriver sans arrêt.

Et là, aucune réaction.

C'était comme embrasser un mort. Un mort debout, parfumé au whisky, mais un mort quand même, tout raide et froid. L'Oscar du meilleur râteau, pour l'ensemble de ma carrière. Effarée, mortifiée, j'ai voulu m'écarter.

Une paume ferme m'a bloqué la nuque.

Il m'a ramenée si vivement à lui que j'ai failli le heurter. Ses doigts ont grimpé dans mes cheveux, m'ont maintenue un instant sur la frontière, visage contre visage. J'ai senti un infime battement de cils, la pression de son front. Je l'ai entendu sur ma peau, dans mon souffle : « Oh, et puis on s'en fout. »

Screw it.

Et sa bouche a ouvert la mienne.

Nom de Dieu de nom de Dieu de nom de Dieu.

Ce baiser, mes amis.

Cette lente caresse sucrée d'alcool, le doux et le râpeux, et les mains qui s'aventurent, les siennes vers le creux de mon dos, les miennes dans le crin de ses joues, dans son col. J'ai vacillé sur la pointe des pieds. Au lieu de se pencher, il m'a étirée, cambrée, presque hissée à sa hauteur.

Un premier baiser, c'est toujours une effraction. On dévalise une chair cachée, inconnue. Célèbre ou pas, peu importe. Tout ce qu'il offrait était neuf, déroutant, sa densité et ses contours, son goût étranger, ses façons rondes et intenses. Je ne connaissais rien de lui avant d'avoir respiré sa véritable odeur. Sous les froissements frais de la verveine, sa peau chauffait comme l'écorce d'été.

Un miracle en trois dimensions, à l'abri des buis, sous la garde jalouse de Carmine. Si c'est vraiment son nom.

Ben Whyte a souri sur mes lèvres, il a suivi du doigt la fermeture éclair de ma robe, tripoté quelques rubans du corset. Son chuchotement m'a hérissée partout : « *Well then, Peter...* »

Et quelqu'un l'a appelé.

Tout proche.

Je me suis arrachée si vite que j'ai perdu l'équilibre. J'ai à peine entrevu la silhouette d'un homme, près de Carmine, avant de foncer entre deux arbustes emmêlés. Je me suis cogné le mollet contre un pot de terre, écorché la joue dans les branchettes, et j'ai forcé le passage.

J'ai couru sur la terrasse, j'ai couru dans les escaliers, j'ai couru jusqu'à la station de taxis.

« Tu lui as laissé une basket, Cendrillon ? » ironise Jean. « Et pourquoi tu t'es sauvée comme ça ?

— J'en sais rien. Qu'est-ce que tu voulais que je fasse ? »

J'attrape une cigarette, Serge grimace, je la range. « En tout cas, pour répondre à ta question de tout à l'heure, oui, il est costaud... Et, euh, oui... C'était dur. »

On s'esclaffe en chœur, sous l'œil consterné de Jean.

« Si tu étais restée, insiste Serge en frétillant du sourcil, il se serait passé des tas de trucs.

— En public ? Dans les plantes ? Et pourquoi pas en mondovision, pour les fêtes de Pâques ? Non, c'était déjà tellement bien que c'était trop.

— Tu ne vas jamais t'en remettre.

— Jamais ! J'ai pas fini d'emmerder ma descendance. Je vois ça d'ici : "Si tu manges bien tous tes brocolis, je te raconte encore comment Mamie a roulé une pelle à Ben Whyte."

— Pauvres enfants.

— Tant pis pour eux. Et si j'en ai pas, je torturerai mes neveux.

— On dirait *Coup de foudre à Notting Hill.* Ben Whyte, c'est ta Julia Roberts.

— J'aurais jamais cru entendre ça un jour. Elle en a bouffé, de la testostérone, Julia… »

On se remet à rire.

Et Jean perd son sang-froid.

« C'est ça. Et moi, je suis quoi, dans cette petite comédie romantique nocturne, hein ? L'inévitable quota de clichés, le confident gay de service ? Toujours tellement dévoué qu'on peut venir l'emmerder à n'importe quelle heure ? Que ferait-on sans lui, je te le demande. Désolé de gâcher l'ambiance, mais la caricature, elle doit partir bosser, maintenant. Quant à toi, Marianne, arrête de t'emballer pour un mec qui te confond déjà avec les buissons de sa terrasse, là. Par pitié, réveille-toi. Et va dormir. »

5

L'Empire contre-attaque

« *NON !* »

Le hurlement de la fille se confond avec le vent. Sa terreur semble coucher les herbes sèches, tourmenter le paysage.

Travelling arrière : un grand cirque de roches et de végétation crevée écrête la montagne, comme si quelque titan affamé et furieux avait croqué dedans, des millénaires plus tôt.

Même sur mon écran d'ordinateur, le plan a la démesure suspecte, l'irréalité flambant neuve des effets spéciaux.

La prisonnière est à genoux dans la prairie morte. D'une patte, le monstre la tient par les cheveux. De l'autre, il presse sur sa gorge la lame courbe d'une dague.

Bref, c'est la merde.

Énorme, bardé de fourrures, le ravisseur est une variante d'orque.

Pas le mammifère marin, la créature d'heroic fantasy.

C'est le chef : ça se voit à la double rangée de défenses de sanglier qui lui encombrent la gueule.

Et aux peintures de guerre qui recouvrent sa peau squameuse. Rouges pour lui, noires pour ses soldats, massés en demi-cercle autour de l'otage. Contrechamp : Ben Whyte vient de descendre de cheval.

Il se dresse à quelques mètres, épée au clair. Tête nue, sombre, farouche, les cheveux malmenés par le vent, tout en cuir clouté et pièces d'armure disparates.

Ça tonne dans mes écouteurs : « *Laisse-la partir, Maa'hgon. Prends-moi à sa place.* »

L'orque laisse échapper un ricanement bas et grumeleux.

Pourquoi, dans ce genre de film, les méchants ont-ils toujours l'air d'avoir la bouche pleine de tartiflette ?

« *Je croyais que tu ne viendrais jamais, Samael. Que tu laisserais mourir la femme que tu aimes. J'ai failli être déçu.* »

On comprend tout, malgré les patates et le reblochon.

Les yeux verts de Samael se posent sur la blonde captive.

Ils expriment soudain un renoncement si déchirant que je suis obligée de faire un arrêt sur image. Le temps de me remettre, et c'est reparti.

« *Je suis là, maintenant.* »

La demoiselle en détresse se débat sous le couteau, désespérée : « Non, Samael, je t'en conjure, par la sève de l'Orme sacré... Va-t'en d'ici, c'est un piège ! »

Sans blague. Moi qui croyais que c'était un pique-nique à thème.

Maa'hgon l'ignore superbement.

C'est une conversation entre hommes (et orques).

« Une vie pour une vie, Samael. J'accepte le marché. Tu as ma parole », reblochonne-t-il.

Ben Whyte s'avance, lâche son épée. À l'instant où la pointe heurte le sol (au ralenti), un funèbre roulement de tambours envahit la bande-son. Il écarte les bras. Maa'hgon traîne la fille jusqu'à lui, par les tresses.

« Il est temps de vous dire adieu, humains. »

Elle s'accroche, et je le sens dans mes mains, maintenant que je sais ce que ça fait de les poser sur cet homme-là.

« Cours, mon amour, dit-il. Promets-moi de ne pas te retourner. Quoi qu'il arrive. » Puis il la repousse vers la forêt.

Et les violons rejoignent les tambours.

J'ai beau avoir déjà vu *La Chevauchée des ténèbres* quatre fois (dont trois et demie de trop) et trouver ça plus con qu'une kermesse de trolls, quand Ben Whyte gronde « *Run, my love, run* », j'ai les paupières qui piquent et la libido en alerte incendie.

Lorsqu'il tombe sous les griffes de ses bourreaux, sous leurs coups, la musique enfle.

Mes voies lacrymales aussi.

Elle désobéit et fait volte-face en pleine fuite, juste à temps pour que la caméra saisisse ce qu'elle voit. L'ultime regard du condamné. La nudité de son sacrifice.

Il esquisse un sourire, puis la dague lui en dessine un second, liquide et rouge, en travers de la gorge.

La mise à mort du Héros. « Peut-être que ça m'excite », a-t-il dit hier soir, en interview. Et moi donc. Par la sève de l'Orme sacré, qu'on m'apporte un ouvre-boîte. Pour l'armure.

Well, then, Peter...

Jean a raison, je m'emballe. Et alors ? Qu'est-ce que je risque, toute seule au fond de mon lit ? Rien du tout.

La réalité a repris le boulot, après de brèves mais spectaculaires vacances. Les tuyaux grincent dans les murs, le frigo geint dans le coin cuisine, les voisins tirent des chaises à l'étage au-dessus, et sur mon ventre, l'ordinateur portable ronronne comme un chat qui s'ennuie.

Est-ce qu'un souvenir s'use plus vite quand on s'en sert trop ? J'espère que non.

J'ai chaud, je sors une jambe de la couette.

Il n'est pas si tard, je devrais en profiter pour bosser, avancer l'article. Lundi, c'est déjà dans deux jours.

Ou bien je pourrais continuer à réviser mon Ben Whyte, avec un autre film bien tragique. J'hésite. Si je passe encore deux heures en sandwich entre Éros et Thanatos, je vais finir par étouffer de frustration. Et d'épuisement.

Au bureau, je me suis traînée toute la journée dans un brouillard béat, épaissi par le manque de sommeil. Rien foutu, l'œil vitreux, en auto-hypnose devant mon clavier.

VTT n'a pas remarqué. Il était content : « Tu vois, quand tu veux. » J'ai même obtenu une page supplémentaire pour le portrait de Ben Whyte, en l'honneur de mon exploit. La demi-heure d'entretien, pas l'assaut final, cette turpitude déontologique.

C'est avec Julien que j'ai failli cracher le morceau. Julien Maillol, mon collègue préféré. À peine plus âgé que moi, et beaucoup plus « journaliste ». C'est un mélange d'atouts physiques et professionnels : on ne se méfie pas d'un type qui a des joues de bébé, les dents du bonheur et une passion pour les baskets fluo. On a tort : personne ne résiste à sa curiosité, pas même les producteurs les plus chafouins, les cinéastes les plus abrupts.

À l'heure du déjeuner, dans le bistro embué et bondé de la rue Rambuteau où tout le journal se ruine en entrecôtes nerveuses et en salades recuites, Julien a flairé l'anomalie. J'ai dû m'accrocher à la table pour échapper à sa sollicitude conquérante : « C'était comment, Ben Whyte ? Tu es toute bizarre… Il t'a fait quelque chose ? »

Oui, Julien, il m'a fait quelque chose.

J'étreins l'oreiller. Ma dernière pensée prend le large, dans les yeux en forme de barques de Samael, chevalier sacrifié.

…

Je suis dans un arbre avec VTT, on pend comme des fruits. Je m'apprête à lui signaler que cette nouvelle organisation du travail à *L'Œil* est un peu précaire, quand la sonnerie du téléphone me fait tomber de ma branche.

Pardon, de mon lit.

Arrachée à mon rêve absurde, je décroche à l'aveuglette, à plat ventre sur le parquet.

« Mmh ?

— *Hey, Peter.*

— …

— *Hello?*

— …

— *Anyone here? This is Ben… Ben Whyte.*

— Mais ouais. Et moi, je suis Frida Kahlo. Vous appelez pour le concours de moustaches ? Jean, arrête tes conneries. Elle est pourrie, ta blague. De toute façon, tu ne peux pas… »

Tiens, non, c'est vrai. Il ne peut pas.

Jean a le niveau d'anglais d'une chèvre, et pas la plus douée. Jean ne passe jamais d'appels masqués. Jean déteste les canulars. Il trouve que c'est l'humour des lâches et des crevards.

Je me redresse d'un coup, exsangue.

« Qui est à l'appareil ?

— Peter, je ne… Vous parlez français, là.

— Ah oui. *Sorry.* »

Sorry, sorry, sorry. Si je me faisais enlever par des aliens, je finirais encore par m'excuser d'encombrer la soucoupe.

« Je vous réveille ?

— Non… »

Impossible.

C'est juste un petit coup de fil de mon inconscient, en direct des grandes prairies enivrantes du sommeil.

« Vous êtes chez vous ?

— Euh oui, je…

… me fous une baffe, me mords un doigt, et rien.

— Toute seule ?

— Comment ?

— Comme dans “toute seule”. Pas d'homme, pas de grand-mère, pas de chihuahua…

— Hein ? Non. Oui, toute seule. Mes grand-mères sont mortes. Toutes les deux.

Mais qu'est-ce que je raconte ?

— Condoléances. Je peux venir ?

— Qui, vous ? Ici, maintenant ? En vrai ?

— Non, en hologramme.

Un rire voilé.

— Peter, je sais qu'il est tard, mais… Je m'en vais demain matin. Alors je me suis dit… J'aimerais bien vous dire au revoir. Sauf si…

— D'accord.

— D'accord. C'est quoi, le…

— 31, rue des…

— Non, le code. Juste le code. Pour entrer dans l'immeuble. »

Putain.

Il est en bas.

Je regarde autour de moi. Le lit, défait. La vaisselle, sale. Les fringues, par terre. Les DVD. Toute sa filmographie étalée sur la couette.

« … Étage ?

— Quatrième droite, mais… »

Il a déjà raccroché.

Je vais me réveiller.

Je vais me réveiller.

Il sera là dans deux minutes. Un peu plus, s'il commet l'erreur d'appeler le vieil ascenseur capricieux et branlant.

Je me mets à courir dans tous les sens comme un poulet sans tête. J'enlève mon pantalon de pyjama en pilou familial. Pas le temps de trouver mieux, je le remets. Je fourre les DVD et le linge sous le lit, je me rue dans la salle de bains, vers le miroir, où je ne vois que des cheveux. Un gros tas de cheveux affolés. Je cherche un peigne, une brosse, un élastique, un bonnet de bain, n'importe quoi.

Trop tard, on frappe à la porte.

Manifestement, il a pris l'escalier.

Je reste figée un instant, la main sur la poignée. De l'autre côté, c'est Ben Whyte.

Mais non, mais non, mais non.

Un autre coup, léger.

J'inspire. Je déverrouille. Je tombe sur un dragon.

La gueule en feu, des écailles fuligineuses, les ailes ouvertes. Dans ses serres, il tient un informe amas de chairs à vif. Une femme ? Un daim ? C'est confus. Ce qui l'est moins, c'est le goût exquis de mon visiteur pour les vieux T-shirts de hard rock.

Celui-ci vante la tournée très périmée des Misfits of Mordor. Juillet 1985, en Ar… Arkansas, Arabie saoudite ? Ariège ? Le reste se perd sous le velours noir d'une veste.

Je lorgne sa poitrine, il me rend la politesse. Tout aussi surpris par mon affreux sweat Yoda, dont les grandes oreilles verdâtres s'affichent à la pointe de mes seins.

« Entrer, je peux ? », demande-t-il à Yoda.

Que la Force soit avec moi.

Je ferme les yeux, je les ouvre, il est toujours là. L'hallucination est solide. Elle s'avance, et le vieux parquet craque à l'endroit habituel.

Ben Whyte me frôle, enlève sa veste et va la poser sur les fleurs de ma couette. Il se retourne pour me sourire. Peinard. Éblouissant. Aussi inconcevable, dans mon cadre banal, qu'une chimère dans une baignoire.

Je vois le T-shirt en entier, maintenant. La tournée, c'était en Arizona.

Il porte aussi un large poignet de force en cuir, qui fait saillir les veines de son avant-bras. Avec ses cheveux dans les yeux, sa barbe pseudo-négligée et son jean pseudo-crade, il ne lui manque pas grand-chose – un démonte-pneu ? – pour postuler chez les *Hell's Angels*. Ou n'importe quelle autre bande de motards consanguins.

« Je m'impose un peu... J'espère que je ne vous dérange pas trop. »

Menteur.

Tu t'en fous complètement. La dernière fois qu'on t'a remballé, tu devais avoir moins de douze ans.

« Non, non, au contraire. C'est très... C'est gentil. »

On dirait vraiment que je reçois ma tata Huguette. Si je continue, je vais lui demander des nouvelles de son arthrite. « Surtout que vous aviez sans doute, euh, d'autres obligations... »

Roupiller dans ta suite royale, par exemple.

« Mais non. Aucune. À cette heure-ci, encore heureux... »

Comme si ça justifiait cette ahurissante livraison de fantasme à domicile. Je m'échine à trouver quelque chose à dire. Une traduction civilisée de « qu'est-ce que tu fous là ? », par exemple. Mais si je lui pose la question, il va penser que j'ai le Q.I. d'un géranium. La réponse est tellement évidente.

Ben Whyte a passé l'âge de flirter dans les fourrés. Il veut finir ce qu'il a commencé. Tâter le terroir. S'encanailler chez l'habitant.

Ce n'est pas une visite de courtoisie, c'est du tourisme sexuel.

Ne pas s'évanouir.

Pour l'instant, l'exotisme de mon unique pièce à vivre semble lui suffire. Il rôde, curieux, mains dans les poches, au musée de la vie ordinaire. Inspecte les étagères croulant de bouquins. Le petit bureau encombré. Le coin cuisine. L'unique fenêtre, l'unique fauteuil en cuir fatigué. Mais c'est la grande affiche de *Shining*, au-dessus du lit, qui retient son attention.

« Ça vous fait flipper ?

— Euh... Un peu, quand même. Vous êtes très... Je ne m'attendais pas à vous revoir, alors... »

Son rire me coupe la chique.

« Je parlais du film. Jack Nicholson, avec sa hache et son rictus de dingue... Pas de moi ! Je vous fais peur ? »

Puis, s'adressant à un public invisible et complice : « Je lui fais peur. J'ai l'air si terrible que ça ? »

La grâce ironique de son geste, faussement accablé, bras écartés, me ramène à *La Chevauchée des ténèbres*. Il se rend. Il s'offre en sacrifice.

Il est grand, pas géant. Sans doute autour du mètre quatre-vingts. Mais plus il s'approche, plus je rétrécis.

« Peter…

— Comment vous avez eu mon adresse ?

— Je vous ai fait suivre.

— Quoi ?

— Mais non. J'ai demandé, c'est tout. Elle a vos coordonnées, euh… Cette femme… »

Françoise Saunier, bien sûr.

« Cette femme » qui te trouve si charmant, si « authentique ». Que tu trouves si… anonyme.

« … Rassurez-vous, elle n'est pas au courant pour hier, sur la terrasse. Je ne lui ai pas dit qu'une plante vous avait avalée toute crue en plein… entretien. »

Il baisse la tête, son souffle chaud me chatouille le bout du nez.

Nous y voilà.

« Vous… voulez boire quelque chose ? Une bière ? »

Je me suis dérobée in extremis. Le trac m'a jetée à l'assaut des placards de cuisine.

« Mais merde, où elles sont ? Ou alors, du jus de litchi ? Zut, il est périmé… Un coca, peut-être ? »

J'ouvre la porte du frigo, je la referme…

« Ah, non plus. Un café ?

— Du café, c'est bien. Noir, sans sucre. »

Sa voix me dresse l'échine. Il est juste derrière moi, il me touche presque. Il suffirait que je me cambre…

Je me fige contre le plan de travail, choquée de désir.

« Marianne, je... »

Un hurlement guttural l'interrompt. On dirait qu'un type est en train de se faire arracher les cordes vocales par un berger allemand.

Death metal.

« Excusez-moi, je dois répondre », dit Ben Whyte, en abrégeant les souffrances de son téléphone.

Mais qui donc l'appelle à quatre heures du matin ?

« Ouais, Colin. Alors ? Quoi ? Ah, non. Pas question. Eh bien, ils n'ont qu'à signer avec Ryan, alors... Mais je m'en fous. Je veux parler à Leighton. Demain. Tu te démerdes. »

Il s'écarte, tournicote, revient me percuter du regard, sans me voir vraiment, puis finit par aller s'asseoir de l'autre côté du studio, à mon bureau.

« Non. Ailleurs. Oui, dans Paris. Tu connais pas. Mais oui, Carmine est avec moi. Ivan aussi. Évidemment. Comment ? Oh, *fuck off* ! »

Ryan... Gosling ? Reynolds ? Matt Leighton, l'un des patrons de Warner Bros ? Je viens peut-être de frôler le scoop hollywoodien de l'année, quelque part entre mon lit et ma cuisine. Mais ce qui me perturbe le plus, pendant que je dévisse le cul de ma petite cafetière italienne, c'est l'autre partie de la conversation.

Comment ça, « Carmine est avec moi, Ivan aussi » ? Ces types montent la garde devant mon immeuble ? Sur le palier ? Derrière le ficus du voisin ?

Je n'ose pas demander, je sors deux tasses, j'allume la vieille plaque électrique : « J'ai toujours du mal à chauffer, mais ça va venir. On n'a plus qu'à attendre... »

Il se carre sur ma petite chaise à roulettes, jambes écartées, bras croisés, comme un cowboy mal élevé.

« Vraiment, vous êtes la reine...

— La reine de quoi ? Qu'est-ce que j'ai dit ?

— Rien. Chauffez donc. Et attendons que "ça vienne". »

Ah, d'accord.

Changer de sujet, d'urgence.

« Vous partez où, demain ?

— À Varsovie, pour la journée. Après, j'enchaîne. Pékin, Shanghai...

— Quelle chance. »

Je n'en pense pas un mot. Pour ce que j'en sais, se taper un marathon de promo mondiale, claquemuré d'un palace à l'autre avec Carmine, n'est pas vraiment mon idéal de voyage.

Le sien non plus, à voir sa moue dubitative.

« J'aurais préféré rester un peu.

— Ah bon ?

— Oui. J'aime bien la France. Votre vin, votre cuisine, votre langue... »

Nos croissants, nos bérets, nos accordéons.

Un blanc. Quelle conversation de merde. On est à deux degrés Celsius du débat météo.

« Même si je ne suis pas foutu de décrocher un mot, à deux-trois conneries près, comme... je sais pas... "Déjà-vu ?"... »

Dayjâ-voo…

« … Ou “Fleur de lys”… »

Avec cet accent, ça fait un peu maladie vénérienne : *Flore de lit…*

« Et puis ce vieux tube disco, là, bien sûr… Vous voyez.

— Euh, non.

— Mais si. »

Il s'accoude à ses genoux, lève un sourcil et pétille comme s'il attendait que je trouve la chute d'une blague :

« C'est pourtant évident : “*Voulez-vous coucher avec moi, ce soir*”. »

Vûley-voo cûchey avec moi ?

Sans déconney.

Ben Whyte veut passer la barrière de la langue. Maintenant.

J'ai chaud, j'ai froid, je vais me noyer dans ma propre adrénaline.

J'envisage un tas de réponses, parmi lesquelles « Oh oui » et « Au secours » se disputent âprement la vedette, mais je m'engouffre dans une troisième voie.

« *Gitchi Gitchi ya ya da da.*

— Pardon ?

— C'est, euh… le refrain… La suite… »

Je fredonne, faux : « *Voulez-vous… Euh… Gitchi Gitchi …* »

Ma voix meurt dans un silence fiévreux.

Ma voix meurt, et lui, il fond. Un peu. Je crois. Ça lui creuse une joue, ça lui frise les yeux, c'est étrangement doux.

« Peter, je ne voulais pas… Je peux m'en aller, si vous préférez.

— Non !

— Non ? Vous êtes sûre ?

— Oui. »

Il tend la main.

« Viens. »

Il n'y a ni « vous », ni « tu » en anglais, mais je franchis tout de même la distance entre les deux. J'y vais à la nage, dans la rivière verte et vive de son regard.

Je me plante devant lui, il m'emprisonne entre ses jambes. « *Hello* », dit-il, tout bas, comme si on venait de se retrouver.

Il attrape mes mains, les serre l'une contre l'autre pour les empêcher de trembler. Mes cheveux glissent en avant, lui tombent sur le visage. Il m'embrasse à travers. À l'épaule, au front, au menton, au hasard. Je perds un peu l'équilibre, je cherche sa bouche, je la prends avec tout ce qui vient, mes propres mèches, un coin de barbe, dans un grand désordre transi.

Il me tire à lui, je tombe sur ses genoux. La chaise gémit. Elle n'est pas faite pour accueillir autant de monde.

J'ai le tournis. Enlacée, réchauffée, incrédule. Rien de tout cela n'est réel. La résistance de sa poitrine, contre mon épaule. Sa joue qui veloute et qui pique. Le terrible dragon des Misfits of Mordor, qui sent les feuilles fraîches et le coton. Le mec. Le paradis.

« Je te fais toujours peur ?

— Non… Peut-être. Je sais pas. »

Je m'écarte un peu, on s'observe.

Il a une tache dans l'iris. Une petite tache noire et oblongue, comme un éclat d'onyx incrusté. Je suis si près que je distingue le disque transparent de ses lentilles de contact. Et la peau fine des paupières, veinée, fatiguée. Plus vieille que lui.

Il touche ma pommette égratignée.

« C'est quoi, ça ?

— En partant de la terrasse... quand... dans les buissons.

— Encore ? »

Son haleine tiède taquine mon oreille.

« Au fait, et l'autre blessure de guerre ?

— Quelle...

— La brûlure. Le café. C'était où, déjà ? »

Faux-cul.

Je lui montre.

« Ici. Mais c'était rien... C'est fini.

— Pauvre Peter... »

Il écarte sa main sur ma cuisse et presse le tissu laineux. Le contact est soudain, si ferme, si sensuel que j'en tourne presque de l'œil. Je remue un peu, il dérive le long de ma hanche, accentue le mouvement sur ma taille et remonte caresser les oreilles de Yoda.

Je me pousse contre cette grande paume enjôleuse, mes lèvres se risquent dans son cou, à l'orée de sa mâchoire, juste là où elles s'étaient perdues, la première fois, hier, à l'hôtel Meurice.

Mon Dieu, hier.

Il passe du côté obscur du sweatshirt, son souffle s'alourdit, il trouve ma peau, il s'y plaît, ses doigts durcissent au bout d'un sein, ou bien c'est l'inverse, et quelque chose explose dans ma tête.

L'énormité de la situation. Je vais vraiment… On va…

Ben Whyte, bordel.

Je me raidis.

Un chuchotement, berceuse mâle, infrabasse : « Tu veux qu'on arrête ? »

Je ne réponds pas. J'empoigne ses cheveux, et Yoda contre-attaque.

6

Un fauteuil pour deux

Je veux habiter sur lui, je veux vieillir là, sur ses genoux, rivée à sa bouche et à ma chance cosmique.

Je suis une émeute de groupies à moi toute seule.

L'idole encaisse l'assaut avec une pointe de condescendance. Même ses mains semblent tracer d'invisibles et nonchalants autographes dans mon dos. Il se laisse piller les yeux ouverts, ma fougue le divertit, je bois son rire.

Morte de soif.

J'ai l'impression de pirater le tournage d'un film. Une erreur de casting. Un bug comique dans les effets spéciaux. Surtout, ne pas penser à ses partenaires de cinéma. Scarlett Johansson, Jennifer Lawrence, Margot Robbie et les autres… Ces princesses qu'il étreint comme si c'était la fin du monde. Pas un gag inédit de *La Panthère rose*.

Il me tapote gentiment, m'ébouriffe un peu, allons, allons. Sacré Peter.

Toute cette bonhomie, ça fait comme un vêtement en plus, une épaisseur de trop. On ne peut pas débrailler une humeur, alors je m'en prends aux vraies fringues, les siennes, les miennes, allez savoir, je déforme un ourlet, je torture une manche, et puis je repousse le dragon sous son menton.

Ce torse.

Familier, inconnu. Taillé pour les travaux de force. Les bagarres de rue. Les guerres médiévales. La terre, les embruns, le charbon. Le sang et les baisers. Toutes les fictions.

Je réalise un truc insensé. Ceci n'est pas un arrêt sur image. On peut toucher. On peut goûter…

« *Hey!* »

Il s'est cabré, la chaise à roulettes aussi. On a opéré un brusque demi-tour et dérivé d'un bon mètre.

C'est parce que je l'ai mordu.

Pas grignoté, pas titillé. Mordu. À fond. Le temps d'un effroyable raptus, je suis passée toutes dents dehors de l'agacerie érotique à l'accident de zoo.

Je viens d'essayer de bouffer une légende vivante. Le type dont je dois écrire le portrait pour lundi. Le type qui a « horreur des questions personnelles ». Je me demande ce qu'il pense du cannibalisme. S'il va en toucher un mot à ses avocats, juste après s'être sauvé d'ici en trombe.

J'ai dû lui faire mal.

Je veux mourir.

Voilà qu'il me tient en respect, mes joues crament entre ses mains.

« *Easy, Tiger…* »

Je lui ai passé l'envie de se foutre de ma gueule. Piètre consolation. Si ses yeux sont des barques, alors ça flambe comme pour des funérailles vikings.

« Qu'est-ce que tu dirais, si je te faisais la même chose ?

— Pardon... J'ai pas fait exprès. Je sais pas ce qui m'a... »

... Oh, par tous les barbecues de l'enfer.

Mon sweat s'est tordu dans sa main, il l'a rabattu sur mes yeux. Aveugle comme à colin-maillard, je me débats toute seule pour l'enlever, pendant que Ben Whyte s'en désintéresse, bien trop occupé à m'enivrer de sa vengeance.

S'il continue, on va perdre le public familial.

J'oublie les *press junkets*, les foules en émoi, et même mes propres rêveries. Il n'y a que ce numéro de cabaret bordélique, à deux sur la même chaise itinérante. Les corps qui étouffent, les saccades, toute la chorégraphie apéritive du sexe, têtue, cupide et brute.

On perd le public familial.

Et la cafetière explose.

Et ce n'est pas une métaphore.

En sursautant, il m'a mis un coup de menton dans l'œil, et j'ai failli tomber. Marianne Corvo, farces et attrapes à volonté. Ça doit le changer des plans cul cinq étoiles.

L'air sent le pneu cramé. La plaque électrique est rouge comme l'œil de Sauron. Toute la partie cuisine est redécorée par un magma noirâtre et fumant, du parquet à la hotte. Je me précipite, en répétant vainement « Putain, le café, c'est vrai, le café, putain. »

En trois enjambées, Ben Whyte est sur moi, il se marre. « Renonce à cette boisson, Peter. Elle te veut du mal. »

Mes pieds décollent, il m'emporte, on tombe dans la couette.

Où je constate qu'avec un peu d'entraînement, et quelques comédies romantiques au compteur, on peut se désaper avec grâce, sans jamais lâcher sa partenaire.

Quel talent.

Qu'est-ce qu'il est lourd.

Il se redresse sur les avant-bras, tellement trop nu et glorieux pour moi que la frayeur me reprend. Cette carrure qui bloque la lumière. Ce bracelet de cuir, noir comme une entrave fétichiste... Je ne sais rien de lui. Peut-être qu'il aime les trucs tordus. Cruels. Ridicules.

Ou les trois à la fois.

L'espace d'un instant, je me demande si c'est bien malin, ce que je fais là, aplatie par cette version interdite aux mineurs. Inédite à l'écran. Envie de tout rembobiner, jusqu'à « viens ».

Puis il sourit, le truand. Plus rien que sa joie délurée, la caresse syncopée de sa respiration contre mon ventre.

Et je prends le risque, à bras-le-corps.

Sauf que...

Merde, le Moment Gênant.

Pas de fricotage inaugural sans le Moment Gênant. L'instant délicat où il faut s'interrompre pour se protéger. Évoquer la chose avant qu'elle aille de soi, avant que ça devienne un jeu. Farfouiller maladroitement, déchirer un emballage argenté, ou rose fillette, en feignant la plus totale décontraction.

« Attends, stop...

— Hm ?...

— On a oublié le... les... »

Plus moyen de trouver le bon mot. Crise internationale du latex.

« *Holy shit. Condoms.* »

Oui, voilà.

Il s'étire vers le bord du lit, à la recherche de son jean.

Somptueux déploiement de biceps. Bouffée de parfum, sueur et herbier, animal et végétal. Froissements nerveux, cliquetis de ceinture. Vague juron.

Et enfin : « J'en ai pas. Ces cons n'ont même pas pensé à m'en donner. »

Historique.

J'entends d'ici ce que dirait Jean : « Et on lui file sa soupe à la petite cuillère, aussi ? On digère à sa place ? J'espère pour toi que tu vas en trouver, des capotes, ma pauvre Marianne, avant que Sa Grâce exige des Durex bio en peau de yak. »

« Moi, j'en ai. Dans la salle de bains », j'ai dit, en intimant *in petto* au Jean virtuel de fermer sa grande gueule.

Mais avant, encore faut-il y parvenir.

Sortir du lit.

Délaisser sa peau douce. Arrêter de fixer son nombril. Jamais vu un aussi joli nombril. Étrangement vulnérable. Une serrure délicate dans une porte blindée.

« J'y vais », annoncé-je, sans bouger.

« Bien », répond-il, sans me lâcher.

Temps mort.

L'instant d'après, la pièce se retourne. Saisie, arrachée à la couette. Je survole la mare de café, les sens à l'envers, les mains partout, chargée toute palpitante dans ses bras.

Il se trompe de porte, nous fourvoie dans le placard, on s'embrasse dans les cintres.

Je ne sais même pas comment elle arrive enfin dans le décor, cette foutue salle de bains.

Enfin, « salle de bains », c'est un peu exagéré. Il faudrait un autre mot, plus petit. Quatre mètres carrés, exactement. Une baignoire naine. Un lavabo, un miroir vérolé, deux étagères. Et des carreaux noirs comme l'intérieur d'un sarcophage. Je suppose que le proprio trouvait ça chic. Et moins salissant. Double erreur de jugement.

C'est laid, humide, vétuste. C'est trop étroit pour une aussi grande nuit.

C'est devenu la capitale mondiale de mes souvenirs.

7

Le Jour d'après

La couette est échouée par terre, méduse géante en manque d'océan. L'un des oreillers gît dans une flaque de café. La chaise à roulettes est toujours aussi loin de son bureau d'attache, oubliée en travers du tapis, braquée vers la fenêtre.

Petit matin, après l'ouragan.

À la fin, on n'arrivait plus à se démêler. Il m'a tractée vers la sortie, draps inclus, comme s'il voulait en garder un peu pour la route. Dernier baiser, imprégné de sel et de nuit. Dernière pagaille. Je l'ai coincé contre la porte, les mains sur sa veste, sous son jean.

« Non, non, non », a-t-il dit, sans résister à rien. Et « je dois… », et « il faut… », en pressant mes doigts contre sa peau tiède.

Un autre dernier baiser. Et un autre. Et un autre.

Je l'aurais bien séquestré pour le week-end. Il l'aurait écrit lui-même, son portrait. L'idée m'a fait ricaner. Grave erreur.

Ça l'a dégrisé. Décroché.

Il s'est rajusté presto, en citant Leonard Cohen.

Un classique. Quand un petit malin veut se barrer, c'est toujours la même chanson.

So long, Marianne…

Vérification des poches, allumage de la fossette, trois petits tours et puis une accolade, rapide. Distraite. Retour au hug originel. « J'ai été ravi. Vraiment. À la prochaine. »

See you around.

Salut, Ben Whyte. *See you* sur Netflix.

La porte vient juste de claquer.

Il n'est même pas sept heures. Dehors, les oiseaux du matin s'époumonent, à l'avant-garde du jour. La rue est calme. Une voiture démarre. La sienne ? Je l'imagine affalé sur la banquette, désinvolte et débraillé, à l'abri derrière ses mercenaires, un vrai baron de cartel. Il cherche une cigarette, il demande un capuccino, il regarde ses messages ou Paris filer à la fenêtre, il pense à ses affaires. Il s'endort peut-être.

Je me demande s'il va récidiver en Pologne, demain. Se pointer chez une meuf de la presse locale. Lui faire oublier une heure ou deux qu'elle vit un peu trop près de chez Poutine. Lui laisser des souvenirs incrustés dans le corps, à elle aussi.

Empreintes de star. Ça me fait un point commun avec Hollywood Boulevard. Je devrais me faire tatouer une étoile sur le ventre. Organiser des visites guidées. « Mesdames, messieurs, ici se posèrent les mains de Ben Whyte. Et sa langue exquise, et… »

Chute libre, la tête dans la literie ravagée, le matelas étouffe mon rire, je bats des mollets, je me relève d'un bond, pour aller nulle part.

Quel prodige.

Enfin presque. Si c'était un film, je demanderais un montage. On pourrait couper quelques séquences.

Quand je l'ai giflé, par exemple.

Voilà le tableau : on est donc dans cette pauvre salle de bains.

Les carreaux se rapprochent. La banalité se rebelle. Avalanche de Doliprane, de pots de crème et de pansements spécial ampoules, pendant la quête fébrile de la précieuse boîte de capotes.

Elle est rouge, c'est un *goodie* reçu le mois dernier, pour la sortie d'un film. Le titre est écrit dessus, en lettres dorées : *Éros, etc.* Bien sûr que je l'ai gardée.

Ma vie ne manque pas d'« etc. ». Surtout avec mon ex, Fidel le Mal Nommé – ni Cubain ni monogame. Des « etc. » de confort. D'agréables post-scriptums, une fois de temps en temps. Un « Éros » d'occasion.

Sauf que.

Même à ses heures de gloire, Fidel ne m'a jamais clouée d'urgence au lavabo, le poing fermé dans mes cheveux, comme s'il lui restait une heure à vivre. Comme si c'était toute une aventure.

Hollywood, etc.

Le sens du show, jusqu'au calcaire des salles de bains.

Mon acteur préféré me remplit d'histoires, il les pousse au fond de mon corps. Elles s'escaladent, elles se chevauchent, elles se multiplient. Des joies concentriques. Des contrastes durs. Le choc exaspéré de sa peau contre la mienne. La faïence froide de la vasque. La faïence brûlante de Ben Whyte.

Il est clair, je suis mate, on se tranche par le milieu.

Le lavabo a vacillé, mon esprit aussi. Propulsée quelques paliers au-dessus du septième ciel. En plein dans l'angle de l'étagère.

Double commotion.

Tout de suite après, Ben Whyte s'est figé, dans un spasme violent. Ses yeux sont devenus tout blancs. Plus d'iris. Disparus, avalés. Comme s'ils étaient soudain partis scruter l'intérieur de son crâne.

Un marbre aux orbites vides.

J'ai eu la peur de ma vie.

La baffe est partie toute seule.

« Ça va ?… Oh mon Dieu, ça va ? »

Il m'a retenu le poignet juste avant d'en prendre une autre. Retour des prunelles vert de gris.

« *What the fuck…?*

— Pardon, je… j'ai pas fait exprès.

— Encore ?

— Non, mais… j'ai cru que tu avais… que tu étais en train de mourir.

— De quoi, de plaisir ? C'est toujours comme ça, quand je…

— Ah.

— Eh oui. »

Bien sûr.

Je me suis cachée dans son épaule. Il s'est mis à fredonner tout bas. Câlin, moqueur : « *I just died in your arms tonight…* »

Cet homme n'est pas une star, c'est un juke-box.

Je ne sais plus d'où sort cette chanson. Je me souviens juste d'une voix geignarde, sirupeuse. Une scie rouillée des années quatre-vingt. Maintenant qu'il est parti, j'ai envie de retrouver le morceau, tout de suite. De l'écouter en boucle, jusqu'au fond du sommeil.

Parce que Ben Whyte est bien mort dans mes bras, cette nuit. Plusieurs fois.

J'ai failli ne rien entendre. J'étais sous mon casque, branchée sur YouTube. Le groupe s'appelait Cutting Crew, et je comprends pourquoi tout le monde s'en tape depuis trois décennies.

Le chanteur susurre « *It was a long hot night…* », fait une pause, et voilà que ça tambourine à ma porte.

Ben Whyte se tient sur le seuil, radieux, hors d'haleine. Il me dit : « J'ai oublié quelque chose. » Me chope, m'embrasse. Le front, la bouche, l'épaule. Arrivé là, il mord.

De toutes ses dents.

Et, avec un sourire repu : « Oh pardon. J'ai pas fait exprès. »

Puis l'escalier me l'a repris, pour de bon.

8

Fame

« Même dans une série B comme *Z-End*, il crève l'écran. Mais… »

Le métro s'est arrêté. Ouverture des portes. Bousculade. Signal sonore.

« Moi, ce que je préfère chez Ben Whyte, c'est son cul ! »

Hein ?

Qui a dit ça ?

J'ai aussitôt décroché de mon brouillon d'article, format A4, en doutant de ce que je venais d'entendre. Les trompettes de mon Inconscient ? La fatigue ?

C'était le lundi d'après. Neuf heures et des brouettes, ligne 11. Au bout d'une autre intense nuit blanche avec l'acteur. Sauf que cette fois, il avait pris la forme d'un écran vide et d'un clavier récalcitrant.

Jamais eu autant de mal à bricoler un texte. Souffrance et grincements de synapses. Pas le choix, plus le temps, à la fin d'un week-end perdu.

Pas de samedi. Disparu sous la couette. Effiloché, du sommeil à l'extase. Le corps toujours perclus de caresses. L'esprit ailleurs, à la poursuite des diamants verts d'une star, quelque part du côté des Carpates.

En comparaison, le dimanche a été frénétique. Se souvenir en sursaut. Se laver, se nourrir. Éponger le café. Respirer mon sweat-shirt Yoda.

Et bien sûr, j'ai appelé Jean. Qui m'a passé Serge, qui m'a repassé Jean, qui m'a rendu Serge, qui a osé s'enquérir des « suites éventuelles ».

Quelles « suites éventuelles » ?

Il s'est fait engueuler en stéréo, des deux côtés du téléphone. Tant pis pour ses oreilles de rêveur.

La conversation a duré des plombes.

Toute cette excitation, pour retomber dans un début de semaine comme un autre. Chargé. Grisâtre.

Besoin de réviser l'article une dernière fois, avant de le rendre au journal. Peur de me trahir à chaque phrase, au détour d'un adjectif louche, d'un point-virgule trop frétillant. Voire d'un paragraphe entier tapé avec le nez, vers cinq heures du matin. Sujet : Avantages et Paradoxes de Sa Barbe, ô Rêche Peluche.

Je lisais, je raturais, j'épilais tout le lyrisme compromettant.

J'en oubliais presque que je bossais debout dans une rame bondée, en équilibre précaire, deux doigts sur la barre verticale, un coude dans le bide d'un lycéen maussade. Ça sentait le shampooing, l'après-rasage, la pluie et la crasse, l'automne au printemps. Fusion matinale d'humanité somnolente. Le magma des heures de pointe, comme d'habitude.

« Mais vas-y, là, regarde-le, j'en peux plus ! »

Juste à côté de moi, penchée sur le smartphone de sa copine, l'amatrice de postérieurs célèbres reluquait une photo.

J'ai risqué un œil.

Image volée, un peu floue : feuillage et zoom, les amis du paparazzi. Un homme sur une plage, de dos, la tête inclinée, les pieds dans l'eau. Sans chapeau, sans maillot. Tel que la Nature l'a créé, merci à elle.

Tu couches avec un type au début du week-end et le lundi, tu le retrouves à poil dans le téléphone d'une inconnue.

Bon.

C'est ainsi qu'au fond d'un tunnel, entre les stations République et Arts et Métiers, ma vie privée est soudain entrée dans le domaine public.

Je suis sûre que cet effet secondaire va disparaître bientôt. En attendant, j'appartiens à l'espèce rare – mais fort peu protégée – de ceux qui ont joui de ce que tous les autres désirent. La popularité, c'est un bruit de fond permanent. Je ne sais pas comment ça a pu m'échapper, avant. Quand je faisais partie du vacarme.

Depuis cette secousse initiale, il y a eu beaucoup de répliques. Au bureau, j'ai sursauté en allumant mon ordinateur. J'avais oublié le fond d'écran. Penché sur son cheval, Ben Whyte me matait, droit dans les yeux. « Putain ! On en mangerait ! » a tonné Philippe du service courrier, en passant derrière moi.

Une semaine plus tard, la dentiste me demande sur quoi j'ai bossé récemment. Je réponds comme je peux.

Un tuyau gargouille dans ma bouche, une fraise pilonne ma molaire. Mais j'entends quand même le soupir lascif de l'aimable praticienne : « Ah, Ben, Ben, Ben… »

Le lendemain, je fais la queue au tabac-presse La Civette joyeuse, à deux rues de chez moi. Le client de devant tente sa chance au Millionnaire et avec la buraliste : « Si je gagne, tu m'épouses ? » Ladite Xiao Sun – qu'à force de me ruiner en clopes, je connais un peu – le remballe sans rire : « Nan. J'attends Ben Whyte. »

Le phénomène a même contaminé ma propre sœur, l'autre jour, au téléphone. « Au fait, j'ai lu ton grand portrait. C'est magnifique, Toutoune… »

Pour Charlotte, tout ce que j'écris est « magnifique, Toutoune ». Mon aînée me prend pour Albert Londres.

Je me suis bien gardée de lui révéler l'unique scoop de ma vie – classé X, Toutoune. J'en entendrais parler jusqu'à la retraite.

« J'ai pas non plus craché sur la photo. Il est gaulé comme la mort, ce Ben. Comment tu as fait, pour rester concentrée ? Moi, j'aurais craqué vite fait, bien fait, et tant pis pour Denis ! »

Et de m'envoyer son énorme rire de cosaque bourré, conçu pour traverser les steppes, en direct d'Aix-en-Provence où nous avons grandi et où elle est restée, pour enseigner les maths, élever ses gosses et adorer son mec.

Bref.

Un mois que ça dure. J'ai l'impression de détenir un secret d'État. Mais le pire, c'est que je ne suis pas la seule à m'en inquiéter.

Ça s'est passé le même funeste lundi. Après le déjeuner, un inconnu m'attendait à l'accueil du journal. Un long machin sans âge, emmitouflé dans du cachemire blanc trop chaud pour la saison. Face plate, menton en fuite. Une peau d'allergique à tout, luisante et rosâtre. Un saumon en croûte de sel.

Il s'est avancé avec une vivacité digne de ses congénères d'eau douce : « Marianne ! Je suis si heureux de vous rencontrer. Je suis Bjorn. »

Bjorn comment ? Juste Bjorn. Comme Thor, ou Snoopy.

« Je travaille avec Colin. »

Qui ?

Toi qui entres ici, abandonne tout patronyme.

Un pas vers moi, toujours plus près, à portée de murmure : « Colin… L'agent de Ben. »

Ah ?

Oh.

« Si vous avez un instant, j'aimerais vous parler. Je peux vous offrir un verre ?

— Euh… On a une petite cafétéria, ici, si vous…

— Non, non, je vous emmène. La voiture est dehors. »

Pardon ?

« C'est à quel sujet ? »

Il a encore baissé d'un ton. Cessé de sourire.

« Un sujet confidentiel, Marianne… Donc, si vous voulez bien me suivre… »

Il m'a indiqué sèchement la grande porte vitrée qui mène à la rue. Un ordre muet. Un geste de flic.

Mais pourquoi ?

J'ai rien fait.

À part fricoter avec le client de son patron. Crime de baise-majesté.

« Mais c'est dingue. Mais c'est inouï. Mais c'est hallucinant… »

Même les petites nattes qui pointent sur la tête de Fatou ont l'air électrifiées. Depuis une demi-heure, elle empile les adjectifs avec l'ardeur d'une prof de grammaire. Alors que son vrai boulot, c'est juriste.

J'espérais un avis éclairé. J'ai droit à une transe mystique.

Les nattes ont grillé dès le récit du premier baiser sur la terrasse du Raphael. À l'étape suivante, café foutu et chaise à roulettes, on a perdu Fatou pour de bon.

« Mais c'est phénoménal… »

Pour les conseils juridiques, il ne me reste plus que Dani, qui n'y connaît rien et que ça n'arrête pas : « Ces connards qui bossent pour ta star, là, ils n'ont aucun droit, Marianne. Tu n'aurais pas dû accepter de les écouter. Encore moins de les suivre dans leur boui-boui de merde. »

Le boui-boui de merde en question, c'était le salon de thé du Ritz, place Vendôme. Une enclave de chuchotements, de porcelaine fine et de bois laqué, entre deux bijouteries de luxe. Mon troisième palace en moins d'une semaine.

J'ignore toujours pourquoi je me suis laissée piéger, piteuse et ratatinée, le nez dans une assiette à étages multiples débordant de madeleines tièdes.

Dani commente, toujours poète : « Tout ça pour ça. J'espère que ça valait le coup. Il baise bien, au moins, Brad Pitt ? »

Tu n'as pas idée. D'ailleurs, moi non plus.

Ça fait trois fois qu'elle se trompe de nom.

Depuis le début de notre pique-nique, bières, chips et sandwichs, au ras d'une pelouse des Buttes-Chaumont mal réveillée de l'hiver en cette fin de mois de mars, elle s'obstine à faire semblant de ne plus trop savoir qui est Ben Whyte :

« Ah ouais, celui qui joue dans toutes ces merdes américaines…

— Il n'a pas tourné que des…

— Laisse tomber. De toute façon, ces mecs-là, je les confonds tous. »

Pendant ce temps, Fatou arrache des touffes de pâquerettes. « Mais c'est démentiel… »

Rien à en tirer.

Au moins Dani, elle, est encore de ce monde. Dévorant à pleines dents un « jambon-cheddar suédois » de chez Sodexo, qui lui inspire pourtant autant de dégoût que le cinéma populaire hollywoodien : « Marianne, la prochaine fois, tu prends les bières, je m'occupe de la bouffe. Je te demande pas d'aller la chasser toi-même, mais là, franchement… T'as jamais vu une boulangerie ? Du vrai pain ? »

Non.

Je bouffe du plastoc et je m'envoie Brad Pitt.

Ou, pour citer le Saumon de l'autre jour, je suis « entrée en contact avec une personnalité de premier plan, qu'il serait dangereux d'exposer ».

Traduction : Motus. Ou bien…

Ou bien quoi ? Ils vont laisser une tête de cheval dans mon lit ?

« Ils », c'étaient le Saumon et sa collègue, la Chèvre, qui nous attendait au Ritz. Prénom, Jenna. La quarantaine à poils drus. Grandes dents, narines généreuses.

La Chèvre et le Saumon, une alliance impie.

« Au lieu d'inventer des fables de La Fontaine, tu aurais mieux fait de les envoyer chier. Tu couches avec qui tu veux, quand même.

— Ils m'ont eue par surprise, Dani. C'était…

— … de la pure intimidation. »

Fatou a cessé d'émettre comme un transistor détraqué. Le petit visage de chat noir émerge enfin de son foulard frileux.

« Ils t'ont menacée ?

— Non, je crois qu'on s'est fait peur mutuellement. Ils me regardaient comme si j'allais leur exploser à la figure. Ou courir vendre mon histoire à *Closer.* »

Je repense à leurs tronches de démineurs professionnels, à leur manière d'éviter de prononcer Son Nom en public, même au Ritz.

« Notre… ami commun est très spontané », a commencé le Saumon. « Comme tous les artistes, il oublie parfois la dureté du monde… »

Quelle tragédie.

Quand je le répète à Dani et Fatou, ça nous fait tellement marrer qu'on manque dégringoler toutes les trois en bas de notre pente herbue.

« Notre ami commun est un gros emmerdeur. Il oublie parfois de nous laisser choisir ses partenaires, interprète Dani.

— D'habitude, notre ami commun ne baise qu'en présence de son avocat », complète Fatou.

N'empêche, c'est presque ça. Le truc s'appelle un accord de confidentialité : NDA, « *Non Disclosure Agreement* ». Les stars en font signer à tout leur entourage. Les agents, les nounous, les gourous, voire leur propre mère. Tous des traîtres potentiels, muselés par contrat.

Ambiance.

Pour le sexe, c'est pire. Plus vous êtes célèbre, plus vous avez intérêt à prendre une assurance sur la gaudriole. Histoire de bien se mettre d'accord à l'avance sur les facéties envisagées. Pas de malentendu, pas de scandale. Surtout pas d'impro.

Je comprends mieux la réaction de Ben Whyte, sur le toit du Raphael, quand ses mains se sont un peu égarées. À ce moment-là, il flippait autant que la Chèvre et le Saumon réunis.

Oui, mais après ?

Après, il a pensé tout haut.

« Oh, et puis on s'en fout. »

Au point de débarquer chez moi le lendemain, sans contrat, sans capotes et sans invitation.

C'est ce qui s'appelle changer d'avis.

Le commando de choc, au Ritz, avait l'air harassé. J'en déduis qu'il n'arrête pas de leur faire le coup de la spontanéité.

Ah, ces artistes.

La Chèvre s'est penchée pour brouter un gâteau sec. « Je me permets d'insister, Marianne. Si vous décidiez de partager cet épisode avec vos collègues de la presse, la situation pourrait devenir… désagréable. »

Aux Buttes-Chaumont, Dani lève la main : « Moi ! Moi ! Je suis une collègue de la presse ! Marianne a cafté ! Je sais tout ! Je veux témoigner ! »

Ça la changerait des articles très sérieux qu'elle écrit pour gagner sa vie. Je l'imagine proposer ça aux rédacteurs en chef du *Monde* ou de *Mediapart*, ses employeurs habituels.

Fatou, elle, n'a plus envie de rire.

« J'avais raison. Ils t'ont menacée.

— Je crois que c'était surtout pour alimenter ma parano. Déjà, comment ils savaient, pour l'autre nuit ? Ils doivent le fliquer sans arrêt…

— Il leur a peut-être simplement parlé de toi.

— Bien sûr que non. Il s'en tape complètement.

— Tu n'en sais rien.

— Fatou, il m'a zappée à la minute où il a passé la porte.

— Quand ça ? Avant ou après être revenu ventre à terre ? C'est tellement touchant, d'ailleurs, cet élan, cette fougue… »

Aïe.

Une alarmante et familière buée apparaît dans l'œil de ma juriste préférée. Depuis toujours, Fatou s'emballe. Vite et fort. Pour n'importe quoi, n'importe qui. Même les amoureux des autres. Ceux de Jean, les miens.

Elle souffre d'empathie aggravée.

Je nous revois, tous les trois, assis sur un muret, place des Cardeurs, quand on vivait encore à Aix-en-Provence. On était en terminale, et un certain Marwan venait de plaquer Jean. Fatou sanglotait comme si on venait de lui arracher le cœur. Jean, lui, finissait avec entrain son deuxième kebab.

Fatou s'attache. En voilà une qui n'arrête pas d'« oublier la dureté du monde ». Avec Jean, on devrait peut-être monter des opérations commando, nous aussi. Pour intimider les innombrables enfoirés qui en profitent.

Du coup, j'aime mieux ne pas lui parler du percolateur. Un monstre en acier chromé, comme on n'en voit que dans les bars, et pas les plus miteux.

C'est arrivé par la poste, quelques jours après le duo comique du Ritz. L'ascenseur était encore en panne, un voisin m'a aidée à porter l'énorme colis dans les escaliers. Pas de message, pas d'expéditeur.

J'ai déballé le truc. J'ai tourné autour, j'ai même feuilleté le mode d'emploi, aussi épais que l'intégrale de Karl Marx. Je me suis efforcée de rester calme, de continuer à respirer. Je n'en ai tiré aucune conclusion (ni la moindre goutte de café).

Après tout, rien ne dit que l'engin me soit vraiment destiné.

C'est peut-être une coïncidence, une erreur de livraison, et quelque part, un établissement de luxe attend en vain son méga-percolateur.

Pas moins improbable que l'autre hypothèse : le gag électroménager, pour remplacer ma cafetière foutue. La délicate, la malicieuse attention. Tellement trop encombrante et compliquée pour moi.

Exactement comme celui qui me l'a – peut-être – envoyée. Léger début de cafard.

Ben Whyte avait raison, l'autre nuit : le café, c'est dangereux.

Je n'en finis pas de boire la tasse.

Dimanche dernier, avec Jean, on avait tout prévu. La rétrospective Al Pacino. Notre après-midi à enchaîner les films. Mes préférés. *Serpico*, et puis *L'Impasse*. Double dose de barbe italo-américaine, pour me faire passer le goût du poil néo-zélandais. « Combattre le mâle par le mâle », a dit Jean.

On venait de s'installer dans la salle, pendant les pubs. Je farfouillais dans mon sac pour voir s'il me restait des chewing-gums, quand j'ai entendu Sa Voix.

« *Caffè Carezza…* »

J'ai levé les yeux. Ben Whyte était là, sur l'écran géant. Sérieux comme un gland, dans son smoking noir.

Je l'ai regardé humer un expresso fumant.

« Noir et puissant comme le désir. »

Entre toutes les pubs possibles, entre toutes les boissons à vendre.

…

Il m'a gâché mon Al Pacino.

D'habitude, pourtant, rien ni personne ne résiste à Al Pacino. L'obsession remonte à l'enfance et à mes soirées télé clandestines, dans la maison d'Aix, derrière le canapé du salon. À l'époque, j'aurais fait n'importe quoi pour ne pas rester à l'étage, avec tout un peuple d'ombres occultes et de placards affamés. La nuit chuchotait des mauvais rêves jusque sous mon oreiller. Parfois, Charlotte m'accordait l'asile de son sommeil placide. Mais le plus souvent, elle me virait de sa chambre : « Tu me colles, t'as trop de bras, je dors pas avec un poulpe ! »

Alors, je descendais sur la pointe des pieds.

J'ai découvert un tas de films, planquée derrière ce gros sofa marron qui puait la lavande. Des Hitchcock, des Lubitsch, des Chaplin et un seul Truffaut. *Les Quatre Cents Coups*. Ou plutôt *Les Deux Cents Coups*, parce que la table basse cachait la moitié de l'écran. Je soupçonne mes parents d'avoir toujours su et de m'avoir transmis en douce, nuit après nuit, la cinéphilie que je boudais à la lumière du jour.

Christine et Jean-Pierre Corvo, cette paire de petits malins.

Pourtant, ce soir-là, je suis sûre qu'ils ne m'ont pas repérée. Ils regardaient la sanglante ascension d'un truand cinglé et cocaïnomane. *Scarface*, de Brian de Palma. Pas vraiment raccord avec leur programme éducatif.

J'ai fait des cauchemars à base de tronçonneuse pendant tout un trimestre.

Et des rêves à base d'Al Pacino pendant beaucoup plus longtemps.

« … D'où ta passion pour les brutes avec des yeux de clébard.

— Al Pacino est tout sauf une brute. C'est un immense acteur.

— Ouais… Et il fait quoi, dans *Scarface* ? Il épouille des licornes ? Je te rappelle qu'en CM2, tu n'as pas craqué pour l'"immense acteur", mais pour le personnage. Ça jette une ombre préoccupante sur tes goûts, quand même… »

On vient de sortir du cinéma. Jean prend sa garde à vingt et une heures, il est épuisé d'avance, et mes « goûts » commencent à lui courir sur le haricot.

Jean est très sensible du haricot. Surtout quand il est inquiet.

« Marianne, ça fait des semaines, cette histoire. Passe à autre chose. Trouve-toi un mec normal, qui achète lui-même ses capotes… Un mec qui existe vraiment.

— Oh, mais il existe, Ben Whyte. Je te garantis qu'il était bien réel, son…

— Ah non, pas ça. Pas les détails. J'en peux plus. »

Même moi, j'en ai marre. De me cogner tous les soirs à son imbécile de percolateur qui traîne par terre, toujours aussi débranché. De me rejouer jusqu'à l'écœurement les séquences les plus privées de sa petite visite. D'être incapable d'en revenir, comme ces types qui passent une vie entière à ruminer leur minute de gloire. Leur unique tube.

Je ne veux pas que Ben Whyte devienne le *Born to be Alive* de ma jeunesse finissante. Ou la *Macarena* de mon hit-parade érotique.

Enfin, je me comprends.

Mais tout conspire contre moi. Dès que je commence à décrocher, quelqu'un ou quelque chose en remet une louche.

Quand ce n'est pas une affiche de *Z-End*, c'est la réflexion d'un énième quidam, ou la lecture d'un article. Avec la sortie du film, j'en ai pris plein les journaux.

Pages 26 à 30 de *Elle*, début avril : « Ben Whyte, le mâle qui nous fait du bien ». Où j'apprends enfin « son secret hot et cool : mixer une petite veste Armani avec un denim destroy, pour un look garage rock revisité ! »

Si vous le dites.

Pages 44 et 45 du *Nouvel Obs*, la semaine dernière : « Avec *Z-End*, Ben Whyte sort une nouvelle fois l'artillerie lourde ». Où j'apprends que le film a rapporté 96 millions de dollars dès son premier week-end d'exploitation, rien qu'aux États-Unis. De quoi amortir le modique cachet de la star : vingt-cinq patates, rien que pour se faire courser par des mecs pleins de croûtes.

Ça fait beaucoup de petites vestes Armani.

Enfin, *Libé*, ce mercredi. Portrait de der, pleine page. Sous l'habituel calembour – ici, « *Whyte trash* » –, notre héros se fait « revisiter » la tronche en beauté. Ni « *hot* » ni « *cool* ». Où j'apprends qu'il est « le sex-toy fétiche d'un hétéro-populisme en déclin hormonal ».

Et dire que j'ai couché avec ça. Mon corps, ce social-traître.

Des mots, des infos, des mots, des photos. Partout. Tout le temps.

Et je ne parle même pas d'Internet. Le Las Vegas de la curiosité populaire, avec ses baraques à jackpots crapoteux, tu joues, tu gagnes à tous les coups, du linge sale, des fonds de bouteille, des chignons crêpés, des ravalements ratés, des overdoses réussies.

Pourtant, je traque la moindre image, je me gave de ragots. Repéré à Varsovie, en train de sortir d'une voiture. Exhibant sa fossette à Pékin, en conférence de presse. Surpris à Shanghai, au bras d'une inconnue.

Et pour finir, cette publicité à la con.

Jean n'est pas une créature très tactile. Plutôt du genre hérissé de partout. Il garde sa tendresse pour les grandes occasions. Du coup, quand il me prend la main, dans les lumières mouillées de ce dimanche soir, j'ai l'impression d'être gravement malade.

« Ce mec est marié avec le monde entier, Marianne. Il n'existe pour personne. »

9

Intrusion

Madame Kerfouët n'a pas de prénom. Elle doit le planquer dans sa loge, avec le reste de son état civil et de sa vie privée. J'habite l'immeuble depuis quatre ans, mais tout ce que je sais d'elle tient dans le hall étroit, entre une rangée de boîtes aux lettres et la plante verte qui n'en finit pas de crever.

Madame Kerfouët ne devrait pas exister. Elle est trop pure. Trop concierge pour être vraie. Même les pires comédies n'osent plus en inventer de pareilles. Pas plus haute que son balai, elle compense en largeur : un poitrail spectaculaire, comprimé dans une éternelle blouse à fleurettes, dont l'exubérance bucolique ne trompe personne.

C'est que, voyez-vous, on n'est pas payée pour dérider l'usager. Et puis quoi encore. On garde le fort. Honni soit qui mal y passe.

Cette femme est un check-point humain, que tout le monde peine à franchir. Les agents immobiliers renoncent, les résidents feintent comme des gosses, les vrais gosses pleurent. Un jour, elle a même fait craquer le grand rasta du second, à cause d'une vague odeur de ganja dans les couloirs.

Bref, madame Kerfouët habite du bon côté de la trouille, le camp plein de certitudes de ceux qui l'infligent, année après année, dans la limite des heures ouvrables.

Ce soir, pourtant, c'est une tout autre créature qui jaillit de la loge pour m'intercepter : « Mademoiselle Corvo, ne montez pas. Je crois qu'il faut appeler la police. »

Dans mon dos, Fidel étouffe un gloussement. Et moi, je bée. Le spectacle a gelé toutes mes fonctions cognitives. Cet œil traqué. Ces mèches grises qui, pour la première fois, vrillent hors de leur chignon. Et la nuisette. Surtout la nuisette.

Très courte. Ornée de petits chatons.

Comme d'habitude, Fidel se croit obligé de faire le malin : « Qu'est-ce qui se passe, madame ? Une fillette a voulu vous piquer vos sous-vêtements ? »

Merci de me rappeler juste à temps pourquoi on n'est plus ensemble. Avant que je te ramène encore dans mon lit.

Fidel, c'est mon paquet de chips. Du vide à croquer. Un trompe-la-faim. Chaque fois que je pioche dedans, je me dis que c'est la dernière. Aujourd'hui, c'était juste une histoire de météo. Il fait doux, les soirs s'allongent. J'ai eu envie d'un apéro en terrasse dans l'air poudreux du mois de mai.

Pas d'apéro sans chips.

Ma concierge, ou du moins sa version mutante en lingerie kawaï, n'accorde pas un poil d'attention à mon compagnon. Elle me crochète le bras.

« Vous avez des embêtements ?

— Quoi ?

— Des embêtements. Des soucis. Des dettes. Les paris, le poker…

— Mais, madame Ker…

— Eddie, mon ex-mari, était un joueur, vous savez. Alors je les connais, ces salauds…

— Quels salauds ?

— Les individus comme celui qui vous attend là-haut. Pour vous faire payer. Ou pire. Il est déjà venu tout à l'heure. C'est un délinquant, mademoiselle Corvo, j'en suis sûre. Un malfrat du milieu. »

Du milieu de quoi ? Elle a fumé avec notre rasta local ?

« Il ne parle même pas français, alors je… »

Même pas français ?

Je la contre-crochète : « Il a les yeux verts ? »

N'importe quoi. Ça fait plus de deux mois, maintenant.

Fidel nous regarde, ainsi agrippées l'une à l'autre. « Qu'est-ce que ça peut foutre ? Tu le connais ? »

Peut-être que toi aussi, tu le connais. Peut-être que le monde entier le connaît. Sauf la concierge, apparemment. Ça n'a aucun sens.

L'espoir, cette maladie incurable, me précipite néanmoins dans l'escalier.

J'entends madame Kerfouët ahaner derrière moi, le bruit doux de ses pantoufles sur le bois. Tip, tap. « Arrêtez, vous êtes folle ! » Tip, tap. « Il va vous… faire des choses ! »

Le ciel t'entende, ma pauvre dame.

Fidel est resté dans le hall. Sa voix résonne : « On n'a pas dit qu'on appelait les flics ? Ohé ? Marianne ? »

J'ai rencontré ce modèle d'héroïsme urbain il y a deux ans, dans une fête déguisée. On était les seuls à porter une fausse barbe. Je l'ai repéré tout de suite : un long brun qui dansait en uniforme kaki, cigare éteint au coin du bec. Castro, bien sûr. Qui d'autre ?

Il m'a abordée sans cesser de mâchouiller :

« Salut, camarade. Moi, c'est Fidel.

— Je vois ça.

— Non… C'est mon vrai prénom. Héritier tardif des deux derniers fans du Líder máximo. Élevé au grain, à l'aveuglement idéologique et à la guitare sèche… »

Et ta sœur, c'est Che Guevara ?

Je l'ai mieux regardé, et j'ai ravalé ma vanne.

Joli jusqu'au bout du nez. Il a souri. « Et toi, qui es-tu, accorte barbue ? »

J'étais Gimli, fils de Glóin. Nain de combat, membre de la Communauté de l'Anneau. Reconnaissable à son épée en plastique et son armure en papier alu.

On s'est embrassés dans une cohue d'Avengers en collants Dim et d'infirmières perverses complètement bourrées. Ensuite, il s'est remis à parler de lui.

Son mépris pour Tolkien et la fantasy (« Tu lis encore ça ? À ton âge ? »), la presse (« Ah, *L'Œil Hebdo*, ce pilier de la culture bien-pensante… »)… Sa thèse de sociologie sur la sexualité des plus de soixante-cinq ans (« Le dernier tabou, tu vois »)... Et ainsi de suite, ses potes, ses profs, ses copines : « Je suis polyamoureux. Tu sais ce que c'est ? »

Oui. Et moi j'étais polypompette. Je voulais le faire taire avec ma bouche. Goûter encore sa peau douce. Plus suave et juvénile que celle de Ben Whyte...

Lequel n'est pas devant ma porte.

L'homme qui m'attend ne lui ressemble pas du tout.

Quand madame Kerfouët et moi avons déboulé sur le palier comme deux triathlètes en plein sprint final, il n'a pas bougé. Il s'est contenté de nous toiser.

De très haut.

C'est rugueux, cabossé, démesuré. Ça occulte la lumière du palier. Ça engloutit le regard. C'est un monument qu'on n'oublie pas.

Carmine. Le garde du corps.

Mes jambes se débinent, tout s'embrouille, surtout que madame Kerfouët parle en même temps. Pour une raison inconnue, elle le traite de Yougo.

Ah non, pardon, elle tente de le virer.

« *You go! You go!* Pschh... Ou sinon, hop, ze police ! » vitupère-t-elle, héroïque, en me faisant un rempart de son petit corps massif.

Le gorille ferme brièvement les yeux. Si on était dans un film, il serait sans doute déjà en train de couler les pantoufles de ma protectrice dans le béton.

Avec une dégaine pareille, tout est possible. Sauf ça :

« Mademoiselle Corvo, je suppose ? Bonsoir. Pardonnez-moi de vous importuner. Je me présente, Carmine Valetta, pour monsieur Whyte. »

Good Heavens. Quelqu'un a collé la bande-son de *Downton Abbey* sur un extrait du *Parrain.*

« Puis-je me permettre de consulter votre passeport, s'il vous plaît ? »

Madame Kerfouët me reprend le bras : « Il a dit quoi ?

— Il demande mes papiers.

— C'est un policier ? De l'étranger ? Mais qu'est-ce que vous avez fait ?

— Je dois vérifier votre identité. Pour pouvoir vous emmener. »

Oh mon Dieu.

« Oh mon Dieu, c'est la drogue. Le terrorisme ? Vous êtes dans un réseau, ou bien...

— Mon employeur souhaite vous inviter. Ce soir. Maintenant, si possible.

— Et là, il a dit quoi ? »

On est repassés devant Fidel, au pas de charge. « Marianne ? Mais où tu vas ? »

J'ai répondu sans me retourner.

« Je vais tromper le monde entier. »

Il a dû croire que je me tapais Carmine.

Maintenant qu'on roule, le gorille au volant et moi posée derrière comme un colis, je fais moins la fière. Il veut me revoir. Je vais le revoir. Je vais le décevoir. Pas équipée pour un second miracle. Ça va juste abîmer mes souvenirs.

Si ça se trouve, Carmine est en train de m'exfiltrer. On file vers l'aéroport. Je vais me retrouver coincée dans un jet privé, direction New York.

Je nous imagine déjà en tête à tête dans un penthouse avec vue sur l'Hudson. Le fantasme à un million de dollars Monopoly.

Lui, abdos luisants, dans un peignoir de soie. Champagne en option.

« Oh, Peter. Tu me rends fou. »

Moi, toute fripée, dans ma pauvre chemise de la veille. Haleine de bouc en option.

« Oh, Ben. Où sont les lavabos ? »

Quelle angoisse. Je n'arrive même pas à trouver ça drôle. Laissez-moi sortir.

Quand on traverse le pont saturé de promeneurs qui mène à l'île Saint-Louis, il n'y a presque plus d'oxygène dans la voiture.

« Nous y serons dans une minute, dit Carmine. Je vous dépose à l'entrée. »

10

Dirty Dancing

Tête à tête, mon cul. Si j'ose dire.

Dès que j'ai débarqué devant cet hôtel particulier du XVIIe siècle encerclé de paparazzis, j'ai bien saisi l'ampleur du malentendu. Ça fait bientôt deux heures que je me murge de dépit et de soulagement, au troisième étage bondé d'une fête tellement VIP que j'ai dû laisser mon téléphone à l'entrée et signer un tas de papiers de confidentialité.

La musique est toujours aussi forte. Je sens vibrer les lambris dans mon dos, et autour de moi, ça danse à démolir le parquet. Des hurlements, des vivats. Je reconnais *Mommy's Home*, l'un des titres les plus célèbres de Red Dump. Évidemment. Ici, c'est leur fête très privée à eux. Red Dump, le « Dépotoir rouge », en concert cette semaine à Paris. Au Stade de France.

« La progéniture déviante et convulsive de Led Zep et du punk metalcore », s'exaltait récemment un collègue de *Technikart*.

Je veux bien, mais j'étais pas venue pour ça. Je m'en tamponne les portugaises. J'ai jamais demandé à voir la crème de la scène rock US profaner un décor de musée. Ou même pas : il semble que j'aie raté le showcase.

Tout à l'heure, Red Dump a joué quelques morceaux dans le grand salon, rien que pour son public d'invités… Dont Ben Whyte ?

Va savoir. J'ai même plus assez de neurones pour jouer à « Où est Charlie » grandeur nature.

Un serveur passe, je rafle un autre cocktail sur son plateau. Et encore un autre. Avec plein de petits bonbons bleus qui flottent dedans. En louchant bien, j'aperçois la pointe de ma langue. On dirait que j'ai bouffé du schtroumpf.

Ma nouvelle copine se sert à son tour. On trinque. Je me laisse aller contre son bras, je lui demande : « Pourquoi t'es pas Ben Whyte ? »

Ça sert à rien, trop de bruit. Et puis c'est pas comme si j'attendais une réponse. Elle ne parle pas un mot de français, et à peine mieux l'anglais. Je sais juste qu'elle s'appelle Mia. Ou Lia… Sia, comme la chanteuse ?

Zia me tripote les cheveux. Elle articule : « Bioutifoul ».

Elle rit, ça découvre d'adorables quenottes immaculées, et par-dessus un fin trait de gencives bleues.

Je crois qu'elle ne connaît personne ici, elle non plus. Tu m'étonnes. Cette fille était encore mineure lundi dernier. On devrait la renvoyer chez sa mère à coups de pied au cul.

Une ravissante petite tête famélique, noyée dans une coupe afro assortie au cuivre de ses taches de rousseur. « De quel pays tu viens, Xia ? » je crie, tendue sur la pointe des pieds. Elle enroule une de mes mèches autour de son index. Je suis tombée sur une fétichiste du tif.

« *Model.* Je, *model…* »

D'accord. Mais c'est pas ce qu'on te demande, Ria. Je vois bien que tu n'es pas dans la gendarmerie.

Pas plus que tes copines, qui troublent l'air de leurs parfums mêlés, aussi lourds qu'elles sont légères, effilées, irréelles. Jamais vu autant de mannequins en dehors d'un magazine. Un peuple soyeux et spectaculaire, de toutes les couleurs sur le nuancier de la beauté.

Qu'est-ce que je fous ici, déjà ?

Je l'ai rencontrée dans la grande salle du rez-de-chaussée, en essayant d'atteindre le buffet.

On a aspiré de l'hélium à la paille, dans de drôles de bulles en plastique. Un genre d'attraction puérile et branchée, qui change la voix quelques secondes. Tu prends ça, tu couines comme Donald. Pas Trump, l'autre.

Après, on a découvert les vraies boissons. Changé de salon. Enfilé des couloirs. Des escaliers. Croisé tout un carnaval de parasites soufflant leur fumée au nez des statues, riant à la barbe des vieilles huiles encadrées d'or. Ça crie, ça se papouille, ça gesticule. Ça colonise les boiseries comme des termites de luxe, ça s'affale par grappes de dix dans des ottomanes jadis conçues pour deux nobles popotins, trois maximum.

Et partout, sur le verre des tables basses ou les manteaux de cheminée, du carburant pour les narines.

Ces gugusses s'envoient plus de poudre blanche qu'un chasse-neige savoyard.

Le plancher penche, je roule contre la paroi.

« Tu aimes lui ? » me demande tout à coup Kia.

Hein ?

« … Moi, j'aime lui. Fergus. »

Ah oui, Fergus Jones, le chanteur-bassiste de Red Dump. Ta star, pas la mienne.

On en est là de nos échanges sentimentaux quand un mec aussi chauve que mes fesses, mais beaucoup plus tatoué (*Manwhore* – soit « Monsieur Pute » en VF – tracé en corps 72 en travers du cou), tombe sur Pia en brandissant un bédo gros comme une carotte mutante.

Sans un mot, il le colle dans la bouche de ma camarade et lui fait tirer quelques bouffées.

On me refile le pétard.

Une quinte de toux plus tard, monsieur Pute et madame Frisettes décident de se rouler une pelle à la mesure du lieu : historique.

Après, je sais plus.

Je danse.

On danse.

Mes reins se creusent, mes mains frappent l'air, mes cheveux se déploient.

Ils sont vivants.

Tout est sombre, les corps se massent, nuées d'orage.

Les basses grondent dans ma poitrine.

Tonnerre.

Black-out.

Je ressuscite, debout sur une chaise.

Mon bracelet s'accroche à ma chemise. Ça craque, et puis j'oublie.

Je danse.

On danse.

La houle des têtes saoules, la mitraille des guitares.

Un grand mec me cueille. Je joue avec ses dreadlocks, il se marre, me cale sur son épaule, me fait tournoyer, me repose sur mon podium improvisé.

Et Queen bombarde le dancefloor.

Tout le monde brame.

I Want It All.

Je talonne la chaise, je vais la crever. Je suis une rock star. La « progéniture convulsive » de Freddie Mercury et d'un marteau-piqueur.

Ben Whyte, si tu me voyais.

I WANT HIM NOW!

Oh.

Moi, je te vois.

Là-bas, de l'autre côté de la salle. Pris dans le tumulte.

La lueur d'un briquet lui précise un instant le visage.

C'est lui, c'est bien lui.

Il tient sa clope avec trois doigts, comme un gangster en noir et blanc. Est-ce qu'il m'a reconnue ?

Ça fait longtemps, quand même. Il a dû en arracher d'autres, des pyjamas, depuis.

Je trépigne sur mon perchoir. J'agite les bras.

Youhou. Par ici, Monseigneur…

Il est pour moi, ce sourire ?

Viens-viens-viens.

Demain, c'est sûr, je vais crever d'embarras. Mais pour l'instant, rien à secouer. À part les cheveux.

Je regarde approcher cet homme qui « n'existe pour personne ». Qu'on intercepte sans arrêt. Un type lui parle, le prend par le cou. Une fille lui vole sa cigarette. On est familiers, chez les VIP.

Laissez-le-moi, bande de cons.

… Où est-il passé ?

Ici. Juste sous mon nez.

Mamma mia.

Et maintenant, quoi ? On fait l'avion, comme Patrick Swayze et l'autre nunuche dans *Dirty Dancing* ? Tentant, mais pas tout de suite.

Pour l'instant, il lève la tête, lentement. Il me caresse sans me toucher. Montée des ombres, tout le long de mon corps. Comment dit-on « reluquer » en anglais ? Dans ce smog de night-club, sa fossette ressemble à une balafre. Il a dit quelque chose ? Je n'entends rien, mais c'est beau comme un film de pirates.

Je me penche, un peu trop.

« HEIN ? »

Il me retient par la taille, mes doigts incertains rencontrent l'appui de son épaule, nos cheveux se mêlent, ses lèvres effleurent ma tempe.

« Je disais : c'est quoi, cette tenue, Peter ? »

Fallait pas venir en jean ?

« QUELLE TENUE ? »

Sa paume répond à sa place. Furtive mais ferme, sur ma peau nue… Ma quoi ?

… Ma chemise béante. Boutons arrachés, dentelle au balcon.

Mais…

Depuis quand ?

Il chope les bords du tissu, les rabat discrètement sur la lingerie.

« Qu'est-ce qui s'est passé, encore, Peter ? L'interview de trop ? »

Très drôle.

« JE… »

… voudrais m'expliquer, mais l'ourlet de son oreille est si tendre que les mots s'y dissolvent aussitôt.

Mais qu'est-ce que je fais ?

Je suce le pavillon d'une star. Devant tout le monde. Fringuée comme Hulk, et presque aussi bourrée de rayons gamma. J'espère sincèrement que demain, j'aurai tout oublié.

Le lobe se dérobe, en douceur.

« Pas ici.

— OUI, MAIS JE… »

… me fais capturer.

Il me traîne dans son sillage, on fend la mer des corps démontés, on passe des portes, on monte quelques marches, on rebrousse chemin, on tourne à droite, je perds le nord, je garde sa main.

Un corridor poussiéreux, éclairé au néon. Des chaises empilées. Un piano droit déglingué, puni dans un angle. Coulisses. Cul-de-sac. Il pile, je lui rentre dans le dos.

J'y suis, j'y reste. Juste une seconde, s'il vous plaît. Le front entre ses omoplates, ô verveine retrouvée. Ben Whyte, l'homme le plus confortable du monde. Un vrai matelas vertical, à mémoire de forme.

Il se retourne, sans prévenir. « C'est quoi, ce débarras ? »

Je reste lovée dans le vide un instant. Il me rattrape juste à temps pour m'empêcher de me vautrer, et je le vois vraiment, pour la première fois de la soirée.

Ces yeux qui gîtent. Un peu liquides, un peu ivres. Ce sourire, spectre joueur, frais souvenir d'enfance dans une gueule durcie par le néon, la nuit, les tensions d'une vie insensée, impossible à imaginer.

Ça perce les brumes de l'alcool, ça me ravage de stupeur. Encore.

Le temps que je m'y fasse, il aura disparu. Encore.

Je vais finir à Sainte-Anne.

En attendant, je m'affaisse contre sa veste. C'est tout dur et consentant, là-dessous. Ça fait tellement vrai. Quelle diablerie.

« Hey… Reste avec moi… »

Il me froisse comme une poupée de chiffon, ses amples pattes fouillent ma chemise foutue, me tombent toutes rôties sur les hanches.

Mon menton frotte le col de son T-shirt. Je me demande ce qu'il affiche, cette fois. Quel groupe de rock, quelle horreur mutilée je réchauffe contre mon sein. Pas envie de m'écarter pour vérifier.

Nos nez se frôlent. Je divague toute seule dans sa barbe.

« J'en reviens pas qu'il se souvienne de moi…

— Qui ?

— Ben Whyte.

— Ah. Lui. Bien sûr qu'il se souvient… Il est content de la revoir. Même dans cet état.

— Quel état ? Je suis pas saoule… Juste un peu… bleue.

— Comment ça ?

— Comme ça. »

Je lui tire la langue. Il la regarde.

Il la mange.

Festin cru.

…

Je ne collectionne pas les flirts poussés en milieu festif. Mais j'en ai vécu quelques-uns, même sans compter Fidel. Jamais au point d'oublier le contexte, encore moins de devenir cet animal tenace, affamé, douloureux.

Sauf ce soir, avec ma proie. Pardon, ma star.

Mon corps céleste.

Je lui grimpe dessus, n'importe comment. Tout se convulse, il gronde.

Très vite, le mot « baiser » menace de se transformer en verbe. Je fourrage sous son T-shirt, on percute le piano, dans un grand désordre dissonant.

Soudain, il s'interrompt, des épis plein la tête : « Putain… Elles sont où, les chambres, dans cette *fucking* baraque ?

— Eh, un peu de respect, Votre inculte Majesté… Elle date quand même de Louis XIV, cette “*fucking* baraque”…

— À vrai dire, Votre Grâce débraillée, je m'en tape… »

Your Raggedy Grace…

Il bouge contre moi. Un roulis lascif, lourd, précis. Clong, clong, approuve le piano, crescendo fortissimo. J'entends tinter sa ceinture. Je le sens fouiller ses poches… On a pensé aux capotes, ce soir ?

Merci à toute l'équipe.

Le néon clignote. S'éteint, se rallume. Ça me rappelle l'ambiance glauque de *Z-End*.

Quand est-ce que les zombies attaquent ?

Maintenant.

« *My man!!* Je t'ai cherché partout, qu'est-ce que tu… »

L'intrus n'est pas beaucoup plus gras ni plus frais qu'un mort-vivant. Il s'interrompt en découvrant le tableau.

Fergus Jones.

Aussi décoloré, sec et noueux que dans ses clips. Le jean lacéré, le marcel taille douze ans coincé au-dessus du nombril, des tas de bracelets brésiliens par-dessus les tatouages, et deux ou trois tours de cou en cuir, au chic du pendu.

Tu crois qu'il ferait demi-tour ? Genre, tiens, qui voilà ? Deux personnes quasi encastrées l'une dans l'autre. Peut-être souhaitent-elles un brin d'intimité ?

Bah non.

En trois bonds, il est près de nous. Ça pue l'alcool, sans doute ce qu'il a pris de plus soft ces dernières heures. Il tape dans le dos de Ben Whyte, renifle et me mate en se grattant la braguette.

Je n'entendrai plus jamais les chansons de Red Dump comme avant.

Ben Whyte, néanmoins, trouve ça drôle. La preuve, il rit. Pas du tout gêné par l'intrusion, il me tient ferme, cambrée tout contre lui.

« C'est qui ? demande Jones.

— C'est Peter, répond Ben Whyte.

— Elle s'appelle Peter ? C'est pas un mec, pourtant. »

Perspicace, le satyre.

Dirty Jones s'approche encore, m'examine de ses yeux pâles, s'attarde sur ma cuisse, que son pote garde calée sous le bras, façon trophée de chasse.

« Mais alors, pas du tout. C'est très mignon, tout ça… »

J'y crois pas.

« Tu me la prêtes ? »

Hein ?

Ben Whyte referme les pans de sa veste autour de moi.

Ah bon, quand même.

Et puis il lance :

« Pas cette fois, Fergus. Pas cette fois. »

…

Je plisse mes paupières closes.

Je tente de bouger, un violent élancement me recolle à l'oreiller.

Lequel est apaisant et chaud. Comme ce pouce, que je tète avec l'ardeur d'un nourrisson névrosé.

Depuis quand je me remets à sucer mon pouce ?

Depuis que ce n'est pas le mien.

J'ouvre péniblement les yeux. Je tombe sur ceux de Ben Whyte, bouffés d'insomnie. Il fait encore nuit. La lumière ambrée d'une lampe de chevet attendrit sa lassitude. Son léger sourire, à demi enfoui dans le duvet.

« *Welcome back, sleepy head…* »

On est couchés sur le flanc, face à face, au creux d'un grand lit blanc. Je presse sa main comme un biberon. Ses doigts libres me câlinent la joue, le bout du nez.

« Qu'est-che qui ch'est…

— Qu'est-ce qui s'est passé ? Tu t'es… un peu échauffée. Tu nous as insultés, je crois. En français. »

Mais…

« Et après, wham, bam. Dans les pommes. Plus de Peter. »

Wham, bam.

Tout remonte d'un coup. La danse. Les baisers. L'incendie de piano.

Et puis l'horrible minute #MeToo. Marianne et les loups.

Je recrache son pouce.

« Je suis où ? Il est quelle heure ?

— Tard. Je…

— Qu'est-ce que vous avez fait ?

— Mais rien. On t'a transportée dans l'aile des chamb…

— Qui ça, “on” ? »

Je vérifie précipitamment sous les draps. Comme si je risquais d'y surprendre Fergus Jones en train de ramper. Je me découvre tout habillée, et même plus. Emballée dans la veste de Ben Whyte, trois fois trop grande.

« "On", c'est moi. Avec Carmine, pour les escaliers. Carmine, mon… »

Ton rabatteur.

« Je sais qui c'est. »

Je ne suis pas amnésique à ce point. J'ai même quelques beaux souvenirs de la fiesta, là-bas, avec le leader de Red Dump. Son paresseux accent du Texas, pendant qu'il insistait : « Non mais t'as vu comment elle est bonne… »

Smoookin'hot.

Les lignes saillantes de ses tendons, sous les cordelettes de cuir. Un cou en érection.

« Allez viens, mec, on partage… »

Putain.

S'asseoir sur le lit est une torture. C'est une vraie quincaillerie, dans ma tête. Toute une ferraille remue à l'intérieur, me déchiquète les nerfs optiques.

« Non, on ne partage pas », a dit Ben Whyte à la tique lubrique. « Pas elle. »

Putain, putain.

Et puis : « Dégage, maintenant. Tu me gonfles. Va te trouver une autre… »

C'est là que tout se dilue. Une autre quoi ?

Veuillez remplir les pointillés, avec le vocabulaire dégradant de votre choix.

« Tu veux boire quelque chose ? Un peu d'eau minérale ?

— Non. Je veux m'en aller. Tout de suite. »

Il se redresse sur les coudes, je lis et je relis le bête Metallica floqué sur son T-shirt. C'est toujours mieux que de croiser son regard qui caille.

« Eh, du calme. Tout va bien. J'ai jamais abusé de personne. »

Mes chaussures traînent sous une chaise, par-delà son côté du lit. Ça paraît très loin. Je n'y arriverai jamais.

J'en ai marre.

« Ah non, ça, c'est sûr. Au contraire, hein ? Ça doit faire fureur, vos petits *sex junkets* entre potes. Vous devez refuser du monde. »

Je pourrais l'enjamber, et atteindre plus vite mon but. Mais il me fixe comme si j'avais molesté sa grand-mère, alors j'aime mieux faire le tour.

Tout mon corps grince quand je me penche pour attraper mes bottines.

« Nos petits quoi ?

— Vos magouilles de connards décadents, là, qui se disputent la chair fraîche. Le grand buffet gratuit. Elle est flattée, d'habitude, la barbaque ? Elle dit merci, à la fin ? »

Je ne l'ai pas vu se lever. Il est vraiment trop imposant pour être provoqué à huis clos.

« Tu crois tout savoir, toi, hein ?

— Moi ? Non. J'ai pas étudié le droit de cuissage. La partouze-surprise et le troc de groupies, j'ai pas le niveau.

— Personne ne t'a troquée, Peter, merde.

— Je ne m'appelle pas Peter. Bon, comment je fais pour sortir d'ici ? J'ai le droit de redescendre normalement, ou il faut que je demande à la CIA ? »

Il s'est approché pendant que je triturais la poignée de la porte. Son parfum me retient, mais il ne me touche pas.

« Il ne faut pas la tourner comme ça.

— Quoi ?

— La poignée. C'est dans l'autre sens. Je vais te faire raccompagner.

— Non merci. »

Je me retourne, il recule. Je lui tends sa veste :

« Et pas la peine de m'envoyer la cavalerie, cette fois. Foutez-moi la paix.

— Quelle cavalerie ? Quelqu'un t'a contactée, depuis... ?

— Oui, un saumon, euh... enfin, des gens qui travaillent pour toi.

— Je vois. Putains de paranos. »

Il secoue la tête, doucement.

« Ça n'arrivera plus. On est tous tellement... cinglés. Je suis... »

Je devrais le planter, tout de suite. Lui, ses cils épais, ses cheveux en bataille, ses traits fameux qui s'affaissent un peu. Mais je reste là, sur le seuil, à attendre de savoir ce qu'il « est ».

Désolé ? Infréquentable ?

« ... fatigué. »

L'image même de l'épuisement. Des cernes noirs comme l'entrée d'une mine, les yeux enterrés au fond.

Ma main m'échappe, s'en va toute seule lui caresser le visage. Sa joue pèse un instant contre ma paume.

Et puis c'est fini.

« Je regrette, Marianne. Vraiment. »

Moi aussi, Ben Whyte. Moi aussi.

11

Les Hauts de Hurlevent

« Prendez des cerises, madame. Elles sont toutes neuves. »

Étalée comme je suis, à plat ventre sur ma serviette, je ne vois que ses petits pieds. Orteils menus, dodus, terreux, bien plantés dans l'herbe. Puis elle s'accroupit et d'un coup, d'un seul, me tartine la figure de pulpe tiède pleine de noyaux.

« Et – voi – là. »

Ma nièce Lila s'éloigne déjà, très affairée, la culotte de traviole sur son petit derrière rebondi, armée d'un sac en plastique encore bourré de munitions écrasées.

C'est une année à cerises.

Les mollets au frais dans la piscine à boudins, Charlotte roupille au fond de sa chaise longue, bercée par la transe des cigales. Ses lunettes de soleil ont glissé, elles lui font comme une grosse paire de narines supplémentaires. Ouvert sur sa poitrine, le *Biba* de juillet harangue le vide : « Sexe : comment grimper aux rideaux sans se prendre les pieds dedans ? »

En voilà, un sujet d'actualité.

Lila approche de sa mère. Elle plonge sa main dans le sac : « Prendez des cerises, madame… »

Et paf.

Chaos dans le jardin.

« Je vais la faire abattre, cette saloperie de cerisier ! » vitupère la victime. Armée de lingettes, elle tente de coincer sa gamine, qui galope dans tous les sens en faisant tourniquer son sac. Thierry la Fronde n'est pas mort. Il a trois ans et demi, des couettes, et il attaque en slip.

Pas moyen de bouquiner tranquille.

J'essaie quand même. Retour au chapitre seize.

« Tu dis que je t'ai tuée, hante-moi, alors ! »

Une mouche minuscule se pose sur « hante-moi ». Elle se frotte les pattes un instant, puis fuse comme un trait d'ironie dans l'air engourdi. Rien à foutre des *Hauts de Hurlevent* et des tourments de son héros.

Heathcliff. Son long manteau. Ses longs cheveux. Sombres ruisseaux en crue sur son visage.

Une photo du film illustre la couverture de mon livre de poche. Je me souviens de cette scène. Le vent sur la lande. La fuite des nuages. Les yeux qui brûlent, que la pluie veut éteindre. La redingote en berne, Ben Whyte implore son amour défunt.

J'entends encore sa voix tomber, fracassée.

« Je ne peux pas vivre sans ma vie ! Je ne peux pas vivre sans mon âme ! »

Alors, tais-toi et crève.

Il commence à me gonfler, le victorien agité du pompon. Madame Bigelot, ma prof d'anglais de première, répétait tout le temps que *Les Hauts de Hurlevent*, pardon, *Wuthering Heights* (à prononcer avec l'accent « posh », dents serrées, bouche en cul de lord), n'était pas un roman d'amour. Pas vraiment.

Juste une sale histoire de dépendance.

Je comprends mieux, maintenant.

J'avais décroché depuis six semaines. Plus de Ben Whyte. Pas de films, pas de photos, ni de traque sur Internet. Même pas revu cette pub débile pour le café. Et pourtant, Jean m'a dit qu'elle tournait partout.

Et puis je suis tombée sur cette vieille édition toute cornée, chez un bouquiniste, il y a deux jours. Un euro la rechute.

L'adaptation cinéma date de 2016. Son premier Golden Globe. Il était plus mince, à l'époque. Plus écorché. Mauvais comme la fièvre. Attirant comme le vide. Un monstre romantique. Même Emily Brontë l'aurait désiré, détesté, acclamé à s'en faire péter le corset.

Je ne voulais plus le revoir. Je me suis débrouillée pour le relire. C'est malin. Maintenant, je couve une humeur de novembre dans le Yorkshire.

D'habitude, chez Charlotte et Denis, rien ne m'atteint. J'adore être ici. J'adore tout, dès la gare TGV d'Aix-en-Provence. Les étreintes bavardes. Le bordel, dans la voiture qui me ramène à Puyloubier, au pied de la Sainte-Victoire : cris d'enfants, cris de sœur, poils de chien.

Oui, même le chien, ce tas de fourrure absurde baptisé Cézanne, parce que « lui aussi, tous les jours, il repeint la même montagne », s'esclaffe Denis chaque fois qu'il emmène son clébard pisser dans la rocaille et les touffes de thym.

Cézanne, qui aboie maintenant pour encourager la mêlée : cerises, couettes, lingettes, pleurs, jurons en italien.

Les jurons de Mémé Giù. La grand-mère préférée. Le bouillonnant canal historique en provenance du Piémont, côté paternel. Rien que de penser à elle, à ses mains abîmées, sa grosse voix, son accent, ça m'ouvre les écluses.

Mémé Giù est morte l'année de mon brevet. Il y a plusieurs vies. C'est la première fois depuis des lustres que j'en ai l'œil humide.

Salaud de Heathcliff.

J'enfile mes tongs et je me replie vers la maison.

Ils m'ont réservé une chambre rien qu'à moi, là-dedans. Comme nos parents m'ont aussi gardé la mienne dans notre vieille baraque familiale, à quelques kilomètres d'ici, je ne risque pas de finir à la rue.

Ni de devenir adulte un jour.

Même Denis me traite comme l'aînée de ses enfants gâtés, sous prétexte qu'il m'a connue toute petite. Charlotte a épousé son vieux copain d'école. Et moi, j'ai gagné une nounou de plus. Une nounou mâle et frisée, cent kilos et presque deux mètres, présentement en train de tripoter de la pâte, ses bras de catcheur farinés jusqu'aux coudes.

La cuisine sent la tomate, les herbes, la sécurité et les vacances.

« Ça va, Toutoune ? »

Oui, Denis aussi m'appelle Toutoune.

Je reste sur le seuil, fouettée par une vague d'air molle et brûlante.

« Ouais. Ça va. Comment tu fais pour tenir là-dedans sans t'évanouir ?

— Et comment je fais, autrement ? Elle va se cuire toute seule, la pizza de ce soir ? »

La pizza de ce soir, les farcis d'hier, le tian de demain. Depuis mon arrivée, cet homme s'adonne exclusivement à la gastronomie. Pourvu que ça dure, au moins jusqu'à ma prochaine visite.

C'est pas gagné. Les preuves traînent au fond du garage : deux motos désossées, des skis, un établi de menuisier... Denis Auriol, prothésiste dentaire dans le civil, a la manie des manies. Il avance par cycles, une lubie chasse l'autre.

Exactement comme son fils aîné, Félix, sept ans, qu'on ne surnomme pas Fixette pour des prunes : l'été dernier, il était bloqué sur les trains. Après les escargots, avant les momies égyptiennes, les insectes, et son actuelle passion pour les gros mots. Les très gros.

On en regretterait presque sa collection de guêpes mortes.

« En plus, vos parents viennent dîner. D'ailleurs, faut que je pense à me changer, sinon ton père va encore me prendre pour un pacoulin. »

Mon pauvre Denis, même quand tu portes autre chose qu'un slip de bain trop petit, mon snob de père te prend pour un pacoulin, cet avatar méridional du plouc. Jean-Pierre Corvo, ce rejeton d'immigrés italiens devenu prof d'histoire des luttes sociales à la fac d'Aix, tolère mieux le pacoulin partout ailleurs que dans les bras de sa fille aînée. Peu importent les efforts, les sourires, les petits plats : ce gendre-là, avec son accent à écailler les rascasses, son amour du ballon, de la variété bruyante et des implants en résine, tombe dans la pire des catégories : le rien. Ni prolo, ni intello, ni ennemi. « Un grand couillon abstentionniste. »

Ce n'est pas moi qui le dis, c'est mon père. Enfin, c'était. Du temps où il espérait encore que ma sœur finisse plutôt avec l'un de ses étudiants. Voire un descendant de Léon Blum. Et avant un fameux sermon furibard de ma mère sur la bonté de son gendre, l'hypocrisie des élites et je ne sais plus quel moine franciscain soudain impliqué dans l'affaire, citations à l'appui.

Ma mère est médiéviste. Sentimentale. Et irritable.

En goûtant sa sauce, Denis en récolte un peu sur le pif, et me sourit de toutes ses dents impeccables. J'espère que Corvo senior va lui foutre la paix, pour une fois.

Je me demande ce qu'il penserait de…

Personne.

Ma chambre de sœur choyée donne sur le cerisier. Entre ses branches les plus hautes, alourdies d'écarlate, la Sainte-Victoire frotte son museau aride contre le ciel. Ma Montagne natale. Le vieux sommet des rêves et de l'ennui.

Charlotte a placé un joli petit bureau ancien près de la fenêtre. Je m'y installe, le chignon en bataille, sonnée de chaleur. Comme si je venais d'être intensément caressée.

« Votre Grâce débraillée… »

Bon, ça suffit.

Le fichier Word est encore ouvert dans mon ordi. Je pourrais peut-être aller y commettre un meurtre. Un espion de la Renaissance ? Un réfugié de l'Antiquité ? Deux ans que je traîne ce truc. Mon grand roman de science-fiction. Quand elle m'est venue, après une nuit entière à regarder *Doctor Who*, l'idée m'a semblé démente.

Un monde où le temps est devenu un territoire. Où des « chrono-routes » relient les époques entre elles, créant un nouvel ordre et de nouveaux chaos, du tourisme, de la diplomatie, des flux migratoires. Des trafics, des guerres. Quand j'ai entamé mon « Code de protection temporelle », j'étais tellement exaltée que j'ai failli aller respirer dans un sac.

« Article 1 : Tout contact délibéré avec un ascendant direct est un crime contre le Continuum. Article 2… »

Jamais trouvé l'article 2, ni les suivants. Pas su quoi faire de mon héroïne, une fliquette spécialisée dans les disparitions – les gens dont on s'en va tuer les ancêtres, pour les effacer de l'Histoire. Ou l'art de s'enliser dans un infini bourbier de paradoxes : comment peut-on enquêter sur l'absence de quelqu'un qui n'existe plus ? qui n'a jamais existé ? Disparition de la disparition.

Forte migraine.

Je n'ai pas de plan, pas d'intrigue, à peine une poignée de personnages secondaires pâles comme des figurants mal payés.

Je relis ma prose de ce matin. Où mon inspectrice se balade au Moyen Âge et viole les lois qu'elle est censée faire respecter : « Gaucher est mon grand-père. Enfin, pas exactement. Disons qu'il a engendré la longue série de gens qui ont engendré ma mère. Je lui apporte en cachette tous les bienfaits de mon époque : duvet, lampe de poche, antibiotiques, et un GRO FIS DE PUT »

Je vois.

Plutôt que de jouer dans le jardin, mon neveu a préféré parasiter en douce la SF de Toutoune. Fixette a de l'avenir dans la littérature, lui aussi. C'est de famille, comme chez les sœurs Brontë.

12

Comédie érotique d'une nuit d'été

« Risques d'orage… 32 degrés… TRENTE-DEUX ! »

Je ne sais pas comment Serge est encore assez frais pour s'emballer à ce point.

« Non, mais vous vous rendez compte ? À deux heures du matin ? »

Oui, je me rends compte. Tout mon corps se rend compte, répandu sur le plumard entre mes deux potes. Aucun secours n'arrive de la fenêtre béante. J'en suis à ma seconde douche de la soirée, et Jean sent le chameau crevé. On n'a gardé que la faible lumière de ma lampe de chevet. Les autres faisaient radiateurs.

Depuis que je suis rentrée de vacances, la France entière est en alerte canicule. On ne vit pas, on coule.

Serge se renverse sur les oreillers, toujours aussi vif. De nous trois, c'est pourtant le plus grassouillet. Je le soupçonne d'être un androïde, comme les Cylons de *Battlestar Galactica*, la vieille série qu'on a décidé de revoir cette nuit. Des heures et des heures d'errance sidérale, qu'on ne finira jamais avant l'aube.

L'ordi est ouvert sur une chaise, au pied de mon lit. Je ne supportais plus de le garder sur mes genoux. J'ai cru que ma peau allait fusionner avec le métal. Quant à Serge, il reste collé à son sujet :

« Quand je pense à tous ces connards qui refusent d'admettre l'urgence climatique… Ça me rend dingue. »

C'est au tour de Jean de s'asseoir, raide comme une trique, ses cheveux blonds agglutinés sur son front.

« Ah ouais ? Et tu fais quoi, toi, à part l'admettre ? Tu utilises du papier cul recyclable ? Tu vas renoncer à la clim, peut-être, quand on sera là-bas ? »

« Là-bas », c'est la Guadeloupe, à Petit-Bourg, chez la mère de Serge. Où ils s'envolent après-demain, pour retourner quinze jours dans le placard. Trois ans que Belle-Maman fait semblant de croire que Jean est le « meilleur ami » de son fils. Et qu'elle lui prépare un lit rien que pour lui, dans le canapé du salon.

Serge promet chaque fois que c'est la dernière.

Du coup, quand ils vont « là-bas », c'est toujours un peu tendu.

« D'ailleurs, on est peut-être au bord de l'apocalypse, mais on est surtout fin juillet, continue Jean. Tu voudrais quoi ? Qu'il neige ? »

Il est temps de repartir dans l'espace, avant que ça dégénère. Je m'empresse d'intervenir.

« Je lance l'épisode 7 ?

— Ah non, j'ai trop faim. On attend les kebabs. »

Parce que, oui, au fond de la nuit la plus chaude du millénaire, pendant que les eaux montent et que les forêts brûlent, nous, on commande des kebabs.

Un dernier turc avant la fin du monde.

Serge sort de son silence vexé : « Et depuis quand c'est toi qui décides pour nous trois ? »

Je le sens mal, tout à coup, le marathon *Battlestar Galactica*.

« Je ne vois vraiment pas le rapport entre les kebabs et l'épisode 7, Jean.

— Mais enfin, c'est quand même pas la mort de poireauter cinq… »

On toque à la porte.

« … minutes. Ah, voilà, qu'est-ce que je disais ? Bougez pas, j'y vais. »

En une seconde, Jean est debout. Tout ragaillardi.

Serge m'enlace gentiment, pendant que les verrous claquent. Je ferme les yeux, bercée par sa caresse. « Jean, prends les tickets resto sur l'étagère, juste à ta droite… Devant les BD. »

Silence.

« Jean ? Tu les as trouvés ? »

Silence.

« Marianne ?

— Mmh ? »

Je crois que je vais entièrement fondre.

« … C'est pas les kebabs. »

Je me retourne vers la porte.

Et l'univers, qui a le sens de l'esbrouffe, balance le premier coup de tonnerre. Ou alors, Ben Whyte commande aux éléments.

Parce qu'il est là. Sur mon seuil.

Encore.

Je comprends à peine ce que je regarde, à travers les millions d'aiguilles que l'émotion vient de me planter partout.

C'est une anomalie en smoking. Les yeux injectés de sang, les cheveux très courts. La barbe aussi : rien qu'une ombre sur sa mâchoire serrée. Une vraie tête de tueur.

Et en face, Jean. Vêtu de son seul caleçon coquelicot. Dominant l'intrus d'une demi-tête, et ne le dominant pas du tout.

Un éclair illumine la scène.

Ben Whyte sourit. Le seul truc glacial des environs, à part le frigo.

Et moi, je vois ce qu'il voit. Peter s'éclate en sous-vêtements moites, avec ses deux étalons presque à poil. Vautrée sur le dodu, en attendant le maigre.

Tout ça n'a duré que quelques secondes. On aurait à peine pu prononcer « Nouvelle-Zélande » jusqu'au bout. Cela dit, on n'a pas essayé.

Et il se barre.

Ses pas cascadent dans l'escalier. Un, deux, trois, quatre… Cinq est couvert par le tonnerre.

Jean dit : « C'était… »

Serge ne dit rien. Serge n'existe plus. Il a momentanément quitté sa douillette enveloppe terrestre en slip rayé.

Je me lève d'un bond pour claquer la porte. Refermer le verrou.

Jean dit : « C'était pas… »

Je rouvre tout à l'arrache, et je me rue sur le palier.

Dehors, l'orage envoie un dernier avertissement.

Je rattrape Ben Whyte entre le deuxième étage et le premier. Il se retourne, je m'arrête, un peu au-dessus de lui.

La minuterie clique, et tac : ténèbres.

« *Dammit…* »

Du tissu qui ripe, des effluves d'alcool. Je crois qu'il est rond comme une barrique. Le grand modèle. À cette distance, si je m'y connaissais, je pourrais presque identifier la marque et l'année du whisky, rien qu'à l'odeur.

Un éclat vif m'éblouit. Il pointe la lumière de son téléphone sur mon visage, l'échancrure de mon débardeur. Elle s'en va danser sur mon ventre, mes cuisses, vacille vers mes pieds nus, et dégringole jusqu'à ses chaussures.

Je l'entends respirer, lourdement. Je n'aurais jamais cru me retrouver encore un jour assez près pour ça. Je l'entends respirer, et moi je suffoque. Je tremble. Je suis une aberration climatique.

Il se remet à descendre. Éclairé par en dessous, comme une attraction de train fantôme. Sa belle voix de comédien remplit l'obscurité : « Rentre chez toi, Peter. L'incident est clos. Bonne soirée. »

Alors non, mais alors, mais non, putain.

« Attends… »

Les pas s'interrompent encore, le téléphone s'éteint.

« Pourquoi, tu veux me présenter ?

— Non, c'est pas du tout… »

C'est pas du tout quoi ? Ce que tu crois ?

Récapitulons : je suis dans ma cage d'escalier, en pleine nuit et en petite tenue, en train de jouer à « Ciel, ma superstar » avec un illustre inconnu. Oui, un inconnu, à quelques frasques près. Une ombre en smoking. Par 32 degrés.

Tout est normal.

« On n'a pas… On n'en pouvait plus, c'était, euh, tellement chaud… alors on s'est un peu déshabillés… »

Essaye encore.

« C'est juste… c'est parce qu'on voulait tenir toute la nuit… »

Mais au secours.

Je l'entends qui ricane.

« Ah, bravo, belle endurance. Merci pour l'info. Non vraiment, ça change tout. Du coup, je remonte et je donne un coup de main ? »

Il se fout de ma gueule ?

Ça surgit du néant au bout de deux mois, déguisé en pingouin hors saison. Et c'est moi qui rame sur la banquise ?

« Mais oui, pourquoi pas ? Remonte donc, quelle bonne idée. Tu aimes les kebabs ? la science-fiction ? »

D'où il se permet ?

Soudain, je ressens toute la force motrice du verbe « s'emporter ». J'ai descendu trois marches sans même m'en apercevoir.

« Mais je te préviens, tu vas être déçu : la seule chose qu'on tripote, là-haut, c'est des DVD. Mes potes sont moins doués que les tiens pour les activités de groupe. »

À la phrase suivante, on est presque nez à nez. Je sens sa chaleur de distillerie, je perçois le léger déséquilibre de son corps. Et s'il tombe dans l'escalier ? Je vois d'ici les gros titres : « Marianne Corvo, la fille qui a cassé Ben Whyte. »

« Et puis merde, j'ai rien à t'expliquer.

— D'accord, Peter. D'accord. OK. Je te crois.

— Je m'en fous, de ce que tu crois.

— Oui, Peter.

— Ça ne te regarde pas.

— Non, Peter.

— Même si je me tapais toute une équipe de foot…

— Peter…

— Y compris les remplaçants…

— Peter ?

— L'entraîneur, les pom-pom girls, le…

— Peter !

— …

— Je crève d'envie de t'embrasser. »

…

Et l'orage explose, comme une bombe.

La rambarde vibre, le bois tremble. La pluie s'attaque aux étroites fenêtres des paliers, nous isole dans son effervescence océanique.

Ses doigts me cherchent, m'effleurent. Attendent.

« Je peux ?

— … Oui. »

Une seule syllabe. La dernière, dans un esprit désert. Le reste de mes pensées, limaille brouillonne, afflue à l'orée de ma peau vers cet aimant humain. Cette paume qui fait soudain ployer ma nuque. Cette bouche qui se donne, fruit à l'alcool.

Je perds une marche, je bute contre lui, on rencontre le mur, on s'y malmène, on y reste. Soudés, acharnés, malhonnêtes. Je me demande si c'est comme ça chaque fois qu'il embrasse quelqu'un. Si ça dérape toujours aussi vite. Si c'est toujours aussi bon.

Il murmure « *Oh, God* ».

Sa chemise est trempée de sueur, son menton est en papier de verre. Sous le coton, ses caresses deviennent méchantes. Fortement déconseillées dans un lieu public. Même la nuit. Même pendant l'orage.

Un blanc dans le noir. Déluge. Grondements. Tout se contracte et se dilate... Et puis c'est une phrase qu'il me colle entre les dents.

« Putain, qu'est-ce que je fous là ? »

What the hell am I doing here?

Le tout sans cesser de me tenir, de me sentir, de me toucher.

Je m'écarte. Juste un peu.

« Je t'ai rien demandé.

— Je sais.

— L'autre fois, j'ai cru...

— Moi aussi.

— Tu as été...

— Très con.

— Je ne pensais pas qu'on se reverrait.

— Moi non plus. Dieu sait que j'ai autre chose à faire. »

J'ignore comment on dit « pignouf » dans le *Robert & Collins* de l'orgueil floué, mais je vais de ce pas me renseigner.

Il me retient. Ou bien il s'accroche simplement pour rester debout.

« D'ailleurs... En ce moment, tel que tu me vois... »

Je ne vois rien du tout, à part un fantôme de visage.

« ... je ne suis pas en France. »

Ou je ne comprends plus l'anglais, ou il en tient vraiment une bonne.

« Ah non ? Et tu es où, exactement ?

— Je sors de cette foutue première. *Roaring Twenties...* »

La suite se perd dans le vacarme de l'orage. *Roaring Twenties*. C'est le grand show musical du moment, sur le thème des années folles. J'ai lu un papier là-dessus. Polémique, sexe et provoc. Tout le monde s'écharpait déjà avant même que la production commence.

Apparemment, c'était ce soir. Dans un théâtre du West End.

À Londres.

Il débarque de Londres.

« Toutes ces jolies brunes, sur scène, qui dansaient, qui déchiraient leurs bas... se claquaient les fesses... se paluchaient sur des chaises... »

Il a l'air chaleureux, ce spectacle.

Tellement chouette qu'il a traversé la Manche – et pas en Eurostar, vu le timing – rien que pour partager ses impressions.

« Elles se "paluchaient" ?

— Sur des chaises. Deux filles par chaise. C'est là que ça m'a pris.

— Tu as déchiré tes vêtements ? »

Il rit, un peu.

« Non, Peter. Je t'ai vue, à leur place.

— À la place des deux ?

— À la place de toutes. Jusqu'au bout. Et même après, à la party... »

La Party... Il s'est fait un film. Avec Peter Sellers. Avec moi.

« ... Alors... J'ai improvisé. »

Non, je ne comprends plus l'anglais. Ni le français. Ni aucune autre langue, à part celle qui veut lécher chaque mot qu'il prononce.

« Tu vois, Peter, c'est rare... D'habitude, je n'imagine rien. Plus grand-chose... Ça faisait longtemps que je n'avais pas... »

Son pouce s'est baladé sur ma joue, entre mes lèvres.

« ... autant fantasmé. »

Le féroce baiser qui s'ensuit est offert par Emily Brontë.

Oh, les morsures de Heathcliff.

La minuterie clique, et tac, elle se rallume.

Oh, les pas du livreur.

Le fumet de graillon qui monte des étages inférieurs est offert par « Chez Mehmet, le roi du kebab ». Son joyeux émissaire, à en juger par l'énergique floc-floc dans l'escalier (l'ascenseur étant – encore et toujours – en panne), n'est plus très loin, ni très sec. « Putain, sa mère ! » l'entend-on distinctement ahaner, juste en dessous.

Si Carmine – ou l'un de ses clones – monte la garde en bas, il bâcle vraiment le boulot.

Ben Whyte se raidit. Échange de désarroi muet, avec sous-titres.

« Où est-ce qu'on peut se planquer ?

— Nulle part.

— Alors on remonte, vite.

— Trop tard. »

Il cache son visage dans mon cou, je le couvre de mes bras, et on attend.

« J'en peux plus de ce taf, enculé de sa r… » Voilà, le mec nous a vus. Il essaie de nous croiser comme si de rien n'était. C'est un grand machin en short, tout mouillé de pluie. Très jeune. Presque un adolescent. Chargé. Fatigué.

« Heu, bonsoir. »

Et poli, tout compte fait.

Je réponds un truc confus, par-dessus la tête du type dont il doit pirater les films le week-end, avec ses potes.

Progression gênée.

Il nous dépasse, et je sens naître le fou rire de Ben Whyte sur ma peau. Il est trop saoul pour ces conneries. Il va craquer. Le môme va le reconnaître. On va tous finir sur Facebook. TikTok, Instagram. *Voici*, pilori.

J'opte pour un discret coup de pied dans la cheville. Mauvaise idée. Ça déclenche un grognement caverneux.

Le livreur s'apprêtait à aborder le palier du deuxième. Il s'arrête.

Zut.

« Il a quoi, le monsieur ? Ça va pas ? »

Il a qu'il est plein comme une pastèque.

« Non, non… C'est rien. Il est juste un peu… fatigué.

— Ah, d'accord. »

Allez, pitié, circule…

« Eh, madame… ? »

Oh, bordel.

« …Vous savez c'est pour qui, la commande ? Parce que j'ai l'étage, mais j'ai pas la porte. »

Ouais, je sais « c'est pour qui ». C'est pour ce gros morfale de Jean, qui nous a tous bien foutus dans la merde avec ses fringales nocturnes. Je tends un peu le cou, en évitant de trop m'exposer : « Euh, oui, euh, quatrième droite, ils vous att… Aïe ! »

Ben Whyte vient de me croquer la clavicule.

Et d'autres voix résonnent dans l'escalier. Les secours arrivent. Merci, mon Dieu.

« C'est nous, les kebabs ! » se précipite Jean. « On partait, justement. Hop, venez, on descend tous ensemble. Oui, oui, nous aussi. Tout de suite. Donnez-moi ça, on vous paiera en bas. »

13

Sleeping Beauty

Intérieur nuit. Je regarde sa main, soudée à la mienne. Cet anneau tout simple qu'il porte au petit doigt. Juste un épais cercle d'acier, incrusté dans la chair.

Un bijou sans valeur, qu'il n'enlève jamais. C'est sentimental. Forcément.

Pas du tout son genre.

... Et qu'est-ce que j'en sais, moi, de son genre ?

Masculin singulier. Doux au toucher. Fondant sous la langue.

Le reste, je le partage avec n'importe quel site de fan. Des titres, des dates, des citations. Éclats brillants, tapis rouges, coupures de presse. Collage cubiste d'images excitantes.

Tout est en ligne, sauf la chaleur de son corps.

Il soupire dans mes cheveux, remonte ses genoux derrière les miens, m'enferme dans ses bras. On plie, ensemble. Révérence horizontale. Volupté enroulée dans le sommeil.

Ça s'appelle la position de la cuillère.

Jamais compris pourquoi, mais ça donne faim.

Je reste là, recroquevillée, à fixer les défauts du mur, au bord du lit. Un reste de scotch, un recoin où la peinture s'écaille. Les témoins têtus du quotidien. La lampe faiblarde, l'orage qui n'en finit pas de bougonner, et jusqu'au staccato familier de la pluie : tout conspire à me prouver que c'est ici, et maintenant. Qu'il est bien là, au fond de ma nuit.

Juste un homme qui dort.

Quand on est remontés chez moi, il avait d'autres projets. « Je vais te faire l'amour, Peter... » a-t-il déclaré, avec cette solennité humide qui n'appartient qu'aux ivrognes.

Sacrée bande-annonce, pendant qu'il me retournait dans la couette, frottait son nez entre mes omoplates, se laissait glisser plus bas, lourd et soyeux. « Hmm, j'eûdore... » a-t-il ajouté, français débutant, murmure incendiaire. « J'eûdore Tokyo. »

Tokyo ?

C'est les Japonais qui vont être contents.

... Non. Oublie l'accent.

J'adore ton...

OK, je vois. Amis de la VF, bonsoir.

Et puis plus rien. À part un léger ronflement. Ci-gît Ben Whyte, terrassé par ses exploits linguistiques.

Intenable, cette soirée pyjama. Surtout quand on tient le rôle du coussin. Je me suis relevée. J'ai bu un verre d'eau. J'ai hésité à me rhabiller pour descendre humer la nuit, goûter la pluie. Respirer un coup.

J'ai renoncé.

Pas envie de tomber sur Carmine. Ou une patiente voiture noire aux vitres opaques.

Et qui sait quoi d'autre.

Comment peut-on vivre au centre de cette monstrueuse attention ? Partout. Tout le temps. Ce mec, c'est l'œil d'un cyclone. Un danger public.

Tout à coup, ça m'a frappée en pleine gueule. Son désir m'expose. Sa présence m'expose. Soudain, je me suis vue repérée, étalée, désossée dans les tabloïds du monde entier. Lynchée par les fans. Tout ça pour un impulsif qui cuve dans mon lit. Qui se lassera des délices de « Tokyo » au premier chant du coq.

Son téléphone a vibré plusieurs fois, dans la poche du pantalon noir qu'il porte toujours. Il n'a même pas enlevé ses chaussures.

Du bout de l'index, j'ai suivi une veine bleutée, saillante. Le chemin du sang, jusqu'au poignet. Son bras s'est déployé sous la caresse. Geste gracieux, esquisse d'une danse, derviche couché. J'y ai posé la joue.

Voilà comment on finit par s'assoupir au creux d'une cuillère, dans le rose délavé d'une aube déjà torride.

...

Je ne dors pas.

Je rêve.

Je rêve de Heathcliff. Je rêve qu'il enflamme le ciel. La lande, la mer d'Irlande.

Heathcliff rêve de moi. De tout ce qu'il peut prendre. Il se noie dans mes cheveux.

Je me réveille en léchant ses pulsations, en buvant sa sueur, sa fruste odeur d'effort, d'animal salé. Il me caresse la tête, comme on apaise un chagrin. Comme s'il voulait me consoler de tout le plaisir qu'on s'inflige. Je me cramponne, je l'absorbe, il cherche mes yeux, dégage des mèches, me tient le front. Son regard vert me soulève. Et tout devient blanc.

Après, je crois qu'on s'est rendormis.

...

« ... Sans sucre. Dans une vraie tasse... Et du Tylenol. N'importe quoi qui ressemble à de l'aspirine. Non, dans la voiture. Dis-leur que je descends. Comment ? Eh bien, il va s'en remettre. »

Ben Whyte est debout. Rhabillé, dégrisé. Il a roulé les manches de sa chemise jusqu'aux coudes, il téléphone en effleurant mes étagères. La sueur lui dessine un V presque parfait dans le dos.

Je me redresse pour mieux le voir, dans un contre-jour aveuglant et migraineux. Dehors, des bruits de chantier martèlent la fin de la récré.

« Mais non, j'ai pas disparu, bordel. Je suis à Londres dans deux heures. »

Il va se téléporter ?

En attendant, il tripote des objets, sans même s'en apercevoir. Un bouquin. Mes clés. Un stylo. Mon Tardis.

« Ouais, et alors ? Je l'emmerde. Je les emmerde tous. »

Fuck'em all.

« Ils ne sont pas payés pour me dire où passer la nuit. Quoi ? Et pourquoi pas m'implanter un GPS, aussi ? Mais si, je suis calme, putain ! »

Il tourne et retourne le Tardis entre ses grands doigts nerveux.

« Non. D'accord. D'accord, mais… *shit!* »

Le Tardis, modèle réduit de cabine téléphonique anglaise, la version de luxe en porcelaine bleue, peinte à la main, vient de lui échapper.

Crash sur le parquet.

On se précipite. Lui, en raccrochant. Moi, en dérapant.

Collision, en plein dans les débris.

Cinq minutes après, je tressaille contre lui, au bord du lit.

« Tu saignes… C'est pas vrai… Attention, ça pique… Garde un peu le coton dessus. Tu as des pansements ? Elle est tout le temps comme ça, ta vie ? Ou juste avec moi ?

— C'est… un peu pire avec toi.

— Je suis désolé, Peter. Pour ton genou, et puis d'avoir cassé ce… machin.

— Le Tardis.

— Le quoi ?

— Le Tardis. « *Time and Relative Dimension in Space* ». C'est pas une vraie cabine téléphonique, c'est…

— … un bibelot en miettes ?

— Le vaisseau spatial du Docteur.

— *Doctor Who* ? La série anglaise ?

— Oui. Je sais, c'est ridicule… Je suis complètement accro. »

Réponds-je, plus embarrassée que si je lui avouais une passion fétichiste pour les chaussettes sales.

« Ah bon, à ce point-là ? Je suis jaloux. »

Faut pas me dire des choses pareilles. Même pour rire. Ni me contempler avec cette tendresse inédite. Intimidante.

Du bout des doigts, il me rappelle que je ne porte que quelques gouttes d'alcool à 90°, et rien d'autre. La Marilyn des trousses de secours.

« Un Tardis, ça sert aussi à voyager dans le temps… » je murmure, en fondant sous la caresse. Comme si ça expliquait ma petite collection de geek débile. Comme si ça pouvait le retenir, encore une heure ou deux.

Ou bien jusqu'à l'automne.

Il s'est écarté, doucement. « Le temps… J'aimerais bien l'effacer, parfois. Mais c'est un luxe que je ne peux pas m'offrir. »

Le matin l'esquinte un peu, le farde d'ombres romanesques. Moins beau, encore mieux. La mélancolie froissée d'un marin en escale. Fin de permission.

« Je ne suis pas très… disponible. On m'attend à Londres, et… »

Et rien. Pas la peine d'insister, personne ne t'a demandé ta main. N'empêche, ça pince. Un peu. Alors je fanfaronne.

« Ça tombe bien, moi non plus. On m'attend à la boulangerie.

— Marianne…

— Du coup, on est tous les deux pressés, alors…

— J'ai envie de rester, tu sais. Mais…

— Au revoir, Ben Whyte. Merci pour la parenthèse. »

Il hésite à la porte, sur la frontière entre la présence et le souvenir.

Jamais reçu un tel sourire. Tout cendré d'adieu.

« *Bye, sweet doctor.* »

Une machine à effacer le temps.

Je n'y ai pas pensé tout de suite. Trop peu de sommeil, trop d'émotions contradictoires.

C'est venu deux jours plus tard, en buvant des verres de blanc frais avec Fatou, sous les arbres de la place Sainte-Marthe, dans le quartier de Belleville. Elle venait juste de rentrer de vacances. Je suis allée la chercher à la gare. Elle n'avait pas encore atteint le bout du quai que je me jetais déjà sur elle comme une lionne sur un étang à gnous.

Pauvre Fatou.

Des heures qu'elle m'écoutait, sa grosse valise coincée entre nos mollets. Un seul sujet de conversation, mâle et barbu, dans tous les détails. Même les plus moites.

Jean serait tombé en morceaux.

Pas Fatou.

Jean m'aurait signalé qu'en dépit de sa fabuleuse notoriété, mon amant célèbre s'est débiné au petit matin comme n'importe quel Casanova en carton.

Pas Fatou.

Jean m'aurait formellement interdit de m'amouracher, sous peine de me priver de kebabs jusqu'à l'année prochaine.

Pas Fatou.

Puis Jean aurait essayé de changer de sujet, par tous les moyens, y compris une poignée de glaçons dans le cou. Je le sais, il l'a déjà fait.

Pas Fatou.

Mais Jean se morfond sur le canapé de belle-maman, à des milliers de kilomètres d'ici.

Pas Fatou, ce grand bain de naïveté bienveillante, dans lequel je barbotais avec ardeur.

« Et je t'ai dit qu'il avait oublié sa veste ? Depuis, je dors avec. Ça sent bon. C'est ridicule.

— Mais non, c'est super. »

C'était déjà « super » les trois premières fois que j'en ai parlé, pourtant elle n'a même pas l'air agacée. Je l'aime.

« Et si j'avais été absente ? Il ne pouvait pas être sûr de me trouver là…

— Il s'est dit que tu valais le risque. »

En effet, ça présente mieux que « trop bourré pour réfléchir ».

« Et tu sais, dès qu'on se touche, on dirait que ça mord partout à la fois… Jamais vécu un truc pareil, avec personne.

— Même pas Maxime ? »

Maxime. Le guerrier tatoué de l'école de journalisme, ex-futur grand reporter de guerre, aujourd'hui rédacteur en chef du site InfoToutous.com. Maxime. Trois mois torrides, les six suivants dans un océan de Kleenex.

On a le passé qu'on peut.

« À côté, Maxime, c'est un tournoi de Scrabble dans un Ehpad.

— Alors il va craquer. Il va revenir.

— Maxime ?

— Mais non, voyons... Ben W... Euh... »

Regards furtifs autour de nous.

« ... Notre ami commun.

— Tu crois ?

— J'en suis sûre. »

Et bientôt, il pleuvra des pâquerettes. Mais la foi de Fatou, c'est comme une drogue. Encore une dose, après j'arrête...

« Même si on n'a rien à se dire, rien de rien en commun ? Même pas un hémisphère ?

— D'après ce que j'ai compris, vous arrivez très bien à les mettre en commun, vos hémisphères... »

Petit gloussement canaille.

Curieusement, sa blague m'a ramenée à la réalité. Trop de sucre et trop de levure dans la conversation. À citronner d'urgence, avec un zeste de Jean.

« Non. C'est n'importe quoi. Même s'il voulait me revoir, qu'est-ce que j'en ferais, moi, de ce mec ? C'est *Alien*, avec moins de bave. On n'aurait même pas dû se croiser. D'ailleurs, à la fin, quand il a parlé d'effacer le temps... »

C'est là que j'ai percuté. Les cieux se sont ouverts. La terre a tremblé.

« Putain, Fatou. Il m'a...

— Quoi ? Qu'est-ce qu'il t'a fait ?

— Il m'a offert une histoire. Oh, nom de Dieu. »

Je suis rentrée chez moi en courant presque. Les idées s'emboîtaient trop vite, je n'arrivais même plus à suivre.

Une machine à effacer le temps. Le moteur qui manquait à mon roman en panne.

Une machine à effacer le temps, convoitée par une organisation clandestine qui veut l'égalité entre toutes les époques. Ni Dieu ni maître. Ni avant ni après. Ni guerres, ni famines, ni épidémies. Au risque de tout détruire.

Et à la tête de cette rébellion, traqué par toutes les polices, un dangereux idéaliste aux épaules dures. Aux yeux penchés.

Et verts, bien entendu.

J'ai ouvert mon ordinateur si brutalement que j'ai failli le casser, et j'ai commencé à taper.

14

De l'autre côté du monde

Salle de rédaction du *Washington Post*.

Ben Whyte est assis à son bureau encombré de dossiers, de gobelets vides et d'emballages de fast-food. Il est en train de taper un article, quand il s'interrompt tout à coup. Ses lunettes rondes à la John Lennon lui glissent au bout du nez…

Et il lève les yeux.

Droit sur l'objectif.

Bizarre. Jamais vu ce plan. Et pourtant, je connais le film par cœur. *La Source*, de David Fincher, 2018. Titre original, *Whistleblower*. Et un deuxième Golden Globe pour mon acteur.

Lequel a désormais l'air d'avoir tout oublié. Son décor hérité des *Hommes du Président*. Son rôle de grand reporter intrépide. Son mystérieux informateur, qui va le mener jusqu'à un complot d'envergure planétaire.

Pour le moment, on dirait qu'il scrute la salle de cinéma à travers une vitre. Je me sens repérée. Oui, moi.

L'œil était dans l'écran et regardait Marianne.

Voilà ce qu'on gagne, à batifoler avec une star. Une bonne vieille MST. Mégalo Sexuellement Transmissible. Pas encore prête. Trop grand, trop tôt, à peine un mois, depuis…

Soudain, avec toute la puissance du son THX :

« Tiens, salut, Peter. Tu fais semblant d'être journaliste, toi aussi ? »

C'est mon voisin de fauteuil qui m'a réveillée, quand je me suis férocement agrippée à son bermuda.

« *Hey!! What are you doing?* » Oui, en anglais.

Contrairement à Ben Whyte, là-bas sur sa toile, le parfait inconnu dont je viens de pétrir le cuisseau est un authentique exemplaire de la presse américaine. La salle en est pleine. La ville en est pleine.

Festival international de Toronto. Le plus gros marché du cinéma, de ce côté-ci du monde.

Début septembre, tout Hollywood finit l'été au Canada, dans quelques rues *downtown*, creusées entre les gratte-ciel. Pour quelques jours de cohue géante. Et quelques centaines de films. Et presque autant de stars.

Et moi.

Terrassée par le décalage horaire.

Je dors devant mon clavier, au centre de presse où je tente d'écrire le compte-rendu du jour, pour le site du journal. Je dors contre la fenêtre de ma chambre d'hôtel, dixième étage avec vue sur la CN Tower. Je dors sur les banquettes de chez Smoke's, le resto qui « bouche les artères depuis 2005 », d'après l'affichette collée à l'entrée.

Et bien sûr, je dors au cinéma.

Hier soir, j'ai raté la moitié du prochain western des frères Coen, présenté ici en première mondiale. Quand j'ai émergé, une critique du *Washington Post* – le vrai, d'après son badge professionnel – m'a appris que je ronflais.

Le festival de la sieste humiliante.

Et voilà que, maintenant, j'agresse le short d'un autre Yankee accrédité, juste parce que je négocie mal le récent virage people de mon parcours érotique.

Le festival du rêve le plus con.

Et en plus, je perds mon temps devant un vieux film de Ben Whyte, au lieu d'aller « prendre la température des nouveautés », comme exigé par VTT.

J'ai découvert *La Source* par hasard dans un programme d'hommage spécial, au milieu d'un agenda de projections épais comme un annuaire. Pas pu résister. Surtout quand j'ai compris pourquoi ils rediffusaient le truc cette année.

Le hasard est parfois généreux.

Ce soir, j'ai rendez-vous avec Lui. Ici, en Ontario, et pas sur un écran. On se retrouve au Glenn Gould Studio, à vingt heures précises.

Lui, moi, et trois cent trente-neuf autres zigues.

Le Glenn Gould Studio est une salle de trois cent quarante places.

Chaque année, elle accueille des masterclass prestigieuses, en public. Ça s'appelle « En Conversation avec… » Angelina Jolie (avant-hier)… Tim Burton (ce vendredi)… Et aujourd'hui… aujourd'hui, c'est Ben Whyte.

Pas question de rater ça pour « prendre la température » de *Sex-Pustule*, la « comédie gore no-futuriste » (c'est écrit dans le programme) projetée en ville à la même heure.

Tant pis pour VTT.

La Source est en train de s'achever. Ben Whyte le journaliste vient de se faire buter par des barbouzes. Une balle dans la nuque.

Elle m'excite de moins en moins, sa manie de crever à tout bout de champ. Peut-être parce que j'ai un faible pour ce personnage. Charmant. Bordélique. Opiniâtre. Plus dense et plus léger que les autres. Chaque fois que je revois le film, je finis en deuil.

Je sors du multiplex pour me couler dans le flot bavard des spectateurs, emportée le long des terrasses bondées jusqu'à King West, l'artère piétonne du festival, bordée de façades vertigineuses et de vieux théâtres rococo que le soir fait rosir.

Posé au milieu de la foule, dans les odeurs de sucre et de pop-corn, un type joue du jazz sur un piano bariolé. Je m'attarde un moment, à l'écouter se prendre pour Thelonious Monk.

Après tout, j'ai du temps à tuer avant les retrouvailles.

Les retrouvailles à sens unique. C'est tout l'intérêt de la chose : braconner sa présence. Ni vue ni connue, planquée dans la salle.

Rien qu'un dernier plaisir discret.

…

Zut.

L'ouvreuse vient de me coller dans le « carré presse ». Coincée au milieu du deuxième rang. Juste en face de la scène, où trônent deux fauteuils vides, devant un rideau noir. Dans le brouhaha des spectateurs qui s'installent, je commence à flipper.

Et s'il me repère ?

Et s'il pense que j'ai traversé l'océan rien que pour lui coller le train ? Que je suis comme cette fan cinglée qui s'était fait embaucher sur un tournage, il y a deux ans, juste pour pouvoir se cacher toute nue dans sa loge ?

Du calme. Respire. Tu n'es pas toute nue. Tu n'es pas toute seule. Tu ne risques rien.

J'essaye de me distraire en écoutant papoter mes deux voisines de droite. Voix amples, matures. Un poil snob. Accent de la côte Est. Boston ? New York ?

« Tu l'as déjà interviewé ?

— Ne m'en parle pas. Je préfère oublier. Odieux, fermé… Un vrai cauchemar.

— Pourtant, on m'avait dit qu'il s'était un peu calmé. Surtout depuis qu'il est avec cette actrice de Bollywood, euh…

— Tu dates, ma pauvre. C'est fini depuis longtemps.

— Ah bon ? Il couche avec qui, en ce moment ? »

Et allez. Qui peut s'habituer à ça ?

« J'ai un ami, chez Universal – je ne peux vraiment pas te dire qui c'est… »

Merde, pourquoi elle chuchote ?

« … mais d'après lui, Ben Whyte serait avec Colorado Black. »

« Colorado » ? C'est quoi, ce pseudo d'entraîneuse, un hommage au lieu de naissance ? Est-ce que je m'appelle Provence Corvo, moi ?

« Black and Whyte… Amusant. Un vrai couple de cinéma. Mais je n'y crois pas une seconde.

— Pourquoi ?

— Lauren, voyons. Elle a au moins cinquante ans.

— Et après ? C'est une grande productrice. Une femme puissante, affirmée, charismatique… Tu préférerais qu'il se tape une jeune idiote ? »

Et toi, Lauren, qui tu « préfères » te taper ? Tu sais ce qu'elle te dit, l'idiote ? J'aimerais t'y voir si un jour, dans le bus, chez le coiffeur ou sur Times Square, un inconnu commente ta vie sexuelle avec autant d'aplomb.

Ça me donne envie de me laver tout le corps au gant de crin.

Puis les lumières s'éteignent, Lauren se tait, et ça commence.

Un célèbre critique américain, Todd Horovitz, est entré en scène le premier. Il a fallu se cogner son petit discours d'introduction, avant que…

« *Ladies and gentlemen, please welcome…* »

… le type qui m'a roulé des pelles brûlantes dans ma cage d'escalier. Qui m'a bouchonnée avec de l'alcool à 90°. Qui m'a si bien « *fait l'amour, Peter* ».

Oui, celui-là. En T-shirt dégueu, comme d'habitude. Hommage aux Cruel Old Cannibals et leur logo crado, quelque part entre le nid de couleuvres et le boyau malade.

On applaudit bien fort.

Il a serré la main de Todd Horovitz, ils sont allés s'asseoir. Ambiance décontractée. Comme s'ils n'avaient pas trois cent quarante témoins. Comme si l'invité magique ne venait pas de changer jusqu'à la consistance de l'air, ondes de transe et bouffées de chaleur.

« À quoi ressemblait le quartier défavorisé de votre enfance ?

— Chez moi, à Auckland ? »… GNNNIIIIIHH…

Énorme larsen. Un technicien s'est précipité, changement de micro. Ben Whyte a grimacé, tapoté le nouveau, et pris son temps pour répondre :

« Je peux vous faire une confidence ?

— J'en serais honoré.

— Eh bien, figurez-vous qu'on avait l'eau courante. Ah oui, et même l'électricité. »

Le public a éclaté de rire.

« Toujours aussi infect… » a marmonné Lauren a côté de moi.

Ben Whyte, lui, s'est confortablement calé dans son fauteuil.

« Je vous sens déçu, Todd… C'était juste un quartier modeste, vous savez. Très populaire. Rien de spécial. »

Point, à la ligne.

« Et quel impact ce milieu un peu… difficile… a-t-il eu sur votre éducation ? »

Il n'a pas froid aux miches, le Todd. Ou bien il a raté l'info sur les questions personnelles.

« Oh, rien de grave. Je vendais juste un peu de crack pour me payer l'école. »

Aïe.

Re-rires.

L'autre ne s'est pas démonté. Encore un héros de la presse libre.

« Blague à part, pourrait-on dire que le passé imprègne votre travail ? On sent dans chacun de vos rôles une sorte de colère… Une intensité… Qui semble venir de très loin… »

Ben Whyte s'est penché en avant, tout sourire.

« Qui sait d'où vient la colère, Todd ? Ou ce qui peut la déclencher ? »

Dernier avertissement : dégage de mon enfance, ou mon poing risque d'entrer « en conversation » avec ta gueule. Horovitz, des décennies d'expérience au compteur, a décidé d'éviter le massacre. Il a détourné ses questions vers la Nouvelle-Zélande. Ben Whyte a aussitôt saisi la perche. Il est redevenu un pur Kiwi. Trois minutes d'accent à couper au couteau et d'argot incompréhensible, débité à toute blinde.

Le parterre se gondolait plus fort que jamais, tout le monde sifflait, pleurait, applaudissait à s'en disjoindre les phalanges. Même Lauren. À partir de là, l'entretien a roulé pépère, sur les rails prévus, jalonnés d'anecdotes faussement spontanées, déjà vingt fois racontées ailleurs.

Les origines de sa vocation, par exemple :

« C'était sur le parking d'un bar, le Dirty Five. » Coup d'œil complice à la salle : « Si un jour vous passez à Auckland… Essayez d'éviter ! »

Ha-ha-ha.

« Je venais d'avoir dix-sept ans. J'étais sorti avec quelques amis pour allumer, hum… un cierge, et finir mon verre… de lait. Là-dessus, un inconnu se pointe. La trentaine, très classe… Et il me dit : "T'as l'âge légal pour boire… du lait, toi ?" »

Dans la salle, on frisait l'hystérie collective.

« Moi, toujours aimable, je lui balance : "Qu'est-ce que ça peut vous foutre ?" "Rien", me répond le type. "Mais si un jour tu veux refaire cette tête-là devant une caméra, appelle-moi." Là-dessus, il me tend sa carte… »

Et tu as failli la jeter.

Et tu as quand même téléphoné, à tout hasard, quelques jours plus tard.

Et tu as décroché un rôle. Le premier. Jackson, lycéen rebelle, dans *Paradise High*, la série australienne qui cartonnait à l'époque.

Ô Destinée.

« Vous êtes très vite devenu l'idole des ados de l'hémisphère Sud… » a fait remarquer Horovitz, taquin. « Et vous vous êtes lassé encore plus vite, non ? »

Ben Whyte s'est marré. « Joker… Mais grâce à *Paradise High*, tout a changé. Je n'avais jamais quitté mon pays. Ma ville. Du jour au lendemain, je me suis retrouvé en Australie. Et deux ans plus tard, j'ai débarqué à Hollywood. Tout seul, sans connaître personne… »

Non, bien sûr. Et comment tu l'as rencontré, Lewis Morelli, le réalisateur de *White Trash*, qui t'a offert ton premier rôle américain ? Il rôdait dans le parking d'un bar de Los Angeles, en quête du jeune voyou brûlant de son prochain film ?

Lewis Morelli et ses célèbres lubies :

« Donc… Je me retrouve à l'audition devant tous ces gens, je suis mort de trac, je m'apprête à réciter mon texte… Quand tout à coup Lewis s'avance et me dit “Frappe-moi”. Sérieux, le mec. Très concentré. Moi, je reste là comme un con, bouche bée. Et ce dingue, que je n'avais jamais vu de ma vie, commence déjà à s'énerver : “Frappe-moi, je te dis. Pour le reste, on verra plus tard.” Je le regarde. Soixante kilos tout mouillé, le triple de mon âge. “Vous êtes sûr ?” je demande. “Tout à fait sûr”, me fait l'autre. “Je veux une brute. Si c'est pas ton truc, pas de problème. Je comprends. La porte est là.” »

Todd Horovitz, aux anges, a fait monter le suspense :

« Vous n'avez quand même pas accepté ? »

Quelle comédie.

« À votre avis ? Le lendemain, Lewis m'a appelé pour me dire qu'il avait un coquard de la taille de l'Océanie. Et que moi, j'avais le job. »

Évidemment que tu l'as eu.

Où serais-tu, sinon ? Pas ici, en train de te baigner dans la vapeur de notre désir.

« Vous avez la réputation d'être parfois… irritable… » a gloussé Todd le Téméraire.

« Oui. Et… ?

— Et je me demandais… C'est ce tempérament qui vous a permis de survivre, à l'époque ? De vous adapter si vite à la jungle d'Hollywood ? »

Vision de Ben Whyte en pagne, au bout d'une liane.

« Eh bien… J'ai dû apprendre très tôt à être mon propre garde du corps. »

Tout le monde s'est accroché à son siège. L'Heure Intime avait-elle enfin sonné ?

« Comme je m'habille aussi tout seul, ça m'économise du personnel. »

Whyte, un. Horovitz, zéro.

Vaincu, notre Monsieur Loyal s'est résigné à empiler les réalisateurs comme des sacs de sable en temps de blitz. Spielberg, Nolan, Tarantino… Et puis David Fincher :

« C'est un perfectionniste. Il m'a éreinté, pressé, pétri… »

Le veinard.

« … jusqu'à ce que je m'empare pleinement d'un corps de journaliste. »

Quelle phrase.

Mon « corps de journaliste » en a frémi, des narines aux orteils.

Un tout petit émoi, comparé à ce que je subis maintenant.

Ils viennent de rallumer la salle. On va passer aux questions du public. Impossible de fuir sans faire lever dix personnes. La tête baissée, l'échine tassée, je n'ose plus rien regarder, et surtout pas la scène, pendant que le micro circule dans les rangs. Qui a peur d'être reconnu par une star ? Personne. Sauf Marianne Corvo, Grand Commandeur de l'ordre du Monde à l'Envers.

15

Conversation secrète

Les questions n'en finissent plus. Tout le monde veut sa part de Ben Whyte. Le mouvement #MeToo ? Il soutient, *of course*. L'égalité des salaires entre les actrices et leurs partenaires mâles ? Aussi. Des projets ? Il ne peut rien dire. Tarantino ? Ils étaient un peu brouillés, ils se sont réconciliés. Scarlett Johansson, Bradley Cooper, Cate Blanchett ? Oui, oui, partenaires formidables. Exceptionnels. *Amazing*…

Je suis tellement tendue que je vais avoir des courbatures.

Quand, soudain, Lauren s'agite contre mon bras droit.

Mais qu'est-ce qu'elle fout, cette raclure de pancake ? Elle veut le micro. « Disparais. Maintenant. » me dis-je, sans trop savoir si l'injonction s'adresse à elle ou à moi-même.

Peut-être que l'hôtesse qui distribue la parole ne la verra pas. Peut-être que… « Ah, merci… On m'entend, là ? Ah oui. Bonsoir, monsieur Whyte. Lauren McMurray, du *Philadelphia Inquirer*… »

Philadelphie, donc. Où elle aurait dû rester. Et crever dans d'atroces souffrances, étranglée par ses intestins.

Ça ferait un beau T-shirt.

« Bonsoir Lauren », fait la Voix, profonde comme un puits plein de spectres.

Quand elle joue à « cache-cache-coucou », ma nièce est persuadée qu'il lui suffit de se plaquer les mains sur la figure pour devenir invisible. Apparemment, ce réflexe naïf n'épargne pas la génération précédente.

J'ai à peine perçu la question alambiquée de Lauren sur la différence entre le « rôle incarné » et l'« âme de la *persona* ». Mais Ben Whyte l'a si vite expédiée que j'ai risqué un œil entre mes doigts.

Un seul. Un de trop.

Mon demi-regard vient de croiser le sien tout entier. Qui s'écarquille.

En plein dans le mille.

Cache-cache-coucou.

Comme on ne peut pas se couvrir les oreilles et la figure en même temps, j'ai parfaitement entendu la confirmation du désastre. À peine un murmure, amplifié par la sono :

« *Well... I'll be damned...* »

Dans une seconde, mon fauteuil va prendre feu.

« *What the...* »

OK, tu m'as chopée. Flagrant délit. On a compris. Enchaîne, vite.

« Vous disiez ? s'est enquis Todd Horovitz.

— Rien… Enfin, si. Je viens de voir une jeune femme… »

Aaarrrhhh.

« … lever la main. Par ici… »

Ouf.

« Oui, là, juste à côté de vous, euh… Lauren. Vous pouvez lui passer le micro ? »

Hein ?

NON. NON.

NON.

Et l'autre qui me tend son cornet de glace de l'enfer, la gueule enfarinée. Mais bouffe-le, ton micro.

… Non ?

Je le prends, alors.

Je m'y cogne les dents. Grand « klonk » de panique dans les amplis.

Tous ces gens, tournés vers moi. Et lui aussi, qui attend. Ses yeux dansants. Son sourire d'escroc.

Je dis : « … Bonsoir. »

Il répond : « *Hello…* »

Je dis : « Vous… Vous… »

You-You.

Il répond : « Je… Je ? »

Aille-aille.

Ça pouffe dans les rangs.

« Oui, mademoiselle ? Mademoiselle Qui, au fait ? »

« Miss Who. » La dingue du Docteur.

Gros malin.

« Marianne. Corvo. De… Paris.

— Enchanté, Marianne-Corvo-de-Paris. Moi, c'est Ben-d'Auckland. »

Franc succès. Applaudissements.

Arrête. Arrête. Arrête.

« Qu'est-ce que je peux faire pour vous, ce soir ? »

Je le hais. Que ses enfants et les enfants de ses enfants naissent difformes et velus.

« Euh… Vous allez… euh… faire des films… ? »

Dire que je ne pensais jamais vivre pire que l'interview de l'hôtel Meurice.

Il se mord les lèvres, feint la concentration.

« Moi ? Non, pourquoi ? Je pensais plutôt me mettre à la natation synchronisée. »

Hilarité générale. Si un jour il se repointe à ma porte, je le bute.

« Je voulais dire…

— Attendez… Levez-vous un peu, que je vous voie mieux. »

… Mais avant, je le force à regarder, pendant que je déchiquète son T-shirt préféré. Avec les dents.

Je me déplie. Il me détaille.

« Je voulais dire… Vous allez faire des films, euh… en France ? »

N'importe quoi.

« En France ? Vous pensez qu'on me… désire, là-bas ? »

Hein ?

« Je…

— Ils ont envie de moi… vos cinéastes ?

— …

— Même si je dois leur demander d'être patients, à cause de mon emploi du temps ? Même si je débarque chez eux quand je peux, à l'improviste ? »

Ses phares verts percent mon brouillard rouge.

« Oui, je... Oui. Je crois. Je crois... »

N'entre pas dans son délire.

« ... qu'ils n'attendent que ça. »

Trop tard.

« Alors pourquoi pas, mademoiselle Corvo-de-Paris ? C'est une idée très... séduisante. »

Où sont passées mes pulsions de meurtre ?

On se dévisage.

« Eh bien, des décennies après la Nouvelle Vague... » commence Todd Horovitz...

... qui se fait derechef couper le sifflet :

« D'ailleurs, puisqu'on parle d'envies... Vous savez ce que j'aimerais faire, si c'était encore possible ? »

Ben Whyte ne sourit plus que des yeux.

Effacement du décor.

« Non... »

Quoique.

« Jouer avec Peter Sellers. »

Voilà.

Ah putain. Mais putain.

Mon cœur lâche, et Horovitz s'intéresse : « C'est l'un de vos maîtres ? Il est pourtant... très loin de votre registre de comédien. »

C'est à moi que la star répond. Rien qu'à moi. Échange verrouillé.

« Oh non, pas toujours... Ce soir, par exemple, je le sens... plutôt proche. »

Là, ce n'est plus possible. Ce vieux renard de Todd sent qu'un truc lui échappe :

« Mais… Est-ce qu'on tient un scoop ? Vous êtes sur quelque chose de précis ? Un biopic ? Peter Sellers, je le rappelle au public, c'est l'acteur qui nous a tant donné dans… »

… son studio du XIXe arrondissement. Son lit à fleurettes.

« Non, je ne suis pas… sur Peter. Pas en ce moment. Hélas. Mais j'adorerais… embrasser le personnage. »

Embrace the character.

« … M'approprier son charme, sa maladresse, sa… grâce débraillée. Me glisser… dans sa peau. À votre avis, Marianne-de-Paris… S'il était là, parmi nous, il serait d'accord ?

— Moi ? Euh, lui ? Oui. Oh oui. »

Je dois m'éclaircir plusieurs fois la gorge pour continuer.

« Mais… vous avez sans doute… beaucoup d'autres personnages, euh… à… embrasser.

— Peut-être. Mais je pense à lui, ces temps-ci. Souvent.

— Vraiment ?

— Vraiment.

— Eh bien… nous allons désormais attendre ce nouveau projet – non, ne niez pas – avec impatience ! »

… s'exclame l'Homme qui Tient La Chandelle Sans le Savoir. « Il nous reste quelques minutes pour une dernière question, si quelqu'un… »

Ben Whyte a l'air d'un type qui vient de se réveiller.

Et moi, je suis de nouveau assise. J'ignore depuis quand.

La salle se vide. Je commence à peine à ramasser mes affaires quand une hôtesse armée d'un talkie-walkie se faufile jusqu'à moi.

« Miss Corvo ? Vous êtes attendue en coulisses.

— Par qui ? »

Cette question. Mais par Justin Trudeau, bien sûr.

« Ah, je ne sais pas. On m'a juste demandé de vous accompagner. »

La dame m'ouvre un chemin parmi les spectateurs qui refluent vers les issues principales. J'avance, docile, la tête remplie d'informes gargouillis et d'espoirs déments. Une porte coupe-feu, un couloir, et ma guide me laisse devant deux titans en complets noirs. Carmine, son pote et leurs oreillettes…

« Comment allez-vous ce soir, mademoiselle Corvo ? »

Pas mieux que la dernière fois.

Il me fait signe de le suivre.

« Surtout, essayez de rester près de nous. Ça va un peu secouer. »

… Secouer ?

Un autre couloir. Une autre porte, qui ouvre sur la nuit tiède. Toronto scintille.

Toronto déraille.

Une houle de portables, tendus à bout de bras. Une foule démontée fait vaciller les barrières de sécurité, enfle et se convulse dans un seul et immense hurlement. Plus jamais je ne regretterai d'avoir loupé le temps joyeux de la Beatlemania.

Joyeux, mon œil.

Poussée, tirée, trimballée, je n'y vois plus rien. Mon pied bute sur le bord du trottoir, Carmine s'efface devant un gros monospace noir. La portière s'ouvre à toute volée…

Et je suis projetée dans le parfum de Ben Whyte. Jardin caché, en pleine zone de guerre.

Il est assis dans le sens de la marche. J'ai atterri sur la banquette d'en face, dos à la vitre opaque qui nous sépare du chauffeur.

Un vrai salon, cette bagnole. L'homme-jardin me regarde me redresser, chercher quoi dire. Son menton de garnement s'allonge un peu, comme toujours quand il sourit.

« Alors comme ça… Peter en Amérique… »

Il se rapproche, le cuir de la banquette émet un murmure suave.

« Tu es venue en Tardis ? »

Oh, Ben Whyte.

La joie me prend par surprise. La sienne, la mienne. Tellement impétueuse qu'elle me pousse en avant à mon tour, au bord de mon siège.

Nos doigts se frôlent.

« Oui, mais je suis garée en 1968. J'ai pas trouvé de parking plus près.

— Ah. Et ça, du coup, tu l'as volé en passant ? À qui, Janis Joplin ? »

Il a délicatement saisi l'une de mes grandes créoles en argent.

« Elles prenaient la lumière, tout à l'heure, dans la salle… »

Il tire doucement sur la boucle d'oreille. Juste assez pour me faire pencher la tête. J'accentue le mouvement, je lui offre mon cou. Il y pose son autre main, toute chaude.

« On n'en sort pas, tous les deux, hein, Peter… »

Nos genoux se mêlent.

Et la portière s'ouvre en grand à nouveau.

« Putain, Ben, c'était quoi, ça ? » Grand bond en arrière, chacun sa banquette. « D'où ça tombe, ces conneries de biopic sur Peter Sellers ? »

Un petit homme gras vient de s'engouffrer dans la voiture, en compagnie d'une jolie brune. Très jolie. Pâle comme un spectre, toute gainée de cuir noir et de clous. Dans la famille Addams, je demande la cousine perverse.

Le nabot chafouin porte un bronzage Trump, une énorme montre et un polo Lacoste rose pâle, tendu sur une bedaine conquérante.

Il est tellement fumasse qu'il ne me remarque pas tout de suite en face de lui. « Qui t'a proposé ça ? Quand ? Pourquoi je ne suis pas au courant ? » déblatère-t-il par-dessus le chignon noir et lustré de Dominatrix, qui s'est assise d'office près de la star.

La soudaine vibration du moteur m'indique que, si je ne dégage pas fissa, l'épreuve ne fait que commencer. D'autant que Fouet-Lascif vient de sortir un brumisateur d'un gros Vanity case et entreprend d'humidifier Ben Whyte comme une orchidée.

Mini-Trump insiste :

« Qu'est-ce qui t'a pris d'annoncer ça en public, avant même qu'on…

— Ça suffit, Colin. »

Froid, coupant. Ledit Colin baisse aussitôt d'un ton.

« Benny, écoute… C'est toi qui décides, on est d'accord… Mais… »

Pendant ce temps, Pince-tétons a dégainé des lingettes et en frictionne les joues de « Benny ». Son front, son nez. Penchée comme elle est, elle lui offre une vue plongeante sur un décolleté gothique, mais parfait.

« Il n'y a pas de projet Peter Sellers. »

Ben Whyte ferme les yeux.

« Pas de film. Rien du tout. Oublie.

— Mais pourquoi…

— Stop. »

On roule encore lentement. Des gens se pressent autour de la voiture. Ma main cherche la poignée de la portière…

« Marianne, je te présente mon agent, Colin Guzman. Colin, Marianne Corvo, journaliste. »

Mini-Trump tourne tous ses mauvais poils vers moi. « Bonsoir. C'était vous, tout à l'heure, non ? La question sur… le cinéma français ? »

La bagnole accélère. Prend un boulevard.

« Eh bien, enchanté… Mais là, on file à l'aéroport. On va devoir vous déposer bientôt. »

Oui, oui, déposez-moi. Jetez-moi. Oubliez-moi.

« Bien sûr, je…

— Non. »

On a tous fixé Ben Whyte, qui fixait mes créoles.

« On l'emmène. Amber, j'ai soif. »

Amber, alias Cinquante-Nuances-de-Grue, a trituré un bouton, et un minibar a gracieusement éclos entre nous, comme une grande fleur pleine d'alcool.

J'ai dit : « Pardon ? »

Colin a dit : « À l'aéroport ? »

Bruits de glaçons.

Dehors, j'aperçois les berges du lac Ontario. On s'éloigne du centre. Alerte enlèvement.

Ben Whyte a pris le temps de boire une lampée de liquide transparent. De l'eau, de la vodka ?

« Non, on l'emmène jusqu'au bout.

… Quel bout ?

« À L.A. ? s'étrangle Colin.

— Ouais. Pourquoi pas ?

— Mais parce qu'elle… »

… Aimerait qu'on lui demande son avis, à l'occasion ?

… N'est pas un sandwich SNCF ?

… Se décompose de trouille.

« Alors… Non. Ça va être un peu compliqué… Je n'ai pas de…

— De quoi ? »

Oui, de quoi, au fait ?

« Euh… de pyjama. »

Ben Whyte me gratifie d'un demi-sourire matois.

« Ah ? Tant mieux. »

Génial. Surtout devant les autres qui me toisent comme la groupie encombrante que je suis en train de devenir, à une vitesse moyenne de cinquante kilomètres à l'heure en zone urbaine.

« C'est surtout que… là, je travaille. Je ne peux pas… »

Personne ne s'intéresse à ma réponse. Le Maître a parlé. Dont acte. Je vais vraiment finir par sauter en marche.

« Pardon, mais donc… je vais descendre ici. »

… Soit dans une zone portuaire déserte où je n'ai jamais mis les pieds. Qui refuse une virée torride avec une star planétaire pour visiter des hangars en pleine nuit ?

Le visage soudain fermé, Ben Whyte lâche un vague « comme tu voudras ».

Soupir exaspéré.

« Mais on te ramène. Tu loges où ?

— Au Hilton. Je…

— Préviens le chauffeur, Colin. »

Le reste du trajet n'en finit pas.

Le front contre la vitre, Ben Whyte regarde défiler les rues, et moi je regarde les lumières de la ville caresser son visage, animer son étrange T-shirt. Pas de boyaux. Je me suis trompée. Des racines. Elles s'entrelacent sur sa poitrine, au rythme de sa respiration.

Magie noire.

Quand je décroche de cette arborescence vivante, je m'aperçois qu'il me scrute, lui aussi. Pensif, opaque.

La voiture se range devant l'hôtel. Fin de la plaisanterie. Je m'apprête à sortir, il me retient un instant, par le poignet.

« À bientôt, Marianne-de-Paris… À très bientôt. »

Le monospace repart dans la circulation. Suivi par trois véhicules identiques aux vitres aveugles. Le cortège d'un chef d'État. Ou bien d'un mort.

16

Mon nom est Personne

Trente pages, sorties toutes chaudes de l'imprimante.

Assis en tailleur dans mon lit, Jean les épluche si lentement que j'aurais le temps d'aller fonder une famille nombreuse et de revenir avant qu'il émerge enfin de mon début de roman.

« Alors ?

— Bah… Super.

— C'est tout ?

— Qu'est-ce que tu veux de plus ? On attend la suite.

— Je le savais. Tu trouves ça pourri.

— Mais non ! C'est marrant, cette idée de police temporelle. Et puis ta description de l'auberge, au Moyen Âge, avec le sol en terre battue, les cochons, tout ça…

— C'est nul. On dirait une animation médiévale chez Carrefour, rayon saucisses.

— Mais pas du tout ! C'est là qu'il se cache, le méchant sexy ? Elle va l'arrêter, l'héroïne ? »

Je m'affale sur le lit à côté de Jean, légère et gracieuse comme un veau de mer.

« Ouais. Tu vois, tu as déjà deviné. Aucun suspense… Tu peux le dire, si tu détestes.

— Et t'étouffer avec un oreiller, je peux ? »

Dit-il, en me rendant tranquillement le texte.

« Oui. Mais avant, j'aimerais un avis sérieux. En détail.

— Je sais pas, moi. Peut-être…

— Oui ?

— Ton ennemi numéro un, là… Le terroriste "quantique"… Tu es sûre de vouloir l'appeler Benedict ?

— Oui, pourquoi ?

— Marianne, le mec s'appelle "Ben". Ta détective, elle va craquer pour lui, non ? Tu n'as pas peur que tes lecteurs fassent le rapprochement ?

— Tu rigoles ? Quel rapprochement ? Et quels lecteurs ? Ceux qui habitent dans mon tiroir ?

— Mais si un jour on te publie, et que…

— Et que quoi ? Je me confesse dans *Gala* ?… Et puis c'est "Benedict", pas Ben. Comme… euh, Benedict Cumberbatch.

— Qui ?

— Tu sais bien, l'acteur de *Sherlock*. Et *Doctor Strange*.

— Ah oui…. C'est vrai qu'il a bien un physique "quantique", lui. Genre aristo fin de race qui vient de passer par un trou de ver. »

Il me regarde, l'œil soudain tout clinquant d'espoir.

« Il te plaît, Benedict Flumbersnatch ?

— Cumberbatch.

— Si tu veux. Tant que ça te décroche un peu de l'Autre Con. »

« L'Autre Con. »

Fidel, invaincu depuis deux ans, vient de céder le titre à Ben Whyte.

Déprimante succession.

Au retour du Canada, je m'interrogeais sans fin sur le sens exact de « très bientôt ». Sur sa date limite de péremption, dans la tête et l'agenda des grands de ce monde. Comme j'avais du mal à changer de sujet, Jean a changé de champion.

Depuis, les arbres ont perdu leurs feuilles, et Paris ses couleurs. Il ne reste plus que le gris : larmoyant sur les trottoirs, hautain sur les façades. Octobre s'est pointé. Novembre vient de passer la porte. Mais pas l'Autre Con.

Jamais l'Autre Con.

Very soon.

Deux petits mots jetés d'une voiture. Ramenés par avion. Conservés dans un bel écrin de naïveté. Ou comment se faire des films, sans l'aide de personne.

Première semaine après Toronto : je vis dans une comédie musicale. L'espoir est un cavalier facétieux, il remplit mon carnet de bal de rêveries élastiques. Je descends dans le métro comme à Broadway, hop une marche, hop une marche, *New York, New York*. Je patauge dans les rues comme Gene Kelly, hop une flaque, hop une flaque, *Chantons sous la pluie*.

Bientôt. *Very soon.*

Deuxième semaine : *L'Empire des sens*. Tout me caresse. Soudain, je sens le pli d'un sourire contre ma bouche, le goût de sa langue, l'odeur de sa sueur. J'invoque sa chair, je le déboutonne, c'est lancinant, brutal, un capiteux brouet de fantasmes et de souvenirs.

Je commence à attendre. Je vérifie mon téléphone.

Le samedi soir, on frappe à ma porte, je me précipite. C'est Lionel, mon voisin d'en face, avec ses gros yeux pâles de célibataire non consentant. Il nous arrive de discuter SF et fantasy, entre deux paillassons, mais c'est la première fois qu'il secoue sa timidité résignée pour proposer d'aller boire un coup.

Je mesure l'effort. Je décline quand même.

Le dimanche, Fatou me traîne à un anniversaire en banlieue. On se goinfre de gâteau dans un jardin tristounet, déjà dénudé. On se caille, il fait beau, et je pense à ma porte délaissée.

Vague sentiment d'urgence. Et si c'était aujourd'hui ?

Fatou papote avec une rousse que je ne connais pas. Je m'approche, parce qu'il est question de Red Dump. La fille ricane en récurant son assiette en carton : « Il paraît qu'ils ont un genre de harem qui les suit partout. Qu'est-ce qu'elles croient, ces pauvres meufs ? C'est juste pathétique. » Fatou me coule un regard en biais, gênée, et l'autre lèche son doigt plein de chocolat. « Franchement, qui a envie d'être la bitch d'une star ? »

Franchement, qui a envie de gâcher une excellente part de forêt-noire sur ta face de lait cru ?

Troisième semaine : *Cruella*. Ma sœur et sa famille s'annoncent pour le week-end. D'habitude, Charlotte et Denis dorment à l'hôtel et casent les petits chez moi. Un peu d'intimité pour les parents, la révolution chez Toutoune. On se dessine des trucs sur la figure. On se déguise. On invente des histoires. On bouffe toutes les sortes de chips que je peux rafler, goût tomate mutante, pseudo-poulet ou curry-gasoil, et personne ne se lave les dents.

Mais si Ben Whyte débarque en pleine garderie ? S'il me trouve couverte de marmots, la gueule repeinte au Stabilo et les cheveux pleins de miettes ? Alors j'explique à Charlotte que non, pas cette fois. Que j'attends quelqu'un. En essayant de ne pas penser à deux bouilles dépitées, ni à l'absurdité de ce bannissement.

Evil Toutoune.

Ma sœur est évidemment surexcitée, effet secondaire que j'aurais pu prévoir si j'avais réfléchi cinq minutes : « Houu, tu as un chéri ? »

Un « chéri ». Ça lui va comme un tutu rose. Et pourquoi pas un « coquin », aussi ?

« Je le connais ? On peut le rencontrer ? Il fait quoi, comme boulot ? »

Je me suis laissée aller à rêver tout haut.

« Il est… intermittent du spectacle.

— Ah. Ça doit être galère, le pauvre. Il s'en sort ?

— Pas trop mal. »

J'ai vite changé de sujet.

Quatrième semaine : *L'Ombre d'un doute*. Après plusieurs sondages d'opinion réalisés auprès de mon échantillon de victimes préférées, il semble, par trois voix contre une (Jean vient de recycler « l'Autre Con »), que nous entrons dans la période critique.

C'est maintenant ou jamais. Je ne tiens pas en place, et pourtant, j'ai du mal à quitter mon appartement, même pour aller travailler. La nuit, le moindre pas dans l'escalier me tire du lit en sursaut.

« Juste pathétique. »

Cinquième semaine : *Traque sur Internet. Very soon* commence à sonner very creux. Je me suis abonnée à son compte Instagram officiel (@WhytBn). Quelques bandes-annonces de ses films, mais surtout des clips : Dark Metal, Black Metal, Méchant Metal.

Pas de selfies, aucun détail personnel. Pourtant, j'ai l'intuition qu'il bidouille ça lui-même. Ce compte est trop irrégulier et mal foutu pour être entre les mains d'un community manager.

Il n'a rien posté depuis le mois d'août. Ce qui n'empêche pas les commentaires de déborder sous chacun de ses posts.

Dix-neuf millions d'abonnés.

Et moi, et moi, et moi.

Et pas lui.

Huitième semaine après Toronto.

Rien ne va plus.

Lundi soir, Fatou fait des crêpes. Fatou les rate. Toutes. Depuis le début, les informes résidus qu'elle nous sert relèvent du test de Rorschach cramé.

Serge reluque le sien, rêveur : « On dirait un calamar… » Jean hésite : « Ou ta mère. » Et Dani s'en mêle : « Mais non, regarde, si tu retournes l'assiette, ça ressemble à…

— Ben Whyte ! »

J'ai buggé. Alcool et frustration, mauvais mélange.

Temps mort autour de la grosse table en bois massif de Fatou, qu'on a jadis eu tant de mal à hisser jusqu'à son appartement.

Jean touille la crêpe.

« Et… ça t'évoque quelle partie du bonhomme ?

— Euh, ses… son… corps ?

— Ah bon ? Il est foutu comme un calamar ?

— Ou comme ma mère. »

Ambiance bouffonne.

Fatou nous sert un nouveau tas fumant d'échecs sucrés.

« Fais pas cette tête, Marianne. C'est moi qui devrais me vexer. Avec tout ce que j'entends sur mes crêpes…

— C'est parce qu'elles nous inspirent, la rassure Dani. J'allais te le dire, juste avant que Marianne s'excite encore sur son mâle alpha…

— Mon quoi ?

— Ton mâle alpha. C'est quand même pas de ma faute si tu érotises la domination masculine. Avoue que c'est un poil inquiétant.

— Pas du tout. Où tu vois une domination ?

— Partout. Ce mec, c'est une caricature de fantasme patriarcal. Le chasseur-cogneur.

— N'importe quoi. Rien à voir. Chez lui, j'aimais… »

« J'aimais. » Je ne sais pas, du verbe ou de l'imparfait, ce qui me dérange le plus.

« Vas-y, ça m'intéresse. Tu aimais… Sa personnalité déconstruite ? Son sens délicat de la poésie ?

— Je t'emmerde.

— Oui, tu m'emmerdes. Marianne, ça fait deux mois que tu vis encastrée dans ta porte, à attendre le bon plaisir d'un homme. Ça me troue, putain. »

Autour de la table, l'air est lourd. Et pas seulement à cause de l'odeur de beurre brûlé.

« Euh... Quelqu'un veut encore des crêpes ? » demande Fatou.

Non merci. Elles me restent un peu sur l'estomac.

Je décide de faire la gueule, au moins quelques jours.

Et d'oublier le « chasseur-cogneur ».

Le jeudi suivant, j'y suis presque. Je ne pense qu'à mon article en cours, un truc en retard sur un millième film Marvel.

Il est bientôt vingt heures, la nuit colle aux baies vitrées, la rédaction de *L'Œil* est un désert tamisé. Seules deux lampes sont encore allumées. La mienne et celle de Julien Maillol, qui traîne un peu avant de rentrer.

Je maltraite mon clavier et *Captain America* quand j'entends mon collègue siffler, là-bas, au bout de l'open space.

« Dis donc, il s'éclate, ton amoureux ! »

Quel amoureux ?

Il espionne l'insta de Fidel ?

Non, pas cet amoureux-là. L'autre. L'Autre Con, même.

Quand la réalité a dépassé la fixette, j'ai mis mon enthousiasme public en veilleuse. Mais pour toute la rédac, Ben Whyte est resté « mon amoureux ».

La tête de Julien émerge gaiement de son ordi. « Hé, viens voir la concurrence ! »

Encore une photo volée. Deux silhouettes sur un trottoir bordé de palmiers. Elle, très brune. Lui… très lui. Vu d'ici, ils ont l'air de lécher la même glace.

Julien clique pour l'agrandir. Il va me l'imprimer, aussi ?

« Elle te ressemble un peu, en fait… Les cheveux… l'allure… quelque chose. Comme quoi, tu pourrais pécho Ben Whyte. »

Tais-toi, pauvre innocent.

« C'est vrai, en fait, t'es carrément son genre. Tu aurais dû tenter ta chance, l'autre fois… »

Carrément.

La légende est en bas. En gras. Rouge vif : « Ben Whyte et Ana Clara : ils ne se cachent plus ! »

« Qui c'est, Ana Clara ?

— Enfin, Marianne… Ana Clara… La top brésilienne ?

— Connais pas.

— Mais si, voyons… Spécialisée dans les sous-vêtements…

— C'est une spécialité, ça ?

— Oh oui. À te donner envie de devenir un slip. »

Dit le mec qui pourfend le sexisme à longueur d'éditos.

Bien sûr, je me rue à mon poste pour googler la reine des culottes.

À chaque nouvelle image – au menu : string sur lit de satin pourpre, méli-mélo de dentelle et son petit caraco, chaud-froid de bikini et fleurs tropicales –, je m'éloigne un peu plus de mon article, pour rejoindre la classe infime et mélancolique des amibes.

Samedi soir, Halloween. L'automne a éteint le ciel et allumé les citrouilles importées d'Amérique. Pas envie de célébrer les squelettes en toc et les bonbons sous vide.

À la place, je revois Fidel.

Comme d'habitude, il pérore dans mon pieu jusqu'au bout de la nuit et de ma patience : « Avec les femmes, je me laisse aimer, et c'est moi que je trompe… Tu vois ce que je veux dire ? »

Non.

Quand il me fait la grâce de la fermer, c'est à peine mieux. Les baisers n'ont pas la bonne saveur. Tout creuse une absence.

Foutu Ben Whyte.

Au moins, le roman avance. Benedict vient de se faire capturer :

Ses liens lui entamaient les poignets. Accrochée à ma selle, la corde l'obligeait à presser le pas pour suivre l'allure du cheval dans le sentier détrempé par l'averse.

Bien fait pour sa gueule.

À ce rythme, il n'allait pas tenir longtemps. Certainement pas jusqu'au prochain chronoport, à six jours de voyage.

Note pour plus tard : trouver comment on change d'époque, dans un « chronoport ». Par vortex express ? En train quantique ?

Note, bis : arrêter d'utiliser le mot « quantique ».

Soudain, une traction violente. Le cheval s'est cabré, manquant me désarçonner et piétiner Benedict. Mon prisonnier venait de s'évanouir. Il gisait, agenouillé, toujours suspendu à ses liens, semblant tendre ses mains jointes et meurtries, comme pour m'implorer.

Alors, Dani, c'est du mâle dominant, ça ?

17

Un poisson nommé Wanda

Personne n'a jamais compris mon obsession pour *Doctor Who*.

Ma sœur croit encore que c'est une série médicale. J'ai beau lui répéter que c'est de la science-fiction, elle s'obstine à confondre avec *Docteur House*.

Jean croit que c'est une série pour enfants, sous prétexte que je suis scotchée dessus depuis la primaire. Toute cette histoire d'extraterrestre qui voyage en cabine téléphonique (en Tardis, Jean…) et de méchants aliens impérialistes en forme de salières géantes (les Daleks, Jean…), il trouve ça ridicule. Trop farfelu. Trop… anglais.

Précisément ce que j'aime. Un peu comme si les Monty Python pirataient *Star Trek*.

Personne n'a jamais compris, et je m'en fous.

Je possède l'intégrale des épisodes, même ceux des années soixante. J'ai des coffrets collector, des fringues, un porte-clés, des magnets, des figurines. Sans compter le Tardis bousillé par Ben Whyte.

Bref, je suis comme tous les geeks. Un peu fétichiste. Un peu fêlée.

Et pourtant, rien n'aurait pu me préparer à ça.
Marianne, coincée dans un palace londonien.
À table avec cinq Docteurs.
Oui, cinq. En chair et en os.

Depuis le temps que la série existe, le héros a souvent changé d'interprète. À chaque fois, il se « régénère ». Comment ? En pissant de la lumière comme un lampadaire incontinent. Ça jaillit de partout, on n'y voit plus rien, et puis... pouf. Un acteur tout neuf.

Ce soir, ils ne sont pas tous là. Certains sont morts. Ou trop vieux. Ou fâchés. Mais c'est déjà beaucoup pour une seule fan. Six places à table. Six homards. Cinq Docteurs.

Et moi.

Je contemple le crustacé à la nage dans mon assiette : ultime trempette en sauce mousseline, sur porcelaine Wedgwood à bords dorés.

On est cuits, mon pauvre vieux. Aussi rouges l'un que l'autre.

« Heu... Je ne crois pas qu'on se connaisse... »

Par les Antennes de la *BBC*. L'un des Docteurs vient de M'Adresser La Parole. Et pas n'importe lequel. Le Numéro Dix, assis à ma droite. Mon préféré. Un comédien écossais affable et craquant, dont la carrière a bien évolué depuis son passage dans la série.

Il m'envisage, curieux mais poli, prêt à accepter mes explications. Le comment du pourquoi je suis posée là, au milieu des Docteurs, aussi déplacée qu'un salami dans un resto végétarien.

Si seulement je savais. Si seulement j'avais su.

D'accord, il y avait des indices. Le vélin épais du carton d'invitation. La précieuse enveloppe crème. Les lettres gravées, cursives élégantes. Le lieu cinq étoiles : *Soirée caritative au Thames Foyer, hôtel Savoy, Londres*. Le thème : « Doctor Who s'engage pour le climat. Venez l'aider à sauver (encore) la planète – samedi 17 novembre, 21 heures. »

Hier, c'était mon anniversaire.

Quand elle a atterri dans mon courrier pro, l'invitation miraculeuse a donné des idées à Serge et Jean. Ils m'ont offert un week-end british, pour aller avec.

On a pris l'Eurostar. On a posé nos sacs dans un Airbnb, deux pièces minuscules au nord de Londres. On s'est promenés, tout nimbés de buée froide et de bonne humeur, puis on s'est séparés.

À eux les pubs de Camden, à moi la soirée geek.

Sauf qu'au lieu d'un truc promotionnel rigolo blindé de journalistes et de T-shirts gratuits, je suis tombée sur un pince-fesses de luxe.

Le fameux Thames Foyer, abrité par l'hôtel Savoy, est une salle de restaurant victorienne, sous un élégant dôme de vitraux, où Doctor Who « sauve la planète » en petit comité.

Tout petit. Très select.

Quelques tables rondes, à peine une trentaine de convives. Et mon nom calligraphié sur un petit bristol, parmi ceux des héros de la série.

Je suis comme Dix, je voudrais qu'on m'explique.

Même les showrunners se contentent de la table voisine. Un îlot de blagueurs bruyants qui se goinfrent avec les doigts, peinards comme à la cantine. De l'autre côté de la salle, en revanche, on craque les carapaces avec classe : je reconnais Keira Knightley, Judi Dench, et…

Juste ciel, même Benedict Cumberbatch.

Les autres, connais pas. Mais ça pue le lord. Le PDG. La *It Girl*.

S'il faut faire un chèque à la fin, pour planter des forêts ou des éoliennes, je suis mal. J'espère qu'ils acceptent les paiements échelonnés.

Dix me relance gentiment.

« Vous êtes avec la production ?

— Euh, pas trop. »

« Pas trop ? »

Même bouilli, le homard est plus éloquent.

« Non … Je suis… avec… là-bas. »

Je fouette l'air devant moi, au risque de lui coller une tarte.

Dans mon assiette, la bestiole me fixe intensément de ses petits yeux noirs. On dirait qu'elle essaie de me souffler des réponses : « T'as qu'à leur dire que tu chauffes la place pour quelqu'un d'autre. Quelqu'un d'important. Un des frères Gallagher. David Beckham. L'archevêque de Canterbury… Un Dalek ? »

Heureusement pour moi, toutes les têtes se tournent soudain vers l'entrée.

Keira Knightley s'est levée d'un coup : « Ben ! »

… Comme Benedict ?

Pas du tout.

Comme Ben.

Tout court.

Tout droit dans les bras de Keira.

Normal, remarque la chose qui me sert de Wikipédia interne, seule fonction cognitive encore en service. Ces deux-là se connaissent bien. Ils ont partagé l'affiche d'une romance en costumes, *Miss Elizabeth*, il y a des années. Dont quelques scènes de sexe gentiment corsées.

Par-dessus l'épaule de son ex-partenaire, Ben Whyte me regarde sombrer.

Il articule « *Hello* », et me fait un clin d'œil.

...

Le homard est reparti intact en cuisine. Remplacé par un « Éclaté de veau au champagne », a dit le serveur. Ou un « Explosé de poule aux fraises ». J'ai pas vraiment suivi.

Les Docteurs se sont désintéressés de mon cas, ils se font la conversation par-dessus mon plat qui refroidit. En revanche, l'Autre Con, installé à la table des stars, en plein dans mon axe, a l'air au spectacle.

Il n'arrête pas de me sourire.

Non.

Il n'arrête pas d'essayer de ne pas rire.

Il dîne, il boit, il cause avec ses Semblables. Tout ça sans cesser de me mater. J'ai vérifié. Il n'y a personne derrière moi.

J'ai autant de mal à trier mes émotions que les couverts qu'on m'a attribués. Ça vient de lui, tout ça ? Tu vois, Marianne, il ne t'a pas oubliée. Il s'est commandé un petit attentat comique pour la soirée.

J'en peux plus, de ces conneries.

Il hausse un sourcil, montre discrètement son plat. Je lis sur ses lèvres. « C'est bon. Mange. »

J'ai l'impression de le regarder avec tout mon corps. L'échancrure de sa chemise. Le mouvement de son pouce, sur la courbe d'une flûte en cristal…

Ses cheveux ont poussé, ils s'emmêlent sur son front, s'aventurent au bord de ses oreilles, à la naissance de sa barbe. Il a de jolies dents blanches. À peine irrégulières, et…

… Est-ce qu'il vient juste de me dire que je suis « belle », par-dessus toute cette crème anglaise ?

Oh le con.

Je rafle un verre d'eau, sans parvenir à décrocher de ce numéro de charme clandestin.

Cul sec.

Mais…

J'ai QUELQUE CHOSE dans la bouche.

C'est visqueux…

C'est…

Oh mon Dieu… Ça BOUGE.

C'est VIVANT.

Mon poing s'abat sur la nappe.

Les assiettes tressautent. Les Docteurs se taisent. Les yeux de Ben Whyte s'agrandissent. C'était pas un verre d'eau, c'était la déco.

Six jolis petits bocaux, un devant chaque convive.

Cinq petits poissons colorés, qui tournicotent dedans.

Le sixième, lui, se trouve actuellement entre ma langue et mon palais.

Violent haut-le-cœur.

« Ça va ? demande Dix.

— Houi.

— Je peux vous aider ?

— Hon. »

Cracher. Oui, mais où ?

Les bavardages reprennent.

Je rafle une coupe vide.

… Qu'est-ce que tu fous, tu vas dégobiller un poisson en public ?

Un seul salut : la fuite. Et un point d'eau. Et vite. Ça frétille sur mes papilles.

Je me lève comme je peux, je contourne les tables en frôlant un serveur, son plateau, et la catastrophe.

Sitôt hors de la salle, je cavale comme une dératée. Les toilettes sont tout au fond, au bout d'un interminable couloir ouaté.

Je m'engouffre côté Ladies.

Même pas le temps d'atteindre le marbre des lavabos, la porte se rouvre aussitôt. « Peter ? Qu'est-ce qui se passe ? »

Devant moi, un miroir. Et le reflet d'un homme inquiet, hésitant sur le seuil.

J'envisage de me précipiter dans l'une des cabines qui ferment à clé, et de tirer la chasse d'eau sur la courte existence de mon squatter buccal, lequel est désormais en état d'urgence absolue… Ma peur du ridicule vaut-elle la vie d'un poisson ?

Je décide que non.

Nemo tombe au fond du verre à pied que j'ai piqué à table, avec un petit bruit mou.

C'est un machin à fines rayures jaune fluo, de la taille d'un demi-auriculaire. Son œil minuscule fixe le plafond, et peut-être l'éternité.

Je me rue sur un robinet, pour remplir mon aquarium de fortune.

Pendant deux secondes, il ne se passe rien. Et puis le miraculé se secoue, et entame un micro-tour de piste. Joyeux. Pépère. Détendu des nageoires.

Tu m'étonnes. Il a déjà tout oublié.

Quelle chance.

Lentement, je lève les yeux vers le miroir, redoutant ce que je vais y voir. Ma robe en déroute. Mes joues rougies par l'épreuve. La mine ahurie de Ben Whyte, dans mon dos.

« Mais non… »

Il fait un pas en avant, les sourcils frémissants.

« Mais c'est pas vrai… »

Et soudain, il s'écroule de rire.

« Un jour… »

Il en pleure. Les murs en tremblent.

« … tu vas finir… »

… une phrase, contrairement à toi ?

« … par me tuer. »

Dans un film, la réplique serait torride. Là, on taquine un autre genre d'orgasme. Non partagé. Mais alors, vraiment pas.

J'endure, mon cocktail de la mer toujours à la main. Émue jusqu'aux os. Rivée à sa présence. Il s'essuie les yeux, vert limpide, instable, rincé. Pourquoi on s'accroche à certains visages, plutôt qu'à d'autres ?

J'adore celui-là. Ses proportions, ses défauts, sa vigueur. La jeunesse et l'usure qui s'y combattent…

Ouais. Et « j'adore » me faire humilier dans les sanitaires, aussi.

« Peter… »

Peter, elle est tellement vénère que l'eau du poisson va bouillir.

« C'est toi qui m'as fait inviter, ce soir ?

— Oui, je…

— Pourquoi ?

— C'est évident, non ?

— Non. »

Dans le miroir, son reflet s'approche. J'ai pas dû être assez claire.

« Tu fais quoi, là ? C'est la suite de la blague ?

— Quelle blague ? Tu n'aimes pas ta surprise d'anniversaire ? »

Comment…

« Comment tu sais, pour mon anniversaire ?

— J'ai deviné. J'ai un don. Ça s'appelle les réseaux sociaux. »

Sa Grâce est allée sur ma page Facebook ?

« D'ailleurs… Pas très ressemblante, ta photo de profil. »

Sourire en biais, fossette narquoise.

Oh merde.

Ça m'était sorti de la tête. Je déteste Facebook. Je n'y vais jamais. Ma photo de profil n'a pas changé depuis des années.

Ma photo de profil, c'est lui.

Quelle abomination.

On regarde tous les deux barboter Polochon.

« Quand on m'a proposé ce dîner, j'ai pensé à toi. Au bibelot que j'ai cassé…

— Ouais. Le Tardis.

— Je sais. Je me suis dit que j'allais le remplacer. Par des Docteurs. Plein de Docteurs. »

Tout un lot.

« Et qu'est-ce que je suis censée en faire ? J'en choisis un et je le ramène pour décorer mes étagères ? »

Cette fois, c'est moi qui explose.

« Des Docteurs… Tu parles. Tu as fait exprès…

— Exprès… ?

— … de me lâcher en milieu hostile. Juste pour voir. Je suis quoi, un genre d'expérience ?

— Je ne t'ai pas forcée à venir, non plus… Ni à avaler un poisson. »

Je tire sur ma robe. Il suit le mouvement des yeux. Une veine bat dans son cou.

« Ça t'amuse, hein, de me voir me tortiller. De bien te foutre de ma gueule, une fois tous les mille ans, quand par hasard ça te prend. Mais tu sais quoi ? La prochaine fois que tu t'emmerdes, trouve-toi un autre clown. Je ne t'ai pas attendu tout ce temps juste pour… »

Pas ça. Tais-toi.

Trop tard.

« Tu m'as attendu… ?

— Non. Pas du tout. »

Un pas vers moi. Un de plus. À portée de chaleur.

« Tu as raison, tu sais… »

Il effleure mes doigts. Caresse mon poignet.

« Ça m'amuse. Beaucoup trop... »

Une pression douce, aussi exquise que son murmure, tout au bord de mon oreille.

« ... mais pas comme tu crois. »

Mes paupières sont lourdes.

Mon corps...

... se fait catapulter dans la cabine la plus proche.

Ben Whyte claque la porte avec le pied, tire le loquet.

Clac.

Enfermés ensemble.

Je me retourne tant bien que mal, aussi agitée du bocal que Bubulle ici présent, qui vient de perdre la moitié de son eau. Il me veut, là, tout de suite, dans les cabinets ?

Pas Bubulle, l'autre cinglé.

Et puis j'entends des pas, des voix, juste là où on se tenait l'instant d'avant.

« Je me sens toute desséchée.... Je peux emprunter ta *cold cream*, Steffie ?

— Dans mon sac. La petite poche... »

Zip.

« Merci. On étouffe, ici. »

Je ne vous le fais pas dire.

Ben Whyte paraît immense, dans un si petit endroit. Il prend toute la place.

On se dévisage. On n'a que ça à faire. Comme deux crétins dans un ascenseur. Sauf qu'on ne va nulle part. Ça monte quand même.

L'envie.

Ben Whyte me prend le verre à poisson des mains. Le pose avec des trésors de précaution sur l'abattant des toilettes.

« Steffie ? C'est quoi, tous ces gardes du corps dans les couloirs ?

— Un dîner, je crois. Avec des people. »

D'abord le pouce, puis l'index, et puis toute la paume. Sur ma joue. Le long de mon cou. Mon col dégringole. Sa bouche fond sur mon épaule. Je respire dans sa poitrine. J'embrasse sa chemise. Et puis il trouve l'élastique de mes Dim-up. Je glisse une cuisse fébrile entre les siennes.

Nos souffles s'écorchent en silence.

« Il paraît même qu'il y a Ben Whyte... »

Arrêt des jeux.

« Tu déconnes ? »

On échange un sourire entendu. Je pose un doigt sur ses lèvres. Il le lèche.

« Alors, celui-là... Où il veut, quand il veut ! Même ici, debout contre un mur ! »

Ben Whyte joue du sourcil, canaille. Il articule : « J'y vais ? » J'acquiesce, en désignant la porte.

Et on se jette l'un sur l'autre.

On ne les a même pas entendues ressortir.

On aurait pu se faire prendre. On aurait pu passer la nuit dans cette « salle de bains », comme disent pudiquement les Anglo-Saxons.

En tout cas, moi, j'aurais pu, à l'étroit contre lui, à rattraper des mois de famine. Mais il a fini par s'écarter tout vif, le col de travers, les yeux presque noirs :

« *Let's go to bed.* »

Au lit. Tout de suite. Tudieu, oui. Mais...

« Et le dîner ?

— Tu as envie d'y retourner ?

— Non. Et toi ?

— Rien à foutre. Alors on se tire, avant que tu gobes encore un copain de Wanda.

— Qui ?

— Ton poisson, Kevin. »

Je me suis abstenue de lui faire remarquer que dans *Un poisson nommé Wanda*, Kevin Kline, lui, fait exprès de bouffer le machin.

On est ressortis séparément. Il y est retourné, pour donner le change et prendre congé. Un employé du Savoy m'attendait dans le hall, avec mon sac, mon manteau, et une jolie petite bulle remplie d'eau.

Pour Wanda.

Mon nouvel animal domestique.

18

Les Autres

Dans la voiture, ça sentait l'hiver et la verveine. Enfoncée dans la banquette, j'ai gardé le nez sur la vitre froide. Dehors, une averse de neige fondue transformait Londres en brouillon pointilliste. La roue tremblante du London Eye, les paillettes des vitrines sur Piccadilly.

À mi-chemin, Ben Whyte m'a pris la main.

On s'est arrêtés dans une rue anonyme, derrière le Ritz. Le chauffeur a ouvert la portière, pile en face d'une entrée discrète. Sortie rapide. Poussée en silence dans un couloir de service, vers une volée de marches, guidée par l'habituel gang des oreillettes.

Pas de Carmine, mais un trio de types tout aussi intimidants en mode commando, spécial exfiltration otages.

Dans l'ascenseur, je me suis fait mordiller le cou, cajoler, décoiffer, comme si ces mecs n'étaient pas là. Comme s'ils étaient des meubles. J'ai risqué un œil gêné vers le plus proche, un géant à front bas, gueule d'ex-militaire, concentré sur le vide. Sans doute en train de se demander comment il était passé du service actif au service passif.

La garde ne s'est pas rapprochée jusqu'à l'intérieur de la suite. Sa suite. Son territoire. Un territoire d'emprunt, coquille de faste arrogant.

Et que je t'en fous, du coussinet à pompons et du rideau à glands, de la statuette fessue, du miroir à guirlandes et de la scène de chasse. Sous son manteau de marbre clair, un faux feu tremble dans la cheminée d'un vrai salon, plus grand que mon appart.

Il a balancé sa veste sur le canapé, ses chaussures n'importe où, et allumé une clope. Je ne risque pas de l'imiter. Peur de déclencher les détecteurs de fumée. D'ameuter la sécurité. De cramer les poils du tapis précieux sur lequel j'ose à peine exister.

« Tu veux un verre ? Tu as faim ?

— Non, merci. »

Les autres fois, c'était décousu. Impulsif. Presque accidentel. Ce soir, j'ai le temps de le voir venir, les yeux malins, la cigarette entre les dents. Aussi incongru que moi, dans cette bonbonnière de luxe pour antiquaires en surchauffe.

« Bon. Dans ce cas, Peter… »

Il écrase son mégot dans un ravissant vide-poches en faïence, qui tient plus de la pièce de musée que du cendrier.

Et il commence à déboutonner sa chemise.

…

« *Holy fucking mother of God!* »

Certes.

Rien de tel qu'un bon blasphème pour requinquer l'Anglo-Saxon en descente post-coïtale.

On est lovés sur le sofa, dans ce délicieux confort d'après, quand l'autre devient un cocon parfait. Son pouls cogne dur à ma tempe, ma jambe s'alourdit sur la sienne. Et ça sent tellement bon.

Je pense à Ana Clara, la madone des soutifs. À toutes les Ana Clara. À ce cinglé de Red Dump qui voulait m'échanger comme une carte Pokemon…

« Euh…

— Oui, Peter ? »

Comment dire ?

« Ça doit te faire bizarre… de coucher avec quelqu'un de normal. »

Je sens vibrer sa poitrine.

« Qui ça, toi ? Normale ? Sans vouloir te vexer, Peter, tu n'es pas…

— Non, mais, à force, les gens comme toi…

— C'est qui, les gens comme moi ?

— Ceux qui plaisent à tout le monde, tout le temps. Vous devez tous être blasés, non ? Rechercher des trucs toujours plus… »

Il frotte son nez contre mon crâne.

« Des trucs ? Je sens que ça va me plaire.

— Des trucs toujours plus forts…

— C'est-à-dire ?

— Bah… Les corps les plus parfaits… Les clubs les plus privés, les pratiques les plus dingues… Les orgies toutes les semaines… Les positions, euh, très… Vraiment très…

— Très quoi ?

— Mais j'en sais rien, justement… J'ai jamais essayé le tabouret tantrique ou l'horloge balte, moi… Donc… »

Là, j'ai carrément la joue qui tressaute, tellement il rigole en dessous.

« L'horloge balte ? Comment ça se passe ? C'est moi qui fais la grande aiguille ? Dans quel sens on tourne ?

— Aucune idée, je viens de l'inventer. Mais… Ou pire.

— Pire que l'horloge balte ? Tais-toi, tu m'excites. »

En effet, j'ai encore raté une occasion de la fermer. Il me serre un peu plus fort.

« Bien sûr que j'ai essayé “des trucs”, Peter. Forcément… Surtout au début. Toute cette attention, toutes ces tentations, ça fait un peu griller les circuits. Mais c'est pas le nombre de fantaisies ni la variété des acrobaties qui déterminent l'intérêt du moment. Crois-moi.

— Peut-être, mais quand même, ça doit être différent… avec les autres…

— Les autres ?

— Tes autres. Toutes celles que tu… Elles doivent être plus… »

… souples ? divines ? nombreuses ? baltes ?

Je vais où, là ?

Il me caresse le dos, soupire légèrement… et puis rien.

Très gênant.

Qu'est-ce que j'espérais ? Qu'il me susurre que je suis désormais la seule créature qu'il désire dans tout le règne animal ? Tout à coup, je me sens bien trop nue.

Je me redresse sur un coude, pour le regarder dans les yeux, petit sursaut d'orgueil : « Non, mais rien. Je comprends... Moi aussi, j'en ai d'autres. »

Pas du tout ridicule. Ni puéril.

Cela dit, je ne mens pas tout à fait. Il faudra juste que je pense à faire signer une attestation à Fidel.

« *Others?* » Sifflante insistance sur le pluriel. Il se penche pour récupérer une clope dans son paquet, sur la table basse. Et, avec la première bouffée : « Ah bon. Tant mieux pour toi. »

...

Le matin n'est plus très loin. Contrairement à sa chambre, qui pourrait aussi bien se trouver à Douvres, vu le temps qu'on met à l'atteindre.

C'est difficile d'avancer sans se toucher. S'empoigner. Même pour quelques mètres. Le couloir le plus long. On valse, bouche à bouche. Je tombe à ses genoux, il me tire les cheveux. Je le fais gémir. Fléchir contre le mur. Son poing heurte les lambris. Il perd la tête, l'équilibre. Le sol nous percute... Et soudain, tout ralentit. On se mélange avec moins de hâte. On se dissout dans une ferveur attentive, presque minutieuse. On s'offre des rondeurs inédites. Des voluptés lentes, sinueuses, torturantes.

Tendres.

Sa voix érafle ma peau.

« *God, I missed you...* »

J'ai dû mal entendre.

...

À mon réveil, je suis toute seule au fond d'un énorme plumard. Tirée des limbes par la rumeur d'une conversation, dans la pièce à côté. Quelqu'un téléphone, et ce n'est pas Ben Whyte.

Tout de suite après, on frappe discrètement, toc, toc, toc.

J'ignore l'heure qu'il est. Où se trouve mon sac. Mon manteau. Ma robe. Mon téléphone. Mon poisson. Je ne porte, en tout et pour tout, qu'un seul Dim-up filé. Ah non, pardon. Complètement déchiré. Et un quidam est planté juste derrière la porte.

C'est l'extase.

Trois coups à nouveau, un brin plus fort.

« *Hello?* »

Voilà qu'il appelle. J'envisage de me cacher entre le matelas et le sommier. On me retrouverait dans quelques jours.

Grâce à l'odeur.

« *Excuse me? Marion?* »

Non, pas Marion. Et si je pouvais, pas Marianne non plus. Enfouie dans la plume d'oie, je me résous à émettre un ultrason.

« Oui ? »

En plus, il a une ouïe de chauve-souris :

« Bonjour... Je vais vous faire passer vos affaires. Le petit-déjeuner est dans le salon, la salle de bains est sur votre gauche... »

Merci, impossible de la louper, on dirait l'entrée de la cathédrale de Salisbury.

« … Mais surtout, prenez votre temps. À tout à l'heure. »

Le timbre est voilé, chaleureux. Même accent que Ben Whyte. La porte s'entrouvre, une main fine glisse sur la chaise toute proche ma robe, soigneusement pliée, et deux jolies boîtes en carton.

Je déballe une pile de fringues neuves.

C'est quoi, ce numéro à la *Pretty Woman* – tu couches, tu refais ta garde-robe ? Il est parti sans me réveiller, mais il me fait livrer des fringues, avec ses compliments. Et me laisse seule avec son poteau des antipodes.

Je me suis ébouillantée sous une douche à jets multiples, sans doute conçue pour n'obéir qu'aux riches, j'ai enfilé un jean et un pull trop grands…

Et j'ai rencontré Martin.

Aussi affable que difficile à regarder.

L'assistant personnel de Ben Whyte a la moitié du visage brûlé. Toute une chair cicatricielle rose vif, qui grignote son œil droit et fait bouillir sa joue. Un désastre d'autant plus poignant que le reste est d'une finesse remarquable. Une paupière de biche, ourlée de longs cils, un nez ciselé, intact. Une statue délicate, en train de sombrer dans le magma.

Ce type, c'est Pompéi en blond.

Et quel étrange boulot. Je note les rendez-vous, je fais les courses, je rhabille les petites maîtresses. J'ai beau savoir qu'il est payé pour ça, j'aime bien son sourire, cette grâce épargnée par la fureur du Vésuve.

« Ben regrette, il avait une obligation, tôt ce matin. »

Du coup, il a refilé « Marion » à Martin. Comme si ce garçon n'avait pas assez souffert.

« Il ne repassera pas. Il quitte Londres aujourd'hui, donc… »

… mes services ne sont plus requis. Mais j'ai gagné un pull de consolation.

Je récupère Wanda qui navigue toujours dans sa poche d'eau, oubliée sur un guéridon, et me dirige vers la sortie.

« Attendez. J'ai quelque chose pour vous, Marion.

— Marianne.

— Pardon. Ben vous appelle tout le temps "Peter", alors… »

Comment ça, il m'appelle « tout le temps » ?

Martin farfouille dans un grand sac en papier : « Il m'a demandé de vous remettre ceci. »

Et il me tend un téléphone portable.

…

Je comprends enfin les primates de *2001, l'Odyssée de l'espace*. Tu es là, peinard, velu, à t'épouiller comme un lundi, quand tout à coup un objet inconnu et rectangulaire tombe du ciel. Un parpaing métaphysique dans ta gueule. J'ai une attaque à chaque fois que mes yeux se posent sur l'iPhone, ma version du monolithe de Stanley Kubrick (modèle de voyage), posée sur la tablette devant moi, dans l'Eurostar.

L'autre primate, c'est Jean, assis à côté, encore plus énervé que d'habitude :

« Rappelle-toi quand même que c'est juste une bonne histoire de cul.

— Oui, mais alors très, très bonne. »

Serge nous fait les gros yeux. La dame qui complète notre carré tressaille et pique du nez sur le magazine dont elle ne tourne plus les pages depuis une demi-heure.

Martin m'a bien expliqué le principe. Le Monolithe est à l'épreuve de tout. Les pirates informatiques, les balles, les sucs digestifs. Il contient une ligne ultra-sécurisée. Un seul numéro, à ne communiquer à personne d'autre. Jamais.

Je me demande ce qui se passera si je désobéis. Guantanamo ? La damnation éternelle ? Bref, grâce au fabuleux gadget, je peux désormais joindre l'Homme en direct.

« Tu parles. Il t'a filé ça pour pouvoir te siffler quand ça lui prend. Si ça lui reprend un jour. »

Jean se masse le front. Depuis toujours, il a une dent contre les mecs « à risque ». Les miens, en particulier... « Vous ne vous connaissez même pas. Qu'est-ce que tu sais de lui, qui n'est pas dans le journal ou dans un film ? »

La dame a les oreilles qui enflent. Je veux filer une bourrade à Jean, mais Serge est plus rapide.

« Aïe, putain. Ouais, bon. Mais sinon, il t'a déjà posé la moindre question sur toi ? Et toi, est-ce que tu as une vague idée de sa vie ? De ses manies, ses défauts ? De ce qu'il aime faire ? »

Je ricane. C'est plus fort que moi.

« Mais je ne te parle pas de ce qu'il aime faire au pieu, bougre d'âne ! C'est pas un foutu téléphone qui... »

Tout à coup, comme si elle avait compris qu'on parlait d'elle, la Chose se met à sonner. Autour de la table, tout le monde tressaille, même la dame.

C'est tout juste si je ne me mets pas une claque en prenant l'appel.

« Hey, Peter… Toujours à Londres ? »

J'ai l'impression d'être branchée sur la bande-son d'un film. La réalité s'éparpille encore. D'un côté, cette voix profonde, incomparable, ce grand fleuve qui nous a tous portés de la source à l'estuaire de tant d'histoires. De l'autre… c'est juste une conversation. Banale. Un peu gênée.

« Non, dans le train…

— Et moi dans l'avion… On va bientôt décoller. »

Un silence.

« Tu t'es endormie d'un coup, cette nuit. Pendant que… En plein… *fuck*… »

J'ai bien compris son usage enthousiaste et généreux du mot, en toutes circonstances. Mais là, j'aimerais savoir si c'est un simple juron, un brin d'embarras, ou bien s'il vient de me dire avec le tact d'une taulière de lupanar que j'ai perdu conscience « en plein *fuck* », juste avant l'aube. La fatigue lestait mes jambes, les soudait aux siennes. Tout était si lent, si douillet, que le sommeil m'a cueillie avant le plaisir.

« Oui… je sais. C'était…

— … *very sweet.*

— Pour moi aussi. Euh, pas de m'endormir, mais de… euh… »

Fuck.

J'entends presque son amusement. Du coup, je relance :

« Et… c'est pour quoi faire, le téléphone ?

— Je ne sais pas… Peut-être (grincements aigus)… Je reviens en Europe dans deux semaines, pour (friture intense)… J'aimerais beaucoup te… »

Et fin.

Même un smartphone de star ne peut rien contre un bon vieux problème d'antenne-relais. Jean me considère sans rien dire, Serge lève le pouce, et le poisson nommé Wanda s'en fout.

Il n'a pas fini de tourner en rond, lui non plus.

19

La La Land

Deux heures du matin, aux Fleurs de Pékin.

Le dernier resto encore ouvert dans tout le quartier.

Pour l'instant, on est les seuls clients, entre deux bouddhas écaillés et un serveur tellement crevé qu'il ne ferait pas la différence entre une star et un rouleau de printemps.

Mais si d'autres gens se pointent ? Hé, visez un peu qui est assis là, de l'autre côté des bouteilles de nuoc-mam…

Oui, c'est bien lui.

Ben Whyte.

Appelez vos potes. La presse. Les curieux. Les zombies.

Arrête tes conneries.

Même moi, j'ai eu du mal à le reconnaître, quand il a débarqué dans ma piaule au début de la soirée.

Lunettes de myope. Cheveux teints en noir, tranchant son front pâle. Rasé de frais, rajeuni. Malgré le col roulé, le caban et les gants de cuir, il m'a paru très nu.

J'ai voulu demander pourquoi – un rôle, une lubie ? –, mais l'étranger aux joues lisses, toutes patinées d'hiver, ne m'en a pas laissé le temps. À peine celui d'ouvrir la porte, et les bras.

« *Hey…* »

Trois points, c'est tout. Croquant, pressant, pressé. Il a remplacé mes vêtements par son odeur. J'ai troqué le souvenir abrasif de sa barbe contre des douceurs inédites.

Une délicieuse éternité plus tard, on n'avait toujours pas échangé deux mots. Des bribes de questions filtraient entre les mailles de ma béatitude. Comment un truc pareil peut-il me tomber dessus ? Et pourquoi diable m'a-t-il rappelée, deux semaines après Londres, juste pour revenir s'enfermer ici de son plein gré ?

… Parce que ça le change de l'extraordinaire.

J'ai pensé à Marie-Antoinette. La reine qui jouait à la bergère chaque fois qu'elle s'emmerdait. Enlève huit kilos de perruque, bonjour Ben Whyte.

Autres temps, même caprice.

Tu peux te repaître de sa chaleur, mais n'oublie pas : tu n'es qu'un mouton de plus pour Sa Royale Bergerie. Tu vas finir à la broche.

La preuve, je rôtissais déjà sous son regard intense et flou, nez contre nez.

« Peter…

— Oui ?

— C'est peut-être pas le moment, mais… »

L'air ému de celui qui cherche ses mots… J'ai failli avoir une syncope. La lucidité est un talent rare.

« J'ai faim. »

Ah.

Il s'est levé d'un coup de reins, très déterminé.

« Je me douche et on y va ?

— Dehors ?

— Non, dans ton placard. Évidemment, dehors. On trouvera bien un endroit… J'ai renvoyé la bagnole. Ça te tente, une petite balade ? »

Autant qu'un concours de crachats avec des skinheads.

Je l'ai suivi jusqu'à la salle de bains, je l'ai observé régler la température, passer sous le jet vaporeux, comme chez lui.

« Mais… Et Carmine ? Et les autres ?

— Dégagés, eux aussi. Pourquoi, ils te manquent ? »

Pas encore. En revanche, une fois dans la rue… Même aussi tard, il suffirait d'un passant, d'une photo volée…

Notre truc, quel qu'il soit, n'est pas un sport d'extérieur. Mais…

« J'ai des pâtes ! »

Jamais je n'aurais cru proclamer ça un jour à un sex-symbol mondial. Encore moins avec autant d'enthousiasme. Il s'est incliné, somptueux, savonneux, et m'a pincé la joue.

« Non merci. J'ai envie de prendre l'air. »

…

À la radio, Shakira se démène pour remplir les Fleurs de Pékin de vocalises en espagnol. Cette bruyante collision culturelle – autant filer des maracas à Confucius – a au moins le mérite de meubler un peu le repas.

Parce que là, c'est le vide polaire. Vingt degrés en dessous de la gêne. Rien à se dire. Rien en commun, à part nos baguettes.

Le désir ne se mange pas en salade. Avec ou sans nems.

On n'était pourtant pas trop mal partis. Dans l'ascenseur, il m'a collée si fort contre la rangée de boutons d'appel qu'on s'est arrêtés à tous les étages. Ça l'a fait marrer. Moi, beaucoup moins. C'est la première fois que j'ai peur des voisins.

En passant le porche, n'y tenant plus, j'ai voulu lui prêter mon bonnet. Remonter lui chercher des lunettes de soleil. Il s'est retourné, noir et blanc sous la lumière abrupte du réverbère : « Ça va, Peter. Pas besoin de camouflage. Quand personne ne s'attend à te voir, personne ne te voit. Ça marche presque à tous les coups. »

Comment ça, « presque » ?

À ses côtés, la rue déserte ressemblait à l'un de ces rêves funambules, tendus entre l'émerveillement et le cauchemar. Il m'a pris la main et j'ai suivi, en redoutant la chute. L'air sentait la neige, le bitume venait cirer chacun de nos pas. On a avancé un peu au hasard, vers le canal de l'Ourcq.

Il guettait les rares enseignes encore allumées. « Et là, c'est quoi ? Ah non, c'est fermé. » Moi, je guettais tout le reste. Incapable de savourer cette séquence irréelle le long du quai, au bord de l'eau noire lustrée de gel. Trop tendue pour jouir de nos frôlements emmitouflés.

Quai de Loire, à la hauteur du cinéma, un type à la barbe tressée de perles et de petits nids crasseux est venu nous demander une clope. Je me suis écartée d'un bond.

Ben Whyte lui a filé son paquet de Dunhill.

« Ah, t'es un prince, toi ! Que Dieu vous bénisse, avec ta femme, là. Qu'Il féconde votre amour ! »

… Hein ?

On est repartis, sous d'autres hourras natalistes.

« Qu'est-ce qu'il a dit ?

— Euh, rien. Il est… content. »

Ça devenait intenable. En plus d'être sibérien.

« Tu grelottes… Viens là. »

Il a ouvert un pan de son caban, pour me faire une place au chaud. Impossible de marcher au même rythme, coincée sous son bras comme une béquille trop courte.

Mais le pire, c'étaient nos tentatives de conversation.

« Tu es née ici ?

— Non, à Aix-en-Provence.

— Ah.

— Tu connais ?

— Non.

— Ah. »

Plus loin, je tente à mon tour :

« Tu fais ça souvent ?

— Quoi ?

— Te balader incognito.

— Quand je peux.

— Ah. »

J'ai récidivé en entrant aux Fleurs de Pékin :

« Et... Tu connais la cuisine chinoise ?

— Moi ? Non. Je viens juste d'arriver sur cette planète. C'est mon premier repas humain. »

Bon. Depuis, je me concentre sur mes raviolis vapeur.

Shakira entame allègrement son refrain en anglais.

I'm addicted to you...

Et puis je craque.

« Qu'est-ce qu'on fait, là ? Pourquoi tu es revenu ? »

Je vois un sourire monter jusqu'aux yeux, derrière les lunettes de super-miro. Il lève un index, comme s'il désignait l'air autour de nous. Et reprend Shakira, en playback :

I'm addicted to you...

Je mets un certain temps à réaliser ce qu'il vient de me déclarer, par pop interposée.

« Je suis accro à toi. »

...

« D'accord. Je veux jouer, moi aussi. C'est mon tour. »

... dis-je, la bouche pleine et l'âme pantelante.

« Ton tour ?

— Oui... de te dire des trucs avec une chanson. La prochaine, elle est pour toi.

— OK, Peter. Si tu veux. »

Il tend la main, m'effleure la bouche, je trouve le geste torride, jusqu'à ce qu'il me grattouille une dent : « Tu as du vert, là. »

Le temps de m'en remettre, le morceau suivant est déjà bien entamé, et Bruno Mars couine de concupiscence :

Your sex takes me to paradise,

Your sex takes me to paradise…

Je fixe Ben Whyte. On écoute. Puis il dit : « Merci beaucoup. Je fais de mon mieux. »

Et on éclate de rire.

…

« Je te jure… Concert privé, premier rang, impossible de se tirer. Le piège. J'aurais préféré me crever les tympans.

— Pauvres Jonas Brothers.

— Pourquoi je te raconte ça, moi ? Si jamais tu le répètes, même à tes potes, là, le grand maigre et le petit gros en slip de l'autre fois, je t'oblige à écouter en boucle toute la discographie de ces “pauvres” Jonas Brothers.

— Serge n'est pas gros. »

On a passé tout le chemin du retour à dégommer la variété mondiale, une vraie playlist de la haine. On en a même oublié de se toucher. Mais pas de ricaner comme des ados malveillants, en se jetant des noms à la tête dans le froid nocturne. J'ai taillé un short à Rihanna, il a rhabillé Elton John pour l'hiver : « Bien sûr que le mec est unique… C'est le seul dinosaure qui miaule. »

Pour le faire taire, j'ai fini par lui brailler *Goodbye Yellow Brick Road.* En pleine figure. En pleine rue.

Une paume gantée de cuir, sur ma bouche.

« Je croyais que tu avais peur qu'on nous remarque, Elton.

— Honfoutchpotojohn…

— Hein ?

— J'ai dit, on ne touche pas à Elton John. »

Ainsi a-t-on rejoint l'abri de ma couette, presque sans s'en apercevoir, d'Ed Sheeran, qui fait consensus (rien à battre), à Taylor Swift, qui fait débat :

« Moi, ça me donne envie de sauter partout.

— Et moi de me coucher par terre, Peter. En attendant les vautours.

— Sur quoi tu aimes danser, alors ?

— Sur rien. J'aime pas danser. Et je ne chante pas non plus, ou alors très faux. Arrête de rire, c'est terrible. Vraiment. J'ai même refusé un rôle dans *Les Misérables*, figure-toi.

— Cosette ?

— Bien sûr, qui d'autre ? Colin voulait même que je prenne un coach vocal… Tu vois, j'ai jamais eu peur de bosser, j'ai appris des tonnes de trucs absurdes, me retourner sur un cheval au galop, démonter une mitrailleuse, baiser la tête en bas… »

Attends, quoi ? Dans quel film ? Comment j'ai pu passer à côté ?

« … et même m'extraire sans doublure d'une bagnole en flammes. Mais chanter… Des mois d'efforts, pour que la planète entière se foute de ma gueule ? Jamais.

— Je t'ai déjà entendu fredonner…

— Crois-moi, si j'avais donné ma pleine puissance, tes oreilles saigneraient encore.

— Mais ta voix…

— Qu'est-ce qu'elle a, ma voix ?

— Elle est sex... euh, belle.

— Ah ouais ? Tu veux vérifier ? »

Il m'a fait rouler sur le lit, lourd et léger, les lunettes au bout du nez, l'air diabolique. J'ai tiré sa manche :

« Je prends le risque. Chante-moi... *Yesterday.*

— Ah non, pas les Beatles.

— Pourquoi ? »

Attention à ce que tu vas dire. Mon affection régressive pour Elton John, c'est du pipi de mulot à côté de ce que je ressens pour les Beatles. Là, on s'en prend à Dieu.

Fois quatre.

« Parce que je veux bien me ridiculiser, mais pas à ce point.

— C'est-à-dire ? »

Dernière station avant le blasphème.

« C'est-à-dire, Peter, qu'ils sont déjà assez niais tout seuls sans que je m'en mêle. »

Et d'aggraver son cas :

« Quand je pense qu'on les compare aux Rolling Stones... »

Toujours ce vieux duel moisi.

Je le désarçonne, on se chiffonne, on se balance des clichés tellement frelatés qu'un critique rock en ferait un choc toxique. Chaque argument de l'autre nous arrache des bordées d'indignation. Et quelques fringues. Avec lui, même la mauvaise foi est une zone érogène.

Et que les Beatles, c'est juste un boys band surestimé. Et que c'est trop gentil, trop sucré.

Et un pull en moins. Le sien.

Et que les Stones, c'est mieux, peut-être ? Des faux rebelles, cinquante ans de braillements prétentieux.

Et un pull en moins. Le mien.

Ah ouais, et *Wild Horses* ? Et *Brown Sugar* ? Du rock, du vrai, Peter. Pas de la soupe pour fillettes.

Le ton monte.

Abbey Road, de la soupe pour fillettes ?

Tant pis pour son T-shirt.

Il est coriace, ce coton. Le gaillard, encore plus. Le front barré d'épis gitans, le jean entrouvert sous son nombril parfait. L'air moitié agacé, moitié allumé. Entièrement excitant.

Je me retrouve à genoux sur le lit, vêtue de mon seul courroux :

« Enfin, merde, on n'a pas le droit de cracher sur *Penny Lane, Let it Be*, ou même, je sais pas… *Your Mother Should Know*…

— Quoi, ma mère ?

— Quoi, ta mère ? Qu'est-ce qu'elle vient faire là-dedans ? Elle déteste les Beatles, elle aussi ? »

Tout à coup, rien ne va plus. Sa main dégage de ma joue. On dirait une baffe à l'envers.

Tout à coup, j'ai un putain de guerrier maori dans ma couette.

« Non, elle est morte. »

Merde. C'est vrai.

Your Mother Should Know : « Ta mère devrait le savoir. »

Périls et conséquences du malentendu, dans la langue de Liverpool.

« T'as pas fait tes devoirs, avant de me rencontrer ? C'est pas très pro, ça, Peter.

— Non, mais… Je le savais, j'ai juste eu… »

Une absence tragique.

« Pardon.

— Pourquoi tu t'excuses ? C'est pas toi qui l'as tuée. C'est un bus. Sur Ascot Road, à Mangere. Le trou du cul d'Auckland où on habitait. Comme quoi, faut toujours regarder en traversant.

— Je suis vraiment désolée, je suis…

— Va voir sur Google, si ça t'amuse. Tout y est. Vraiment tout. Ah quel malheur, et vous savez quoi, encore mieux : il n'avait que douze ans, le pauvre petit. Apparemment, c'est très vendeur. Ça te pimente une biographie comme rien d'autre.

— Mais…

— Tu trouves ça excitant, toi, une femme de ménage qui se fait écraser parce qu'elle est trop crevée pour faire attention ? Un tabloïd anglais est allé jusqu'à retrouver une photo de moi à l'enterrement. Devant le cercueil. Je ne savais même pas qu'elle existait. Ça, c'est de l'investigation. Tu fais un beau métier, Marianne Corvo. »

Elle est célèbre, cette image. Un petit garçon pâle, mal cadré, bien peigné, qui tient la main d'un mec. Pas son père. À l'époque, ledit géniteur, Joe, avait déjà disparu en Australie. Tout le monde connaît cette histoire.

La triste complainte de Ben Whyte.

Je le touche prudemment : « Violer la vie privée des gens, ce n'est pas un métier. Pas le mien, en tout cas… »

Complètement ailleurs – à Mangere, « trou du cul d'Auckland » ? –, il se laisse caresser le bout des doigts.

« Ta mère, elle s'appelait Elizabeth, non ?

— Lizzie. Ou Liz.

— Ah ? D'accord. Mais… En fait, *Your Mother Should Know*, c'est juste… c'est le titre d'une chanson.

— Oh. »

Silence monumental.

« Connais pas. »

Puis :

« J'ai l'air bien con, maintenant. »

Non, mon ami. Tu as l'air perdu. Un instant seulement, avant de me balancer le sourire le plus faux de toute ta carrière de menteur : « Bon. On n'avait pas dit que je devais chanter ? Tu vas l'avoir, ton petit concert privé. Veinarde. Et comme je préfère les Stones… »

À vrai dire, j'ai deux bonnes raisons de ne pas reconnaître tout de suite *Sympathy for the Devil.* La première, c'est qu'il n'a pas menti. Il est mélodieux comme un gond rouillé.

La seconde, c'est que je m'en fous.

« *Please allow me…* » souffle-t-il dans ma nuque, en me démontrant bien d'autres talents.

La neige vient d'arriver, bien avant le matin. Son ondoiement fragile, contre ma fenêtre, tombe dans l'ambiance musicale comme un papillon dans un hachoir à viande.

GRHOOOOMMHHH…

« … à Satan…

— Hein ?

— Je dis, la chanson est une invocation à Satan…

— Ah… Eh bien moi, à la place de Satan, je me mettrais sur messagerie : “Votre Seigneur des Ténèbres est actuellement indisponible. Merci de bien vouloir fermer vos g… »

HHEUUURRLLHHH…

On se dispute les commandes de Spotify depuis… je ne sais plus. Je sais juste que c'est son tour, et qu'il a poussé le volume au maximum. Le groupe s'appelle Toxic Shit. Apparemment, c'est à la pointe (chauffée à blanc) du death metal actuel. Pour compléter ma formation, après d'autres enivrantes découvertes, telles que Paranoid Specuulum, ou encore Anal Donkey Fuck.

On n'est pas couchés. Surtout que…

BLAM, BLAM, BLAM.

« NOM DE DIEU, c'est plus possible ! J'appelle les flics ! »

Ce n'est pas Toxic Shit. Ni Satan. C'est un représentant de l'espèce chatouilleuse du tympan, plus connue sous le nom de Voisin.

Je les avais oubliés, ceux-là.

Ils sont trois sur le palier. Le type de l'étage au-dessus, qui fulmine dans son peignoir. Le timide d'en face, gêné, en doudoune. Et madame Kerfouët assure les arrières, vêtue d'une nouvelle aberration nocturne, la version hivernale en pilou nuageux.

Ils sont trois, mais leurs cernes sont légion.

« Vous êtes malade ! » hurle Peignoir. « Je vais vous signaler au syndic », pilonne Pilou. « Moi, je partais bosser, de toute façon… » murmure Timide.

Derrière, la musique s'arrête. Les regards enquêtent par-dessus ma tête, dans le mince espace entrouvert.

« Et en plus, vous n'êtes pas seule. » Madame Kerfouët, qui me soupçonne déjà de complot terroriste, nourrit désormais de terribles doutes sur ma moralité.

C'est là que Ben Whyte commence à me caresser. Invisible depuis le palier, mais quand même. Je le sens frémir, et rire en silence contre mon dos.

J'en claque quasiment la porte au nez du trio de plaignants.

Personne n'a appelé la police.

On a dormi jusqu'au milieu de l'après-midi, au bord de la pénombre suivante. Je m'étais assoupie dans ses bras, j'émerge étalée en travers du lit.

Toute seule.

La flemme d'ouvrir les yeux. Je creuse dans l'oreiller, avide d'oubli, quand j'entends : « Ah, putain ! » Suivi d'un sifflement moins humain, entre geyser et robot bourré.

Non seulement il est encore là, mais en plus, il vient d'installer le percolateur dans le coin cuisine. Ça clignote, c'est en train de faire du café, ça commence à embaumer.

Dehors, il neige toujours.

« Ah, tu es réveillée ? Je ne comprends pas. J'ai souvent travaillé dans des bars. C'est loin, maintenant, mais… Des percolateurs, j'en ai manipulé tellement que je pourrais encore faire ça en dormant. Qu'est-ce qui lui prend, à celui-là ? »

Je le rejoins et me penche sur la machine.

« Bah, rien… il marche.

— Pas du tout, regarde dans la tasse. On dirait du mazout… Quelle merde ! »

Le percolateur est une bête susceptible. Quand lui fâché, lui toujours cracher. Un jet de vapeur, en plein dans ma gueule.

…

C'est un jeudi soir de décembre, et les cils de Ben Whyte me chatouillent la joue. Celle qui n'est pas enduite de pommade.

« La Malédiction du café. Incroyable. Chaque fois… Arrête d'y toucher.

— Mais j'ai même plus mal. Je vais…

— Rien du tout. Tu restes là. Faut que ça pénètre. »

Rires idiots.

Il fait sombre, maintenant, mais personne ne s'est levé pour allumer. Son téléphone est resté branché sur mes enceintes, et une compilation des Stones tourne en sourdine depuis Dieu sait quand. Pour la énième fois, Mick Jagger nous recommande de ne pas jouer avec le feu. Il menace, embusqué dans les vibrations séductrices de la guitare et de la harpe.

Je ne veux pas relancer la polémique, mais c'est plus fort que moi :

« Quel faux-cul…

— Qui ?

— Mick. Non mais, cette chanson : “Ah que je suis un voyou, ouh que je suis dangereux, attention, tu vas pleurer ta mère”... »

Pitié, non.

« Euh... Pas la tienne, hein, celle de...

— C’est bon, Peter. J’ai compris. Je ne suis pas con à ce point. On écoute autre chose ? De toute façon, ce titre m’évoque de sales souvenirs. »

Play with Fire.

Il a couché avec un pyromane ? Ce genre d’allusion me met toujours mal à l’aise. Je ne sais jamais si on m’invite à creuser le sujet ou à en changer dare-dare. Mais je me sens tellement bienvenue sur son corps, reine intérimaire d’un formidable territoire, que je me risque à l’indiscrétion.

« Quels souvenirs ?

— Tu as vu Martin, je crois... Martin Finley. À quoi il ressemble.

— Ton assistant ? Oui...

— C’est pas vraiment mon assistant. Enfin, si... Mais c’est surtout un ami. Depuis toujours.

— Et maintenant, il travaille pour toi ? Ça doit...

— Il a besoin de bosser. On n’a pas fait d’études, ni l’un ni l’autre, mais lui, il n’a vraiment pas eu le choix. À cause de ça. Ses brûlures. Les séjours à l’hosto, les opérations....

— Qu’est-ce qui lui est arrivé ?

— Une connerie, l’été de nos huit ans. »

Il se redresse un peu, effleure ma joue blessée.

« Au début des vacances, la banque a saisi une maison de notre quartier. Tellement délabrée qu’elle tenait à peine debout, mais encore trop chère pour ses habitants. C'était une famille de Maoris. Je me rappelle bien, surtout la mère, parce qu'elle était costaud, elle parlait très fort, et elle cumulait deux boulots, comme la mienne. Enfin, bon. Du jour au lendemain, tout le monde dehors.

— C'est dégueulasse.

— Oui. Mais sur le moment, avec Martin, on s'en foutait. On voyait juste que c'était vide. Tu imagines le terrain de jeu ? »

Pas vraiment. À huit ans, j'avais peur de ma propre chambre.

« Comme personne ne nous surveillait jamais, on a commencé à y passer tout notre temps. L'école était finie, on n'avait que ça à faire... Au début, on s'est contentés de traîner autour. C'était plein de vieux trucs, des déchets rouillés, des roues de vélo, des pièces de moteur... »

Je préfère ne pas me demander s'il a souvent raconté cette histoire. La réponse pourrait me faire peur.

« Au bout d'une semaine, peut-être deux, je ne sais plus, on s'est un peu lassés du jardin. La baraque était à peine verrouillée, on a réussi à ouvrir la porte à coups de pieds. J'y suis allé le premier. Ça puait la mort, là-dedans. On n'y voyait rien, on aurait dit que les murs avaient faim. Qu'ils voulaient te bouffer. J'ai tenu dix secondes... Mais le lendemain, je me suis forcé à recommencer. Et le jour suivant, et celui d'après... C'est Martin qui a eu l'idée des bougies. Pour me suivre. Pour explorer. Comme dans un de ces putains de films qu'on aimait, *Indiana Jones*, *Les Goonies*… »

J'épouse le mouvement de sa respiration. J'attends.

J'attends encore.

Et je comprends que c'est tout pour aujourd'hui. Deux gosses, une ruine, des bougies. Facile de déduire la suite.

« Après, les pompiers ont osé dire qu'on avait eu de la chance. Bref. On y retourne, ce soir, dans ton resto chinois ? »

…

« … Pas du tout en état de travailler… Le Covid ? Ah, peut-être… C'est vrai que j'ai de la température, et… »

… une voix à dicter mon testament ? Je serais VTT, à l'autre bout du fil, je me filerais d'urgence l'extrême-onction.

« Donc, je suis clouée au lit… »

Enfin une quasi-vérité.

Assis par terre, Ben Whyte a cessé d'inspecter mon étagère de vinyles, pour me reluquer d'un air goguenard. Alors que tout ça, c'est de sa faute. RTT rime peut-être avec VTT, mais pas avec vendredi. Jour de remise des articles.

Comment aurais-je pu me douter que mon visiteur serait encore ici ? Or non seulement il s'attarde, mais le cycle s'installe : resto de nuit, retour chez moi, siestes, re-siestes…

Et livraisons farfelues à n'importe quelle heure.

Depuis son arrivée, il s'est fait apporter des fringues de rechange, un rasoir, de la bouffe (l'équivalent de deux brunchs de palace), des fraises, des clopes, et même, pas plus tard que ce matin, un percolateur flambant neuf pour remplacer l'autre. Tout ça en moins de trois jours.

J'ai l'impression de tenir un relais-colis.

Bref, on est au bord de l'habitude. Je l'ai même vu contourner d'instinct la planche de parquet qui craque, à droite de mon lit.

C'est quoi, ce « on » qui s'incruste dans ma tête ?

« On » se cherche et « on » se marre sous la couette. « On » sait où, et comment se toucher. « On » ne parle pas de son « actualité », comme on dit dans les rédactions, ni de l'ombre immense qu'il projette sur tous les écrans du monde.

Et surtout, « On » n'évoque pas son départ.

Je prends congé de VTT comme si c'était la dernière fois, adieux auxquels il répond avec une émotion très contenue : « Ouais, ouais. À plus tard. »

Et Ben Whyte rigole.

« J'adore t'entendre parler français. Mais bon Dieu… Peter, tu mens comme je chante. On n'a même pas besoin de comprendre la langue pour le savoir.

— Ah bon ? Tu crois que mon chef se doute de quelque chose ? »

Il m'attrape par les mollets et me fait basculer sur lui.

« Je crois que si tu avais dit "je vais glander comme jamais", ça lui aurait semblé moins suspect. Tu es belle à crever, mais… »

QUOI ?

« … tu es la pire comédienne de l'univers… Tu serais foutue de rater le casting d'un spectacle scolaire. »

Je suis QUOI ?

« Peter ? »

Belle. À crever. Paf, raide mort.

Marianne fatale.

« Je t'ai vexée ?

— Qui, moi ? Ah non, pas du tout. Je n'ai jamais rêvé d'être actrice, merci bien, quelle vie de cinglés. Il faut vraiment avoir un ego de… »

Un blanc.

« … Pardon.

— Y a pas de mal. Crois-moi, j'en ai jamais rêvé non plus. Pas eu le temps. »

Mais bien sûr. Ça fait presque vingt ans que tu es perché par hasard au sommet du box-office.

« Tu aurais voulu faire quoi, alors ?

— J'en sais rien, j'ai oublié. Et toi ? Chasseuse de vinyles ? Tu as une sacrée collection…

— Je voulais écrire.

— Eh bien, bravo. Mission accomplie.

— Non, mais pas des articles… Des romans.

— Oh. Et… ?

— Et rien. »

Plutôt bouffer mon clavier que de parler à Ben Whyte de mes efforts littéraires. Et de Benedict, son double maléfique délavé à l'eau de rose.

Il examine mon 33-tours de Cream – *Wheels of Fire* – déniché récemment aux puces de Montreuil, un miracle à cinq euros. Le repose pour en prendre un autre. Un enregistrement pirate de Led Zeppelin. Concert du 12 janvier 1969 à San Francisco. Mon unique vrai trésor.

« Celui-là, c'est mon père qui me l'a offert, quand j'ai réussi mon premier examen, à la fac. Depuis, je les accumule. Pas les examens, les disques.

— Tu as fait quoi, comme études ?

— Histoire, anglais. Et après, journalisme.

— Tout ça ? Oh, tiens donc, mais que vois-je ? »

Très jouasse. Brandissant la pochette de *Let it Bleed*. Les Rolling Stones, donc.

« Tsss, Peter, je m'étonne... On s'est offert en douce un album des vieux faux-culs ? Et où sont les disques des Beatles ? »

Ses morsures sont douces. Légères, presque distraites. Cou, épaule, poignet...

« Je les ai laissés... à Aix. »

Dis-je en glissant sur le parquet, pour mieux lui servir de pique-nique.

« Ils étaient trop... abîmés... Et les bons vinyles pirates...

— Mmh ? »

Son regard file le long de ma peau, rasant comme un coucher de soleil. Rayon vert.

« J'en ai pas. C'est... »

Pas dans mes moyens. Inabordable.

Comme tous les trucs rares.

Sauf Ben Whyte.

20

Un dernier pub avant la fin du monde

L'aube déchire des lambeaux de brume, les accroche aux tentes détrempées, aux bannières en berne, au réveil frileux des soldats.

Son armure est terne, cabossée. Sur le plastron, l'emblème du lion rouge est fendu de part en part. Une blessure de rouille. Gros plan sur sa tête nue. L'épuisement dévore les traits, éteint la peau. Du sang séché lui inflige un tatouage barbare, de la tempe au menton.

On lui amène sa monture, une grande bête nerveuse dont les sabots dansent sur le sol fangeux. Une fois en selle, quand l'écuyer lui tend son heaume, il dit : « Il est temps de mourir. »

Puis la visière s'abat sur son regard.

Coup d'éperons, travelling arrière. Au premier plan, le campement. Jonché de morts et de blessés. Au loin, la houle obscure et monstrueuse d'une autre armée.

J'appuie sur stop, et Ben Whyte s'étire.

« Qu'est-ce que j'ai eu mal au cul, sur ce tournage. J'ai pratiquement vécu à cheval pendant des semaines. Un enfer… On pataugeait dans la boue jour et nuit, avec ce connard de Kaz qui changeait d'avis à chaque averse, c'est-à-dire toutes les cinq minutes. Rien que de revoir ça, je repense à son pif défoncé à la coke, et à son putain de clébard – mais qui, sur cette terre, baptise un bichon frisé "Mussolini" ? Ça me file encore la gerbe. Plus jamais ça. Ni lui ni l'Écosse. »

Bel hommage « off » à George Kazinski, dit Kaz, le fameux réalisateur de l'épopée médiévale *Neville's Cross* (2015, 1,4 milliard de dollars de recettes dans tout l'univers).

« Et bien sûr, depuis, il y a toujours un crétin quelque part pour me balancer "Il est temps de mourir", tout content, tout fier, comme s'il était le premier… Un jour, je vais m'en faire un, je te jure. J'en reviens pas que tu m'aies forcé à subir cet extrait. »

Moi non plus.

Mais je voulais vivre l'expérience, au moins une fois dans ma vie : le regarder avec son interprète affalé à côté de moi.

Dédoublement magique.

Samedi soir, tout est en train de fondre. La notion du temps. De l'identité hors normes de celui qui m'étreint. De ses proportions et de ses frontières.

« Bon, ça suffit les conneries. On sort, Peter ?

— Mais c'est pas encore l'heure du chinois… »

C'est même beaucoup trop tôt. Rien à voir avec nos petites virées nocturnes. Vingt et une heures, un week-end : les rues de mon quartier sont surpeuplées. Les brasseries et leurs hordes de buveurs qui défient le froid en terrasse. Les gens qui sortent du cinéma. Ceux que la bouche de métro avale et recrache.

C'est là-dedans qu'il veut nous précipiter ?

« Non, pas le chinois, j'ai envie de changer. Tu n'as pas une autre idée ? »

Si. T'assommer et t'enfermer dans la salle de bains. Ou remballer ma trouille et limiter les dégâts.

Je choisis le Diamonds & Spades, un pub irlandais, parce qu'il est tout près, qu'on peut y dîner, et que j'y traîne souvent, en souvenir de mon année d'études à Dublin.

J'aime son odeur de bois et d'alcool, ses murs lambrissés de rouge, couverts d'étiquettes de bière, de cartes postales et de menus gribouillés à la craie.

Ce soir, je pense surtout à son éclairage médiocre, qui laisse des box entiers dans l'ombre.

D'habitude, c'est plutôt calme.

Pas aujourd'hui.

On y est arrivés comme des fleurs, entiers et indemnes – pas de paparazzis, pas de psychopathes, pas de guerre civile. Juste un flot de passants indifférents et pressés sous la pluie glaciale qui a fini par s'imposer, doublure ingrate et prévisible de la neige.

« Tu vois ? Qu'est-ce que je t'avais dit ? Pas vu, pas pris ! » a triomphé Ben Whyte devant l'entrée du pub.

Et par jeu, par bravade, il s'est penché sur moi et m'a saisie, là, en public, dans l'attroupement de fumeurs qui encombrait le trottoir.

Renversée, comme à l'acmé d'un tango. Un magistral baiser de cinéma, du genre qui fait ployer les reins et défaillir sur place. La laine rugueuse de son caban était un peu mouillée. Langue chaude, joues fraîches, odeur d'hiver.

Quelques applaudissements ont éclaté. « *Cheers, mate!* » a crié un gros balèze, bonne tête de Saxon éméché. Ben Whyte a poussé sa chance en le fixant droit dans les yeux…

Et rien.

Le type a levé son verre et repris sa conversation avec ses potes.

Incroyable.

On a déniché un coin de table, à partager collé-serré avec d'autres gens, et je suis allée commander des hamburgers et des pintes.

Ça m'a pris une éternité.

Debout en grappes mouvantes ou posés n'importe comment, entassés au bar, arrimés les uns aux autres, les buveurs rivalisent de vacarme avec le tourbillon aigrelet des gigues celtiques, à fond la sono. Ce n'est pas une musique d'ambiance, c'est une blitzkrieg de flûtiaux, de tambourins et de violons.

Très entraînant, jusqu'au décès par overdose de trèfles.

Ça gueule, ça rit, il fait plus chaud que dans une cuve de Guinness.

« Je crois que j'ai des ancêtres irlandais ! » me hurle Ben Whyte pour la quatrième fois. Je trouve que c'est vraiment le moment idéal pour partager des détails généalogiques, et ça me fait marrer. J'essaie de le lui dire, il n'entend rien, il rit quand même. Ainsi va la conversation, pendant qu'on engloutit nos plats comme des crevards. La version poisseuse de *La Belle et le Clochard* : on se jette en même temps sur la dernière frite, tout engluée dans sa mayonnaise sur papier gras.

Pour obtenir deux autres pintes de Stout, opaque, amère et crémeuse, j'aurais aussi bien pu faire un détour par le Connemara : le comptoir est devenu presque inaccessible. Les pompes à bière débitent de l'or blond et brun à la chaîne, dans une effervescence croissante. À peine servie, déjà happée par la cohue, je renverse la moitié de mon chargement dans le dos d'un type qui le remarque à peine.

J'ai abandonné Ben Whyte depuis si longtemps qu'il a eu le temps de s'acoquiner avec nos voisins de table, une brochette de gaillards cuits à point.

Les manches relevées, les cheveux dans les yeux, il a l'air de faire partie de la bande depuis toujours. Épaules contre épaules, ils se sont mis à scander *The Wild Rover*, la vieille chanson à boire qui défonce les enceintes. Les voilà qui tambourinent et tapent du pied comme un équipage de forbans en escale.

Bam-bam, bam-bam.

Il ne faut pas longtemps pour que la frénésie se propage, et que le sol du bar tout entier tremble en rythme.

And it's no, nay, never...

Bam-bam, bam-bam.

No nay, never, no more... will I play the Wild Rover... No, never, no more!

Tout le monde braille, ceux qui connaissent l'air comme ceux qui l'entendent pour la première fois.

Quelques verres valsent et explosent dans l'indifférence générale. Aucun gérant zélé, aucun employé anxieux n'intervient pour calmer ce début de chienlit à la gloire de saint Patrick. Au contraire. Le type qui m'a servie danse maintenant debout sur le comptoir, plus échevelé que ses clients. Une fille m'a piqué ma place, elle se frotte à mon Ben sans le connaître ni le reconnaître, elle non plus.

… « Mon » Ben ?

Je me laisse emporter dans la vague de houblon. On enchaîne, on tangue, une rengaine après l'autre, en chœur et en yaourt, le plus fort possible. La Stout n'en finit pas de m'alléger, jusqu'à ce que je m'envole pour de bon. Quelqu'un m'a soulevée dans ses bras, sur les premières mesures de *Come on Eileen*…

Mon Ben.

Ça tourne, le monde est un carrousel de sourires flous, on nous bouscule, on nous éclabousse, je m'accroche à ses épaules, mes cheveux l'aveuglent…

« Je croyais que tu n'aimais pas danser…

— Je ne danse pas, je te garde pour moi ! »

Est-ce qu'on peut mourir de joie ?

Aux premiers accords de *Fairytale of New York*, il me pose sans me lâcher.

Les Pogues déraillent, racontent un soir de Noël dans une cellule de dégrisement. Des vies gâchées. Un amour foutu, qui pourtant s'entête, puis s'emballe dans le duo mélancolique et furieux, une femme, un homme, voix limpide contre timbre rugueux, qui se mêlent, se caressent et s'engueulent…

Cette chanson, on la connaît par hasard et par cœur, tous les deux. On joue à se donner la réplique, on se murmure des insultes, bouche à bouche. Jamais personne ne s'est fait traiter de pauvre minable ou d'ivrogne avec une telle ferveur.

Ses yeux deviennent flous, mes jambes aussi. On laisse les Pogues finir tout seuls.

Un petit cercle s'est creusé autour de nous, vibrant comme une aura. On nous regarde. On LE regarde. Un instant, je crains le pire. Mais non. Affaire de teinture, de pénombre, de culot ou de barbe sacrifiée… Peu importe : l'étrange sortilège d'anonymat tient toujours.

Et pourtant, on dirait qu'ils savent tous sans savoir. Je le sens, je sais, je suis comme eux, l'une d'entre eux. Tous piégés dans cette formidable présence, comme des guêpes hébétées de sucre. En proie à quelque chose de plus rare, de plus corsé que le charme.

Et pour moi seule, unique et trouble privilège, quelque chose de beaucoup plus dangereux.

Il se penche à mon oreille, soudain plus lourd, presque triste : « Peter, je… »

… Quand soudain, un inconnu bourré nous tombe dessus :

« Putain ! Ton mec, on lui a déjà dit ? Eh, frère, tu ressembles À MORT à Ben Whyte ! »

21

Meurs un autre jour

10 décembre, 13h48 (heure française).

@WhytBn :

« *I surrender.* »

Et juste au-dessus, un lien YouTube. « The Beatles – *I Want You* ».

Il « se rend ». Avec un titre qui, en gros, bégaie « Je te veux, je te veux, je te veux. »

Dans un post partagé avec 19,3 millions d'abonnés. *I want you so bad, it's driving me mad...*

Juste ciel. Sainte Paranoïa.

J'essaie de me convaincre qu'il ne s'agit pas là d'une sorte de message personnel. La conclusion effroyablement publique de notre petit débat privé. Je n'y arrive pas.

La chose est en ligne depuis moins d'une demi-heure. Déjà presque cinquante mille « j'aime ».

Dans ma tête, ça défonce une porte interdite.

L'Entrée d'une Vraie Relation. Avec ce putain de Ben Whyte.

Je vois des manoirs monumentaux avec piscines (oui, au pluriel), sous un pesant couvercle de ciel bleu.

Des caméras de surveillance, des arbres pleins de paparazzis. Des soirs de première aveuglants. De froids couloirs d'aéroport, d'horribles unes de tabloïds...

Non. Non, non.

Et non.

Je repense à l'autre soir, dans le pub, quand on a failli se faire prendre. J'en ai encore des palpitations. Heureusement que le mec qui a reconnu ma star (ma croix, mon boulet ?) était trop bourré pour y croire vraiment.

...

« Tu veux que j'aille te chercher un Lexomil ?

— Je veux que tu me dises que je me fais des idées.

— Tu te fais des idées.

— Merci, Jean.

— De rien. Bon, j'y retourne.

— Tu es sûr que...

— Je suis sûr que ça peut attendre ce soir. Ce sont les urgences pédiatriques, ici, Marianne. Pas ma résidence secondaire. Je t'ai déjà dit cent fois de...

— Mais j'arrivais pas à te joindre...

— Et pourquoi, à ton avis ? Je travaille, merde. »

Jamais entendu autant de bébés pleurer en même temps. Des pompiers nous frôlent en trimbalant une civière vide. Des téléphones stridulent, des blouses blanches circulent, les patients patientent.

Tous les sièges de la salle d'attente sont occupés. Niché contre sa mère, un gosse me fixe en gratouillant son bras en écharpe. Une coulée de morve yoyote à sa narine, au rythme de sa respiration.

Hypnotique.

« Oui. Bien sûr. Pardon. »

Une infirmière passe entre nous, Jean lui envoie un sourire tendu. Dans son espèce de pyjama bleu-pilule, il a l'air encore plus efflanqué et laiteux que d'habitude.

Gros soupir.

« D'accord. Cinq minutes. Pas plus. C'est quoi, ce cinéma pour un pauvre post ? Si vraiment Ben W…

— Jean ! Pas Son Nom, pas ici.

— Sinon quoi ? Quelqu'un va lui demander de venir réduire une fracture ? Tu sais, dans la vraie vie, les gens s'en tapent, de l'Autre Con.

— Ah non, pas moi. J'ai peur.

— Mais de quoi, bordel ?

— De son post, évidemment.

— "Évidemment" ? Ça fait huit jours que tu me prends pour une boule de cristal avec tes questions – et où il est, et est-ce qu'on va se revoir –, tout ça pour foncer aux urgences dès qu'il se manifeste ?

— J'ai pas dit non plus que je voulais qu'il… qu'on devienne… plus que des…

— Vous devenez que dalle. Il t'a contactée, depuis qu'il est parti ? Un coup de fil ? Un mail ? Des pigeons ?

— Non.

— Tu vois ? Au pire, il t'a juste envoyé un clin d'œil sous le nez de ses millions de followers. Pas de quoi en faire une pièce montée.

— Quand même… Cette chanson…

— On s'en fout. Très bien, "il te veut". Donc ? Tu t'en doutais un peu, non ? Il joue avec toi, Marianne.

C'est tout. Tu ferais mieux de te concentrer sur l'autre.

— Quel autre ?

— Benedict. Avec lui, au moins, tu vas quelque part. D'ailleurs, j'ai besoin de savoir : il est toujours bloqué dans l'Empire romain, là ? Tu m'apportes le chapitre sept, ce soir ? »

...

La semaine dernière, Ben Whyte m'a larguée dès la sortie du pub.

Une voiture noire s'est rangée en silence le long du trottoir. Un autre corbillard ministériel. On est restés un instant face à face. Muets, mouillés. Il a lissé ma pommette du bout de l'index, comme s'il traçait le sillon d'une larme :

« Je vais devoir te laisser ici… »

J'ai tenté un sourire désinvolte. Comme si je m'y attendais. Comme si je n'avais pas froid jusqu'au creux des genoux.

« Je vois ça, oui.

— Je suis désolé. »

Cette compassion dans le regard. Insulte de velours.

« Je viens juste d'apprendre que mon planning a changé. Pas le choix. Tu me crois ? »

Bof.

« J'entre en tournage, Peter. Plus tôt que prévu. Pour des mois. »

Carmine s'est extirpé de la voiture, avec un parapluie. Ben Whyte l'a arrêté d'un geste.

« Je vais bosser comme un chien. Je ne pourrai plus… »

Voilà. Fin des haricots magiques. Je lui ai vite coupé la parole.

« C'est pas grave.

— C'est comme ça. »

J'ai contemplé son numéro d'équilibriste, entre le charme et le regret.

« C'est un gros enjeu. Énorme, à vrai dire. »

Comme s'il acceptait parfois de se commettre dans de petits « enjeux ».

« Pour l'instant, personne n'est au courant, en dehors de la production. Ultraconfidentiel. »

Il s'est marré, tout bas. J'ai pas compris où était le gag.

« Et moi, comme un con, j'en parle à une journaliste. »

Quelle journaliste ?

Et puis je me suis souvenue de ce que je faisais pour gagner ma vie : « C'est très vague, de toute façon. Mais merci pour la confiance. »

La réponse s'est posée sur ma bouche. Ferme et définitive.

« Merci pour tout le reste. »

Puis la nuit l'a avalé.

Variety, 19 décembre, édition numérique :

Breaking news : Ben Whyte sera le prochain James Bond

Eon Productions, qui détient les droits de la franchise, a enfin fait cesser le suspense. Après son récent triomphe dans Z-End, *la star néo-zélandaise obtient le rôle du légendaire espion britannique, après de longs mois de rumeurs et de spéculations. Le tournage de* There's no Place Like Death, *sous la direction de Jim Wu, débutera le mois prochain au sein des studios Pinewood, à Londres, avant de se délocaliser, entre autres, vers l'Italie, la République tchèque ou encore la Thaïlande…*

Et patati et patata.

J'ai couché avec James Bond. Prends ça, Léa Seydoux.

Si Ben Whyte n'avait pas abandonné chez moi quelques reliques sacrées (des fringues, un chargeur d'iPhone…), si Jean et Serge ne l'avaient pas vu de leurs propres yeux, je crois bien que je serais allée me faire interner pour psychose hallucinatoire chronique.

James F***ing Bond.

Cette info fracassante le renvoie chez lui, là où il aurait dû rester. Dans l'envers du monde. L'au-delà intangible et flamboyant de ses personnages.

Quelques jours plus tard, le matin de Noël.

Je partage le canapé avec un fatras de papiers cadeaux, d'emballages de papillotes et de jouets en plastique. Ma nièce Lila est assise sur mon ventre, un doigt dans sa minuscule narine, l'autre main dans le chouchou violet qui retient sa couette.

Du chocolat plein les babines, la voilà qui enquête : « Pourquoi t'as pas d'amoureux, toi ? »

Parce que je préfère me taper James Bond.

Le grand salon carrelé de ma sœur – avec vue sur les arbres du jardin qui se tordent sous le mistral – est dans un sale état, après le réveillon d'hier soir. Coincé contre la baie vitrée, le gros sapin lui-même en a perdu les boules.

Un sac poubelle à la main, Charlotte sillonne cette zone de guerre avec l'énergie du dernier survivant.

Quant à son aîné, Fixette, il ne décolle plus de son petit vélo neuf. Naissance d'une nouvelle passion exclusive.

« Bordel ! Pardon, zut – tu vois ce que tu me fais dire, Fix… euh, Felix ? –, le vélo, dehors ! »

Je ferme les yeux, je redeviens l'indolent parasite de la maison. J'aime tout, ici. Les gamins. Le bruit. Cézanne, le clébard qui pue, surtout en hiver.

Et même les débats absurdes – ma sœur est d'extrême centre, son mec d'extrême rien.

Et même l'arrière-fond permanent de variété française. Comme le jour où j'ai surpris cette grande carcasse de Denis, un môme hilare sous chaque bras, en train de hurler qu'il est libertine, qu'il est une catin.

À propos de vieux tubes, la frangine passe maintenant l'aspirateur sous les encouragements de Véronique Sanson.

Quand je sens que j'entre dans sa vie…

Tu fais ce que tu veux, Véro, mais moi j'entre nulle part.

Je prie pour que le destin m'en sorte…

Je prie pour que le diable m'emporte…

Ah ça, oui. À cornes rabattues. À fond les sabots.

Et l'angoisse me montre son visage…

Dans les moindres détails. Y compris cette petite cicatrice au sourcil, qu'on ne peut plus oublier, une fois qu'on l'a repérée…

« Quand est-ce que Papa va arrêter ses conneries de soixante-huitard attardé ? Pousse ton cul, Marianne, que j'enlève les miettes. »

Toujours effondrée sur le canapé, je me contente de lever les jambes, pour laisser l'aspirateur sucer les coussins. Dérangée, Lila se carapate comme un chaton.

« Arrête avec ça, Charlotte. Papa avait neuf ans, en 68. Et c'est pas des conneries. Il est en grève contre une réforme qui….

— C'est Noël, merde ! Ça lui sert à quoi, d'occuper la fac pendant les vacances ? Je veux dire, à part faire le kéké avec ses étudiants, au lieu de réveillonner en famille ? »

Quand je suis loin de luii…

« Franchement, toutes ces grèves, ça pénalise les élèves et… »

Je n'ai plus vraiment toute ma tête…

Et je ne suis plus d'iciiii…

Je ressens la pluie d'autres planètes…

« Faut t'y faire, Charlotte. Ça s'appelle les droits sociaux. Tout le monde n'a pas la conscience politique d'un yaourt. »

L'aspirateur arrête de vrombir. Un instant, je me demande si elle va essayer de m'assommer avec. Autrefois, elle n'aurait pas hésité.

Je me prends son fameux regard de hibou. Énorme. Rond. Fixe. Conçu pour paralyser sa proie. Cet oiseau-là fait toujours son petit effet.

« Écoute, je suis désolée de t'avoir traitée de…

— Mais qu'est-ce qui t'arrive, Toutoune ?

— Rien. J'ai un peu la gueule de bois, c'est tout. »

Elle se pose à côté de moi : « La gueule de bois, ça ne fait pas monter les larmes aux yeux. »

C'est pas des larmes. C'est « la pluie d'une autre planète ».

Du genre inhabitable.

Pour une fois, ma sœur n'insiste pas. Miracle de Noël : « Tu sais quoi ? J'en ai marre du ménage. Denis finira plus tard. On va mater une petite comédie romantique, comme avant. *Quand Harry rencontre Sally* ? *Pretty Woman* ? Ou alors, tiens, *Rendez-vous à Portland*, avec Scarlett Johansson et… ce gros canon, là… Tu l'as même interviewé… Comment il s'appelle, déjà ? Bill, Ben… Ah mince, je l'avais sur le bout de la langue, et puis il est parti… »

Je n'aurais pas mieux dit.

…

Il pleut des cordes. Une vraie mousson de cinéma, qui plaque le T-shirt de Scarlett à ses seins voluptueux. Un gros sac de voyage à ses pieds, elle attend à côté d'un arrêt d'autobus. Toute seule. En pleine cambrousse.

Sans parapluie.

Tu crois qu'elle irait s'abriter sous les arbres ? Bien sûr que non. Elle se laisse arroser, triste et gracieuse comme une fleur malade.

Charlotte farfouille dans son paquet de chips. Crouitch, crouitch. Lila s'est rendormie par terre, le cul en l'air, la tête dans les poils bienveillants de

Cézanne. Fixette pédale encore à travers le salon, en faisant des bruits de moteur. Vrrr, vrrr. Dehors, l'hiver provençal attaque toujours, violent, glacial et radieux.

Soudain, Ben Whyte déboule de l'autre côté de la chaussée. Trempé, lui aussi. À bout de souffle.

Gros plan sur de beaux yeux myopes, plus vert-de-gris que jamais.

Au cas où certains distraits pathologiques n'auraient pas saisi que nous vivons là un moment crucial, on nous envoie un slow geignard, aussi dégoulinant que la météo.

Ben et Scarlett. Scarlett et Ben... Champ, contre-champ, fusion. Ces deux abrutis ont enfin trouvé le moyen d'utiliser les arbres du décor. Appuyés contre un tronc complaisant, ils se frottent désespérément l'un à l'autre.

C'est beau comme la rencontre d'une râpe avec un gros morceau de parmesan.

Bon.

Je m'arrache du canapé.

« Hein, quoi ? » sursaute ma sœur, la main dans ses Pringles.

Je monte les escaliers en courant, poursuivie par la voix profonde du « gros canon ».

I'm so in love with you...

Dans ma chambre, je tourne en rond un bon moment. Je m'abats sur le lit. Je me relève. Je tire une chaise. J'ouvre la fenêtre, le mistral me balance une torgnole de force 10. Et puis je vais repêcher le Monolithe, sous un tas de chaussettes, au fond de ma valise.

Juste pour m'occuper. Me rassurer. Me faire peur.

Bingo.

Le premier SMS manque m'expédier en soins intensifs.

« *Hey Peter… My Christmas* »

Le second, beaucoup moins :

« *Sorry. Damn autocorrect. *Merry Xmas!* »

…

Tout le monde a vécu ça, un jour ou l'autre. La paralysie du texto. La textolysie. La paratextite. Il suffit d'être accro à quelqu'un, d'avoir son numéro, et très peu de certitudes. Je voulais répondre. Vraiment. « Joyeux Noël à toi aussi ! » Prudent, mais festif. J'y étais presque. Et puis j'ai regardé le point d'exclamation. Ce tintement d'enthousiasme neuneu, accroché là comme une clochette au cou d'un renne empaillé.

Alors je l'ai effacé.

Puis j'ai douté de « Joyeux Noël ». Trop plat. Bêtement saisonnier.

Alors je l'ai effacé.

Dans le TGV qui me ramenait à Paris, j'ai couvert des pages entières de brouillons. Au jour de l'An, j'ai loupé ma dernière chance de m'en tirer avec des vœux passe-partout.

Alors j'ai renoncé.

Février, gueule de bois, dimanche matin grisâtre. Je gis, maussade, enroulée dans ma couette.

Et pendant ce temps, James Bond se démène devant une batterie de caméras. La différence d'échelle ne m'a jamais paru aussi spectaculaire. Aucune idée de ce qu'il subit depuis que le tournage a commencé. Comment pourrais-je ? Personne d'autre, autour de moi, n'est payé pour jouer un mythe impérialiste en smoking. Quelle étrange, écrasante façon de gagner sa vie. Si ça se trouve, il est en train de faire des tonneaux dans son Aston Martin. Là, maintenant.

Ah non.

J'espère que non.

C'est le boulot des cascadeurs, mais… « J'ai appris à m'extraire sans doublure d'une bagnole en flammes », qu'il disait.

N'importe quoi peut arriver. Une erreur, une avarie. Un horrible accident. L'idée me grignote avec ses dents de rat, elle creuse un vilain trou, elle y fait des petits.

Je vois l'info surgir, demain, au réveil. Les gros titres. Les éditions spéciales. Les déprogrammations. Les hommages. Sa photo pleine page, avec des dates. Le cercueil croulant sous les fleurs. Les bougies. Les mots d'amour.

Ben pourrait mourir. Ben est mortel.

Avant même de m'en apercevoir, j'ai jailli de mes draps, récupéré le Monolithe sous un bouquin et balancé ma trouille absurde en 5G.

« *Please stay alive.* »

Les réponses sont arrivées dans la soirée, en rafale.

« ?? »

« *Licence to kill, not to die!* ;) »

« *I'm not at war, honey.* »

Honey?

Comment ça, « *Honey* » ? Qu'est-ce que ça veut dire ? Biquette ? Chérie ? Comment un tout petit mot peut-il être à la fois si ridicule et si splendide ? Je sais bien qu'il est surtout anodin. Que l'Anglophone moyen en abuse, jusqu'au fond des quincailleries. « C'est douze dollars le tuyau, *Honey.* »

J'en tremble quand même.

Et puis je repense à ce vieux tube des sixties, tout dégoulinant de « *Honey* ». *Sugar Sugar*, je crois. Un vrai magasin de bonbons.

La voilà, la traduction. Ni Biquette, ni Chérie : Friandise.

Sous l'emballage en plastique, la pochette est noire, le lettrage d'un rose électrique. La photo occupe une moitié de la surface. Les Beatles portent l'uniforme de leurs débuts, un costume gris sans col. Le disque est à peine plus petit et plus épais qu'un 33 tours, et ne contient que deux titres. *Love me do* et *P.S I love you.*

C'est une démo de 1962. Très rare.

J'ai vérifié sur Internet, et ce que j'ai trouvé m'a donné des sueurs froides. Si je revendais ce graal pour fétichistes, je pourrais m'acheter un appartement. Un grand. Avec terrasse.

C'est arrivé par coursier quatre jours après l'échange de SMS. Avec un petit mot dedans, écrit à la main : « *Consider this a proof of life! Enjoy, Ben.* » Comme « preuve » que l'otage de James Bond est encore en vie, ça se pose là. Mieux qu'un bout de doigt ou une mèche de cheveux.

Et sinon, ça prouve quoi d'autre ? Je me répète que, pour un type qui ramasse vingt-cinq plaques par film, c'est juste une fantaisie – un peu comme si moi, je décidais de lui offrir un Montblanc (l'entrée de gamme, à bille) – et que quelqu'un d'autre a sans doute « fait les courses » (les enchères, le tour des collectionneurs ?) pour son compte. Martin, l'ami-assistant au visage ravagé ? « La Friandise aime les Beatles, Martin. Trouve-moi un truc. »

Oui, mais… Cet affolant, cet impensable « mais ».

Je devrais renvoyer le colis. Pas tripoter fébrilement le Monolithe :

« Merci, mais c'est trop. »

Presque aussitôt, l'écran s'illumine :

« Viens. »

Le surlendemain, au journal, je peine sur la critique d'un film géorgien saturé de poussière et de désespoir, quand VTT s'approche de mon bureau. « Tu as deux minutes ? Il faut qu'on parle. De Ben Whyte. » Mes doigts se glacent sur mon clavier :

« Quoi ? Pourquoi ?

— J'ai reçu un appel d'Eon Productions. Écoute… C'est un peu bizarre… »

Un peu ? On dirait qu'il vient juste de voir un lama galoper dans l'open space.

« On nous propose de visiter le tournage de James Bond, avec un petit groupe de journalistes triés sur le volet. On sera les seuls Français. En soi, c'est déjà étonnant, mais…

— À Londres ? »

… là où j'ai refusé de rejoindre Ben, « demain, tout de suite », avait-il écrit, « j'envoie quelqu'un te chercher ». Comme si j'étais incapable de me déplacer toute seule.

Dès que j'approche son milieu naturel, ça dégénère. J'ai fini ébouillantée. Assise sur un mec. J'ai failli bouffer un poisson. Me faire abuser sexuellement par un imbécile classé au Top 50. Il ne manque plus que la une du *Daily Mirror* : « Surprise dans les bras de Ben Whyte, elle déclare : "J'ai pas fait exprès." »

J'ai paniqué. J'ai dit que j'avais trop de travail. Et puis j'ai éteint le Monolithe.

VTT enlève ses lunettes, les frotte à son pull :

« Non, on est invités juste après, en Italie. Début mars, quand la production sera à Florence. Mais laisse-moi finir, je ne t'ai pas dit le plus dingue… On a un entretien exclusif avec Ben Whyte. Il ne parlera qu'à la presse américaine… et à nous. Juste nous. Pour tout le reste du monde. À une condition… »

Il me jette un regard oblique.

« Il faut que ce soit toi. »

« En gros, il se la fait livrer comme une pizza. »

Et Dani de finir son verre de rouge, cul sec, pour fêter son sens de la formule.

On est serrées toutes les trois autour de notre table. Le café est plein, la terrasse est vide. Ce soir, on est seules à braver le froid. Dani et moi, parce qu'on fume. Fatou, parce qu'elle a eu la bonté de nous suivre. Complètement gelée, mais toujours optimiste :

« Tu pousses un peu, Dani. Marianne aussi, elle crève d'envie de le voir.

— Attends, qui c'est qui nous répète depuis deux heures qu'elle a peur d'y aller ?

— Mais justement, c'est parce qu'elle… »

… est tellement pénible que ses potes parlent d'elle comme si elle n'était pas là. Hier soir, Jean et Serge se sont engueulés devant moi, à cause de moi, à peu près sur le même thème. Je colonise les apéros, je pirate les conversations.

Brouillage égocentrique.

« Ohé ! »

Dani agite sa main sous mon nez :

« Et s'ils l'apprennent, à ton boulot ? Le conflit d'intérêts, ça te parle ? Il se doute de quelque chose, ton chef ?

— Ça m'étonnerait. »

VTT était trop occupé à s'indigner : « Ce n'est pas contre toi, Marianne, mais de quel droit exigent-ils une journaliste en particulier ? D'un point de vue déontologique… »

… Des nèfles.

Ben Whyte, c'est le Vito Corleone du cinéma mondial. Il fait des offres qu'on ne peut pas refuser. Donc, que je le désire ou non (les deux, mon général), VTT m'expédie là-bas dans quinze jours.

Dani soupire :

« Enfin, bon. Essaie de rester pro, avec l'autre diva qui te prend pour une quatre-fromages. »

Le sourire de Fatou flotte entre son éternelle écharpe et son bonnet à pompons : « Va savoir… Peut-être que c'est lui, la pizza. Fondant et cuit à point. »

22

Le Roi et moi

Col pelle à tarte. Holster qui dépasse légèrement de la veste fauve. Barbe, favoris. Cheveux trop longs, bonnet de laine…

La totale seventies.

Ben Whyte fringué comme Al Pacino dans *Serpico*, c'est presque létal.

Il est penché en avant, les poings sur le bureau de son supérieur. « J'ai encore besoin de deux jours, Melvin. Merde, juste deux jours pour coincer ces salopards. »

Si on essayait de compter tous les flics de fiction qui sont allés piquer une crise chez leur patron bourru-mais-compréhensif, on crèverait de vieillesse avant d'avoir fini.

Le capitaine de police se rencogne dans son fauteuil en moquette orange. « 24 heures, pas une de plus, Sonny. Ou je serai obligé de te suspendre. » Les deux hommes se jaugent…

… tels des taureaux qui hésitent à brouter le même carré de pissenlits. Jamais vu personne se mater comme ça dans la vraie vie.

Scène suivante, extérieur nuit : une rue de Harlem, entre les piliers du métro aérien.

Une radio débite des bordées de disco, quelques junkies se crient des injures. Des prostituées à coupe afro campent sur leurs talons vertigineux, devant des vitrines de prêteurs sur gages. Et bien sûr, les bouches d'aération fument, presque autant que « Sonny », en planque dans sa Corvette.

Si j'étais dans cette voiture avec lui, dans le noir, ses mains frôleraient ma cuisse. J'entendrais craquer le cuir de sa veste, et…

Il se redresse sur son siège. La caméra se braque sur une porte miteuse et taguée. Deux hommes apparaissent. L'un porte une casquette, un manteau en fourrure de lapin, et tout un tas de lourdes chaînes dorées.

Le second suspect reste en retrait dans l'obscurité du porche. Ils échangent quelque chose, puis Peau de Lapin s'éloigne, traînaille un peu, accoste deux filles en minijupes et continue sa route jusqu'à une impasse toute en ombres et briques, rats furtifs et escaliers déglingués.

Fondu au noir.

Sonny est sur lui. Il l'a empoigné par surprise et balancé contre une grande poubelle, un 357 Magnum vissé sur la nuque.

« Salut, Big Duke. Tu sens comme je suis content de te voir ? »

Bury the City (trois nominations aux Oscars en 2017) est un polar habile et brutal. Mais ce soir, devant ma version pirate sous-titrée en chinois, je ne pense qu'à l'habileté de l'interprète principal.

Pas pu m'empêcher de le revoir dans un film, avant de le revoir tout court.

Demain.

Oh, demain.

Un Anglais, un Allemand et une Française sont dans un minibus. Ça ressemble au début d'une blague. Qui sentirait le café tiède et l'après-rasage. Qui ne ferait marrer personne. Mes collègues journalistes – par hasard aussi rouquins l'un que l'autre – boudent côte à côte, un rang devant moi.

Ils n'ont pas décoincé un mot depuis l'aéroport de Pise.

On roule vers Florence, à travers une campagne talquée de brume matinale, encore dénudée par l'hiver, et ma paranoïa passe une vitesse.

Peut-être que les jumeaux Carotte font la gueule parce qu'ils savent. Pourquoi j'ai droit à une interview, et pas eux.

Pourquoi j'ai vraiment le trac.

Peut-être qu'ils vont me dénoncer à la presse. Aux fans. À VTT.

Merci, Ben Whyte. De t'occuper si bien de ma carrière. De me filer des insomnies, parce que tout le monde s'attend à ce que je fasse mon boulot. À ce que je rapporte quelque chose de cette absurde escapade.

Autre chose que des suçons.

La production nous loge à l'hôtel Della Mamma, qui n'a de familial que le nom. Bas-reliefs, plafonds à caissons et patio verdoyant de la taille d'un cloître. Tout ce luxe, caché derrière une façade Renaissance en plein centre touristique, ne risque pas de nuire à l'enthousiasme de nos futurs articles.

Le journalisme culturel est parfois un métier de vendus.

Une certaine Rochelle nous attend dans le lobby. *Senior PR manager*, autrement dit, super-attachée de presse. Grande, brune, un peu forte des hanches et du pif, la cinquantaine toute en vagues de lin écru et tintements de bracelets, elle enveloppe notre arrivée de promesses, servies avec leurs adjectifs bien cuits : *amazing*, *incredible* et tellement *great* qu'elle en a la lippe humide.

Seul le regard, qui ne s'arrête sur personne et vérifie tout le monde, trahit la tension d'un pylône électrique de haute montagne.

Elle nous présente les reporters américains arrivés la veille, puis nous fait signer un tas de papelards bourrés de clauses restrictives : on n'approche pas Ben Whyte sans son accord. On ne lui parle pas de sa vie privée. On ne lui parle pas du tout, en dehors des créneaux d'interviews. On ne le photographie pas. C'est à peine si on a le droit de respirer le même air.

Dans mon sac, mon téléphone me paraît soudain plus lourd. Le poids d'une seule image, dérobée à son propriétaire endormi, tout nu dans mon lit.

Une heure plus tard, notre accompagnatrice nous entraîne dans le flot des touristes et des vendeurs de perches à selfie, de parapluies Botticelli et autres insultes plastifiées au *David* de Michel-Ange. Plus on avance le long de l'Arno, vers le Ponte Vecchio, plus ça devient difficile. Tout se passe sur l'autre rive, au sud, dans le quartier de l'Oltrarno, bouclé comme pour la visite d'un chef d'État. Barrières, voitures officielles, rangées d'énormes camions-régie. Tenue en respect par une armée de vigiles et de carabiniers, une foule monstre assiège cette forteresse éphémère.

Rochelle nous distribue des laissez-passer, au bout d'un ruban noir, et on change d'univers.

Je n'ai jamais pénétré dans une zone de tournage de cette ampleur. De l'église Santo Spirito jusqu'à la grande esplanade dominée par la masse austère du Palazzo Pitti, les petites rues sont envahies par un autre genre de cohue. Tout un peuple s'affaire, tire des câbles, pousse des malles, pose des rails, circule en voiturette, cavale en faisant ballotter une ceinture pleine d'outils ou crachoter un talkie-walkie.

De part et d'autre de la place, des grues géantes – la taille d'un jeune brontosaure au garrot – ont l'air de préparer une attaque coordonnée. Leurs caméras sont braquées comme des museaux curieux sur deux grosses bagnoles encastrées, pare-chocs contre pare-chocs. Près de cet « accident » immobile, une quinzaine de personnes se démène. L'une d'elles trafique un pare-brise, d'autres déplacent à plusieurs d'impressionnants panneaux réflecteurs.

Droit devant, à moins de vingt mètres, deux types sont en grande conversation, indifférents au bordel organisé qui les entoure. Le premier est un Asiatique grisonnant, en T-shirt malgré la fraîcheur. Jim Wu, le réalisateur.

Et l'autre, c'est Ben Whyte.

Il a toujours ses cheveux de gitan. Noirs comme aux Saintes-Maries-de-la-Mer. Ou comme son costard chic de tueur assermenté. Il se tient là, tête inclinée, bras croisés, à l'aplomb du soleil, immobile et concentré. On s'est tous arrêtés à la lisière du set, pétrifiés comme un seul homme devant Bond, James Bond.

Le plus beau service jamais rendu à Sa Majesté.

Dans le groupuscule de fringants reporters, tout le monde se remet assez vite de cet accès de stupeur sacrée. Tout le monde, sauf moi.

Pendant que l'un des Américains veut déjà savoir « quand Ben sera disponible », je rate le bord du trottoir et rencontre l'appui bienveillant d'une poubelle municipale. Tout ce que je capte, dans la réponse de Rochelle, c'est le mot « demain ».

Comment ça, « demain » ?

Mais putain, mais qu'est-ce que tu racontes, il est juste là, devant nous, et…

Jim Wu retourne derrière les écrans de contrôle.

Ça s'agite autour de Ben Whyte. Un maquilleur joue du pinceau sur son visage. Une jeune femme vérifie un truc sous sa veste. Il ne leur prête aucune attention. Figé. Absent. Des mèches ébène lui tombent dans les yeux, immédiatement disciplinées par une autre abeille zélée.

La nuit du pub, et toutes les autres, ne m'ont jamais paru si loin.

Un grand gaillard vient de le rejoindre. Non, pas grand. Gigantesque. Engoncé dans un manteau de cuir qui a dû coûter la peau d'un élevage entier de ruminants. Le crâne nu, couvert de cicatrices rosâtres.

C'est qui, ce monstre ?

... Un catcheur professionnel, embauché pour jouer l'un des ennemis de Bond, nous explique Rochelle. Un méchant subalterne, dans la scène qu'ils sont sur le point de tourner.

On va s'asseoir en retrait, pendant que les haut-parleurs gueulent des consignes, que les techniciens se hâtent de dégager le champ des caméras. Les figurants, eux, font le chemin inverse, vers leurs marques.

Jim Wu demande le silence.

Et action.

Le monstre charge.

007 esquive, avec des grâces d'acrobate. Deuxième assaut. Corps à corps. On entend d'ici leurs râles, la bande-son hachée de leurs efforts. Ben se cabre, sa jambe se tend, et paf. En plein dans la gueule de l'autre.

Je ne savais pas qu'il était si souple.

Ils rôdent, menaçants. Décrivent un large cercle autour des bagnoles. C'est lourd, gracieux. Mortel. Une très vieille danse tribale.

Les caméras tournent aussi, nombreuses, avides, fascinées.

Soudain, James Bond s'élance. Les pans de sa veste volent, il court sur le capot rouge, prend appui sur le toit et se propulse sur l'adversaire.

Qui le rejette en plein dans le pare-brise.

Craquement. Bris de verre. L'espion dégaine et tire.

Coupez.

Entre chaque prise, il faut trois plombes pour tout remettre en place. Chaque fois, ma star disparaît derrière un essaim d'assistants, épousseté, bichonné, abreuvé, accaparé par le réalisateur, coaché par un type qui lui fait répéter son étrange chorégraphie.

Presque une demi-journée, pour une séquence de quelques minutes. Le cinéma est un jeu de patience.

Quand, enfin, c'est dans la boîte, tout le monde applaudit. Ben et la Bête se donnent l'accolade.

Et Rochelle s'interpose. Elle veut nous présenter à des tas de gens. Un *unit production manager*, des *executive* quelque chose. Et peut-être aussi sa mère, sa sœur et son pédicure. Je ne sais pas. J'essaie juste de voir à travers son corps.

Quand elle s'écarte, Ben Whyte est parti.

De retour à l'hôtel, la cheftaine nous donne quartier libre. Rendez-vous demain matin, pour assister à la fabrication d'une autre scène.

En attendant ?

Le vide. La descente.

Les Américains vont faire un tour entre Américains, les rouquins entre rouquins, et moi toute seule avec ma déception.

Le soleil du soir roussit les façades, laisse traîner une promesse de printemps, garantie sans spots ni réflecteurs. Je débouche par hasard sur la place Santa Croce, devant la grande église blanche qui abrite tant d'illustres tombeaux. Machiavel, Michel-Ange, Galilée…

C'est encore blindé de touristes. Je suis sûre qu'ils affluent moins pour le monument de pierre que pour les monuments humains. Un peu de poussière et quelques ossements sous une plaque de marbre, ou la chair vivante de Ben Whyte… Toujours cette attirance, ce besoin de frôler la légende.

Comment j'ai pu croire qu'il avait manigancé ce voyage de presse ? Tout à l'heure, il ne m'a même pas vue, il était…

… un brin occupé, et…

Mais que je suis con.

En cavalant vers l'hôtel, je me perds plusieurs fois.

C'est pour ce soir. Bien sûr !

Loin des témoins et des caméras. Quelqu'un va venir me chercher. Peut-être pas lui, mais Carmine… mais Martin… quelqu'un. Et moi, pendant ce temps, je me balade. Introuvable. Même pas de Monolithe, resté dans ma valise.

J'ai déboulé au comptoir d'accueil, défaite et hors d'haleine, pour apprendre que personne, *no signora*, n'est passé pour moi. Non, pas de messages non plus.

Ça ne m'a pas empêchée d'espérer jusqu'au milieu de la nuit, tout habillée dans mon lit, en zappant sur les deux cents chaînes de la télé murale. Tellement misérable et insignifiante que j'ai fini par disparaître dans le sommeil.

Le glouglou discret du téléphone me réveille très tôt. Bien trop tôt.

Je ne comprends rien à ce que Rochelle raconte : « *Marianne, I'm so sorry…* » Mais de quoi donc ? Je finis par saisir que quelque chose a changé. Qu'il faut descendre. Tout de suite. Elle me donne à peine le temps d'une douche.

Dix minutes.

Les portes de l'ascenseur s'ouvrent sur une autre Rochelle. Blême. Décoiffée. Démaquillée. On dirait qu'elle a pleuré.

Elle se précipite : « C'est un malentendu. Vraiment, c'est tellement idiot… »

Où sont les autres journalistes ?

On sort au pas de charge, elle me colle mon accréditation autour du cou sans ralentir, me pousse dans les rues vides d'avant l'aube, sans cesser sa litanie d'excuses. Vaseuse, larguée, je ne peux pas en placer une. Aux abords de la zone de tournage, la foule cinéphile se réduit encore à une troupe d'irréductibles, équipés de jumelles et de chaises pliantes. « Je ne savais pas. Mon équipe ne savait pas. Vous le lui direz ? »

Quoi ? À qui ?

Ben. C'est forcément Ben.

« Vite », halète-t-elle, « il commence dans une heure. » On accélère, Rochelle, mon cœur et moi, au flanc du palais Pitti, jusqu'à la lisière du jardin de Boboli.

Les contre-allées du plus beau parc de Florence sont réquisitionnées par la production. Un vrai village de caravanes massives et brillantes.

On s'arrête devant la plus grande, la mieux planquée : une vraie baleine sur roues, gardée par deux cerbères. On grimpe les marches qui mènent à la plate-forme extérieure, et…

La porte s'ouvre à la volée, avant qu'on ait le temps de frapper.

Le premier regard du roi est pour son esclave dévouée. Une sentence de mort. Qu'on lui tranche la tête.

Sa colère, je l'ai vue cent fois flamber à l'écran. Cette façon d'exhiber le blanc des yeux, de contracter la mâchoire. À l'abri dans une salle obscure, derrière un seau de popcorn, ce masque barbare est très affriolant. En vrai, beaucoup moins. D'autant qu'il paraît à bout, les traits creusés, les cheveux en désordre, blanc comme un frigo dans le petit matin.

« Vous pouvez tous crever », dit-il.

Rochelle est devenue transparente de trouille. Je ne sais pas laquelle de nous deux va s'évanouir en premier.

« J'ai HORREUR qu'on me prenne pour un CON ! »

Les frondaisons frémissent, quelques oiseaux s'échappent d'un arbre tout proche. Et je comprends que Ben Whyte est au téléphone.

Rochelle tente bravement d'intervenir : « Pardonnez-moi… Ben, je… »

« TA GUEULE ! »

Au téléphone, rappelle-toi.

Rochelle inspire par le nez.

« Euh… Comme vous le souhaitiez… Voici Marianne Corvo, du magazine français… Euh… elle a un créneau d'interview de… »

Il colle le portable contre sa poitrine. On entend son interlocuteur gargouiller.

« Elle a le créneau que je veux. »

D'un geste vif, Terreur des Antipodes me saisit le poignet et me happe à l'intérieur.

Le battant claque au nez de Rochelle.

Cette loge est dans une autre dimension. Elle défie les lois de la physique : c'est la version luxueuse du Tardis. *Bigger on the inside.* Plus grand dedans que dehors. J'avance dans un improbable salon tout en cuir crème, ronce de noyer et verre fumé. À part les meubles et une collection de vases zen, bambous et galets, il n'y a que nous. Ça sent la lavande et la cigarette froide.

Très froide. La clim est réglée sur Antarctique.

Ben Whyte m'a aussitôt lâchée, pour mieux continuer d'agonir son téléphone. Un pan de chemise dépasse de son pull. Fureur débraillée : « Mais qui t'a PERMIS d'accepter à ma place, Colin ? Ah ouais ? Eh bien, ARRÊTE de penser ! »

Voilà. Maintenant, je sais ce que ressent une volaille oubliée dans le congélo.

« *SHUT THE FUCK UP, YOU FUCKING DOUBLE-CROSSING…* »

Un coup de tatane, en plein dans une élégante desserte. Pluie multicolore de fruits frais et de capsules Nespresso. Une pomme roule à mes pieds, comme pour me supplier de la tirer de là.

On se casse, Marianne ? Rien ne nous oblige à supporter ce…

« … *SON OF A BITCH!* »

Mon nez glacé passe en alerte orange. Risques d'éternuement : 100 %. La première salve me scie juste avant d'atteindre la porte.

« Je te préviens, salopard… »

RHAAATCHHAaa…

« Je vais te foutre tellement d'avocats au cul que… »

IHAATCHoUUuu…

Il se tait. Se tourne vers moi.

Je m'étouffe, larmoyante. Pitié, faites que ça s'arrête.

Il raccroche. Sourire lent, incrédule.

« Ah Peter… Peter.

— Rhhhgnn…

— Ça va ? Tu ne vas pas me claquer dans les doigts, hein ?

— Nha va… Et… ne suis pas dans tes, mmrf, dans tes doi… AaarhTCHEUu ! »

Maintenant, il se marre ouvertement et balance son téléphone sur le canapé.

« Je pense que je vais changer d'agent.

— Et moi, je pense que je vais te laisser.

— Quoi ? Pourquoi ?

— Ça se voit, non ? Je suis allergique à la colère. »

Quelle colère ? Le vert de ses yeux a viré, des pierres aux feuilles tendres.

« Non, attends… Je ne voulais pas… Je suis désolé. »

Désolay. En français. En s'approchant. Si près que j'éprouve dans ma chair son brusque changement d'humeur.

Il s'empare délicatement de la carte « visiteur » que je porte en médaillon. « On va tout reprendre depuis le début, d'accord ? Bonjour, Peter. »

La petite accréditation tourne et tourne entre ses grands doigts.

« *So good to see you…* »

Sa main dérive sur le ruban, effleure mon cou. Son haleine caféinée cajole mes cils. On doit m'entendre respirer jusqu'à Pise.

« Je viens juste d'apprendre que tu es là depuis hier… Putain, elle a oublié de me prévenir… Je vais la faire virer, cette incapable. »

Pardon ?

« Rochelle ? Tu plaisantes ?

— Pas du tout. »

Abus de pouvoir, scène un. Le plus perturbant, c'est qu'il n'a pas du tout changé d'expression. On dirait qu'il est en train de réciter le *Cantique des cantiques*, pas d'ordonner une exécution sommaire.

Lentement, il enroule mon ruban autour de son poing.

Je me demande combien de temps on reste sain d'esprit, dans les sommets sans oxygène où il habite. Le mal des hauteurs, qui rend fou, qui rend con.

« Non.

— Comment ça, non ?

— Non. C'est dégueulasse. »

Le jeu du ruban se fige, tout près de mon visage.

« Si tu la vires, je m'en vais. Vraiment. »

Quelle menace inouïe. Il va fondre en larmes. Se scarifier. Arrêter le cinéma.

Ridicule.

Tant pis, merde. Nous aussi, en bas, au fond de la vallée, on a nos limites.

D'abord, il ne se passe rien. Il m'envisage. Les yeux, la bouche. La bouche, les yeux.

Et puis, à son tour :

« Non.

— Comment ça, non ?

— OK, elle reste. Et toi aussi. »

Et il tire sur le ruban. Fort. Ça se tend dans ma nuque, ça me tracte contre lui. Éperdue, vaguement étranglée, je le contre-tracte par le col de sa chemise.

On se jauge. Personne ne lâche. Ça tourne au western spaghetti.

« Mais crois-moi, dans la vie, j'en ai bavé plus souvent que Rochelle et toi réunies. Alors, ne viens pas me donn... aïe ! »

Mordu sa lèvre inférieure. Un arrangement personnel, entre la rogne et le désir.

Il riposte aussitôt, baiser brutal, urgent. Une plainte lui échappe, me tombe dans le corps, plus brûlante qu'une rasade d'eau-de-vie.

Il faut que je sache, avant d'être complètement ivre :

« C'est toi qui m'as fait venir ici ?

— Ouais. J'ai passé quelques coups de fil. »

Je repense à Dani et à son histoire de quatre-fromages.

« Je t'avais dit non.

— Ah, pas du tout. Tu m'avais dit que tu devais bosser. Alors voilà : maintenant, ton boulot, c'est moi.

— Tu fais ça souvent ?

— Quoi ?

— Traiter les gens comme des pizz… des objets. »

Il me presse contre ses hanches, dans son odeur exquise. Tabac, laine propre et peau généreuse. Pas l'ineffable fumet du dieu sur la montagne. Celle de l'homme qui a dormi dans mes bras.

« Si tu veux des excuses, je te préviens, tu vas être déçue. Aucun regret… »

Nos mains s'enfièvrent. Des tissus ripent.

« Mais je t'en prie… Venge-toi, Peter. Traite-moi comme un objet… »

D'accord.

Oh, Honey…

Oh, sugar, sugar.

23

Rien que pour vos yeux

Une oliveraie en pente douce, de vieilles pierres médiévales – avec des voûtes romanes, des tas de dépendances, et même quelques ruines antiques. Il est sympa, l'Airbnb de Ben Whyte. Un vrai hameau rien que pour lui, en pleine campagne toscane.

Je me demande à quoi ça sert. Je doute qu'il ait le temps d'aller cueillir des olives dans un petit panier, ou l'envie d'essayer chaque nuit une chambre différente.

Tout à l'heure, une dame en robe noire et col blanc est venue me demander ce que je voulais boire. J'ai suggéré du prosecco, j'ai eu une bouteille de champagne. Si je le dis à Ben, est-ce qu'il va vouloir la lourder, elle aussi ?

Je m'enivre flûte après flûte, en regardant rosir l'immense terrasse, la piscine à débordement, les collines. Je plane en attendant le retour (en hélico ? en soucoupe volante ?) d'une star de cinéma.

Non, mais sérieusement.

Je vais me réveiller à l'hôpital, avec une seringue dans la fesse droite.

Mais pour l'instant, je me vautre toute seule dans la douceur du soir. Personne, à part les inévitables gardes du corps qui patrouillent et une équipe d'employés discrets. Un calme de monastère, à peine troublé par le chant des oiseaux. Ben Whyte est un solitaire. Ou bien il a renvoyé sa cour pour la soirée. Ou bien j'ai juste la tête farcie de préjugés sur la vie des stars.

J'ai des excuses. Quand on voit où il crèche.

Et la gueule de sa publiciste...

Ce matin, elle est entrée dans la caravane sans frapper, pile au moment où j'acceptais de rester une nuit de plus à Florence, « chez lui », soi-disant pour cette foutue interview qu'on avait tous les deux oubliée.

La soixantaine longue et desséchée, dégaine d'ancienne danseuse plantée raide sur son axe, elle m'a scrutée sans un mot. Mon badge de presse. Ma tignasse ébouriffée. Mes fringues ordinaires. Mes baskets.

Verdict : mauvais pour l'image.

Le boulot de Machine (elle ne s'est pas présentée, et Ben a juste dit : « Ah, ma publiciste préférée ») est très différent de celui de Rochelle, qui bosse pour la promotion des films. Machine, elle, travaille pour un seul homme. D'une star à l'autre, la tâche est variable : porte-parole, nettoyeur de conneries, nounou zélée ou conseiller féroce. Le point commun, c'est le contrôle. À l'évidence, j'ai été rangée presto dans la liste noire, avec les aliments gras, les dérapages verbaux, les photos d'orgie et les délits de fuite. Quand je suis partie, elle a fait semblant d'ignorer les yeux brillants de Ben et sa dernière phrase.

« *See you tonight, Honey.* »

À plus tard, *sugar*.

Je suis allée boire un café au comptoir d'un food truck installé entre deux caravanes. J'ai traîné dans la frénésie des préparatifs. Aujourd'hui, tout se passait là-bas, dans le jardin de Boboli, beauté vénérable profanée par la même agitation, le même enchevêtrement de câbles et d'équipements qu'hier.

Au programme, la James Bond girl. Je l'avais oubliée, celle-là. D'ailleurs, il paraît qu'il ne faut plus l'appeler comme ça. C'est sexiste. Dégradant. Avant, 007 sans sa bimbo assortie, c'était comme 006 ou 005. Ça n'existait pas. Alors que maintenant… C'est pareil, mais avec d'autres mots. James Bond se frotte à une « héroïne forte et indépendante », nous explique Rochelle, une « égale ».

Égale à quoi ? À l'idée que se fait un producteur opportuniste et vénal de l'« héroïne forte et indépendante ». Aussi féministe qu'un concours de T-shirts mouillés.

Elle est tellement belle qu'elle trompe l'œil. C'est une photo retouchée en 3D, qui parle, qui marche. Très grande, très blonde. La fesse gainée de cuir noir, le débardeur conquérant. Elzbieta Cyganek, dite Elzy, top model polonaise, joue une jeune enquêtrice d'Interpol qui tombe sous le charme de James. Mais attention : avec force et indépendance.

Tout le monde connaît Elzy. Tout le monde bave sur Elzy. Ça n'a rien à voir avec le cinéma. L'an dernier, ses grands yeux délavés et son décolleté moiré s'affichaient partout. Cette campagne – pour un parfum, je crois – lui a valu une gloire foudroyante et un surnom : « Shooting star ».

L'étoile filante.

Une prise après l'autre, j'ai vu l'étoile filer dans les bras de Ben.

L'action se passait dans une fontaine. Une putain de fontaine du XVIe siècle. Comment les services du patrimoine italien peuvent-ils autoriser un truc pareil ? Est-ce que je me tape Fidel sur les genoux du *Penseur* de Rodin, moi ?

Scène de bagarre, mon œil. Rien à voir avec celle d'hier. Et que je te provoque, et que je te braque, et que je te chauffe dans un grand ballet d'éclaboussures. Tout ça pour finir, tout dégoulinants d'érotisme et d'eau non potable, sur le large socle en forme de coquillage d'une statue de Neptune.

Et de se rouler une formidable pelle. Une vraie. Même à distance, ça se voyait.

Le marathon de mini-interviews, pendant la mise en place d'un autre plan, m'a offert une diversion bienvenue. On est allés emmerder un chef op, un attaché de production, quelques techniciens, et on a même pu arracher deux phrases à Jim Wu. Dont une, lancée à pleins poumons, ne nous était même pas destinée : « Hey, Ben, tu nous refais un petit plongeon pour la presse ? » Autour, l'équipe s'est esclaffée comme si c'était la meilleure blague jamais proférée depuis Paf le chien.

Ben Whyte se séchait vigoureusement les cheveux. Il a émergé de sa serviette éponge et décidé de nous rejoindre, pisté à la hâte par tout un bataillon d'auxiliaires. Il m'a serré la main, comme aux autres. L'a gardée un peu trop longtemps. J'ai senti son majeur appuyer en douce dans le creux de ma paume.

« Excellent entretien, ce matin. J'ai adoré votre approche. »

Demi-sourire malicieux. Les lèvres encore pleines des baisers d'Elzy.

Puis il est parti se changer.

Martin, le pote-assistant, est venu me chercher dans une petite Fiat bleue. « Pourvu qu'elle n'attire pas l'attention », a-t-il soupiré en passant une vitesse. « C'est l'enfer, ici. On est traqués sans arrêt. Même moi, je dois surveiller mes arrières. » Mon coup d'œil furtif dans le rétroviseur ne lui a pas échappé.

« Ne vous inquiétez pas. Pour l'instant, personne n'a repéré Molly.

— Molly ?

— La voiture.

— Ah bon. Pourquoi elle n'a pas un prénom italien ? »

Je ne m'attendais pas à le faire rire à ce point. « Il a raison, Ben. Vous êtes... spéciale. D'habitude, on me demande plutôt pourquoi elle a un prénom. Tout court. »

Ben Whyte me trouve « spéciale ». Petite poussée de fièvre, avant de me rappeler qu'Elephant Man aussi était « spécial », dans son genre.

À la place du passager, j'étais assise du côté torturé de son visage. Pourtant, très vite, il a balayé ma gêne instinctive et ma honte de l'éprouver. Ce type ressemble à sa voix : paisible, posé, espiègle. De tous les intermédiaires appointés que j'ai pu croiser, Martin est le seul à ne pas se comporter comme tel. Il ne fait pas semblant d'être agréable. Il l'est. Juste un ami d'ami, qui vous balade en voiture. Pardon, en Molly.

On a atteint les faubourgs, enchaîné les lacets, les embouteillages et les propos oiseux. Albert, ça va mieux à un téléphone ou à un micro-ondes ? Est-ce qu'on peut appeler son slip Bridget et avoir quand même une vie de couple ? Au bout de quelques kilomètres, on se poilait comme deux idiots.

Quand on a fini par aborder la longue allée privée du domaine, dans les hauteurs de Fiesole, j'étais si détendue que je me suis lancée dans le récit complet de ma première rencontre avec son simili-patron.

« ... Et voilà comment je suis rentrée chez moi couverte de honte et de café. Je ne m'en suis toujours pas remise. »

En se garant entre deux gros SUV noirs, Martin s'est tourné vers moi, et l'ange a ressurgi du magma : « Lui non plus, Marianne. Lui non plus. »

La nuit est bien avancée, maintenant.

Un éclairage discret caresse les voûtes du grand salon. Les restes du dîner sont éparpillés sur la table basse. Et moi, j'attends.

On allait commencer l'interview, et puis il a dit : « J'ai besoin de fermer les yeux une seconde. Ne me laisse pas m'endormir. »

Depuis, mon téléphone n'enregistre que le silence.

« Euh… *Hello?* »

Aucune réaction de l'intéressé, allongé sur une méridienne de velours rouge. Mains jointes, jambes croisées, pieds nus. Il a de grands orteils élégants et… pensifs. Oui, je les mate assez longtemps pour leur enfiler des adjectifs comme des chaussettes mal tricotées.

Sa respiration m'envahit, vagues lourdes et régulières, irrésistibles.

Si ça continue, on va nous retrouver à l'aube dans la même position. Écroulés face à face, au milieu de tout ce luxe douillet. Encore un endroit habité par le goût des autres, comme au Ritz. Rien, ici, ne ressemble à Ben Whyte. Surtout pas l'antique et monumentale cheminée, qui a dû en voir passer, des chapons farcis, des traités historiques et des empoisonnements à la bagouze.

Je me secoue. J'abandonne mon fauteuil. J'hésite un peu, avant de me pencher sur lui.

Je ne l'ai jamais touché comme ça. Jamais vraiment. Ma paume, sur son front. Mon pouce, sur ses cernes fragiles. Tendresse osée. Limite inconvenante.

Il sourit, sans ouvrir les yeux. Attrape une pleine poignée de mes cheveux, et les flaire intensément.

« Hmm…

— Si tu préfères te reposer, je…

— Non. Envoie les questions. »

Il s'étire, bâille comme un lion repu. Ça fait remonter le pull et apparaître son nombril, cet adorable défaut dans la cuirasse.

« Attends, Peter. Viens là. On sait à quel point tu aimes t'asseoir sur les gens, pendant les interviews.

— Ouais. La méthode Corvo… Je ne t'écrase pas trop ? »

Me voilà installée en travers de ses cuisses. C'est ce qu'on appelle être proche de son sujet.

« Non, c'est bien… Je t'écoute.

— En quoi penses-tu renouveler le rôle ?

— James Bond ? En rien. Est-ce que tu demandes à un type qui en remplace un autre sur un porte-avions en quoi il renouvelle la forme de la coque ou la puissance des canons ?

— Mais…

— Le vieux James est coriace. Rien à faire. C'est lui qui commande.

— Pourtant, avec tous les films d'action que tu…

— Rien à voir, Peter. Ce job, c'est les Jeux olympiques. J'en prends plein la gueule. Le mois dernier, à Londres, je me suis démis l'épaule en sautant d'un bus en marche. Et salement déchiré un muscle de la hanche, pendant une bagarre un peu technique… Tu vois, regarde, c'est juste là. Chaque fois, on m'a rafistolé, dopé comme un cheval, et c'est reparti… Si James Bond avait vraiment existé, crois-moi, il aurait fini en fauteuil roulant.

— Mais tu as dit à la presse que c'était un rêve de gosse.

— Qu'est-ce que tu voulais que je raconte ? Que c'était bon pour ma carrière ? Faut pas croire tout ce que tu lis dans les journaux… Tu peux me passer mes clopes ? Merci. Enfin, au moins, Jim Wu est un mec potable… Hm… »

Volutes et volupté.

« Je ne devrais pas te faire ça.

— Pourquoi ? C'est très, très… agréable.

— Pas les caresses, Peter… Ce que je te dis. Tu ne peux pas t'en servir. Pas un mot. Tout est off. *Verboten.* Avec toi, j'arrive pas à filtrer. À débiter les salades habituelles.

— J'aurais jamais dû accepter, de toute façon.

— T'inquiète. Tu vas écrire que j'ai lu tous les bouquins de Ian Fleming. Que j'ai passé mon enfance à jouer aux espions. Que, dans les années quatre-vingt-dix, mon idole…

— Ah oui, mais non. Puisque c'est pas vrai.

— Tu sors de quel nénuphar, Froggy ? À peu près tout ce qu'on dit sur moi est faux, tu sais. Inventé, trafiqué. Scénarisé.

— Tu n'es pas né à Auckland ?

— Si.

— Tu n'as pas débuté très jeune ?

— Aussi. Mais…

— Et ce fameux *showrunner* australien, Andrew, euh…

— Dunham.

— Andrew Dunham, il t'a bien repéré sur un parking de bar, non ?

— Ah, ça… oui, il m'a bien repéré.

— Qu'est-ce que ça veut dire ?

— Rien.

— Mais…

— Ça veut dire que… je ne veux pas regretter cette conversation demain. »

Oui, mais tu as envie que j'insiste. Que je force le passage. Je le sens. Je le vois. Tu fumes dans le vague. Ton silence m'attend.

Cette manie des perches moitié tendues, moitié glissantes.

Il est mal tombé. Je ne sais pas jouer à ce jeu-là.

« On va s'en tenir à James Bond, alors…

— Voilà.

— Tu t'entends bien avec Elzy ? »

Il s'étouffe avec sa clope. Je ne vois pas ce que ça a de si drôle.

« Tu veux quelle version ? Celle que tu pourras publier, ou l'autre ?

— L'autre ?

— Très bien. Mais c'est pas gratuit. Donnant, donnant. Enlève ta chemise.

— Déjà ?

— Marianne…

— On n'a pas fini. C'est déloyal.

— T'es belle. Je veux te voir. Mais je reste concentré. Juré. À fond.

— J'ai pas confiance.

— Bon. Alors, réponse officielle : Elzy est une partenaire exceptionnelle. C'est une chance et un privilège de travailler avec quelqu'un d'auss… Oh. *Thank God*. Encore. *Please…* »

Une première dans ma tumultueuse existence. L'interview topless.

« Elzy est une emmerdeuse. Gros calibre. Et pourtant, dans ce milieu, la concurrence est rude. Les crises de nerfs, les retards, les lubies… Cette folle a quatre assistants. Tu sais pourquoi ? Un pour chaque élément de “Gaia”. Elle les a rebaptisés. Terre, Eau, Feu et Air.

— Nom de Dieu…

— Ouais. Et elle croit que tout le monde a une aura. La mienne est rouge sang, paraît-il. Ça doit être parce que j'ai tout le temps envie de l'égorger. Putain, si ce que je te raconte sort d'ici… Tu me rends imprudent. Tu me rends… Il reste combien de questions ?

— Toutes.

— Merde.

— Et… vous avez déjà… ?

— Quoi ?

— … été ensemble ?

— À ton avis ? Je préférerais encore me bousiller l'autre hanche. Dis-moi, ça intéresse ton journal, ce genre d'infos ?

— Pas du tout. On ne fait pas dans le people.

— Alors pourquoi tu demandes ?

— Comme ça. Je m'en fous, de ta vie privée.

— Ah bon ? »

Il me scrute entre ses cils, me lisse le flanc, et je suis là, nue jusqu'à la ceinture, nulle part où me cacher.

« Dommage. Moi, je m'intéresse à la tienne. C'est qui, ces mecs ?

— Quels mecs ?

— Tes mecs. À Londres, tu as dit qu'il y en avait d'autres… Beaucoup d'autres ? »

Je ne vais quand même pas m'inventer des liaisons torrides avec les quarante voleurs pour faire l'intéressante. Mais sa curiosité déclenche un méchant trouble, me donne envie de mentir. Juste un peu. Pour voir.

« Le principal… s'appelle Fidel.

— Le “principal”, hein ? Il est cubain ?

— Pas du tout.

— Chilien ? Argentin ?

— Non. Chercheur en sociologie.

— En Sociologie. C'est où, ce pays ? Connais pas. Ils rasent des forêts pour faire pousser des intellos ? »

Nerds. Dédain suspendu dans l'air tiède.

« Il fait…

— OK. Stop. Il fait ce que tu veux. On enchaîne ?

— Euh… Oui. Euh… Quel est ton point de vue sur l'évolution de James Bond, dans le contexte géopolitique actuel ? »

Demandé-je donc, à moitié à poil.

« Quel contexte ? Les guerres, le terrorisme, la pandémie ? La crise climatique ?

— Peut-être pas tout ça en même temps, mais…

— Aucune idée. Tu crois que tu parles à qui ? À “Fidel” ? Je ne suis pas chercheur, moi. Plutôt limite analphabète. Eh oui, Peter. Officiellement, j'ai quitté l'école à seize ans. Mais j'y allais déjà tellement peu que personne n'a vu la différence. Alors, non, je n'ai pas de “point de vue” sur l'évolution “géopolitique” de James Bond, du Magicien d'Oz ou des trois Stooges. Jamais rattrapé le temps perdu. Pas envie, pas le temps. Trop tard.

— Ah ouais ? On peut vivre comme ça, tranquille, sans se préoccuper de rien ?

— J'ai jamais dit que j'étais insensible. Tu me prends pour qui ?

— Mais tu as dit…

— Juste que j'étais… insuffisant. Je vois bien ce que tu essaies de faire, Marianne. M'obliger à parler de tout ça, à l'arrache. Tu as fait des études, tu ne peux pas comprendre. On n'a pas les mêmes peurs.

— Tu pourrais…

— Dès que je dis une connerie, elle fait trois fois le tour du monde. Je préfère me taire.

— Et ne rien faire ?

— J'ai pas dit ça. Je donne de l'argent.

— Bien sûr. Les bonnes œuvres. »

Mon père dit toujours que la charité est à la société ce que les opiacés sont au cancer. Ça soulage un peu, mais ça ne guérit rien.

« Et tu le donnes à qui, ton argent ?

— À des gens qui en ont besoin.

— C'est pas très précis.

— Des gens comme moi.

— Des acteurs ?

— C'est malin. Non. Des gens mal partis.

— Tu étais mal parti ?

— Disons que… c'était pas idéal. J'ai dégagé de chez moi à quatorze ans. Et encore, quand je dis "chez moi"… »

Flottement. Nouvelle invitation muette. Cette fois, je n'hésite même pas :

« Quatorze ans ? Pour aller où ?

— N'importe où. D'abord un an en foyer, grâce à Jerry. Mon beau-père…

— Comment ça, grâce à lui ?

— Il avait horreur de la violence. »

J'ai déjà vu ce sourire aiguisé. Il n'annonce rien de bon.

« Horreur de la mienne, en tout cas. Je me battais tout le temps, partout. À l'école, dans la rue… On n'était plus que deux, tu vois. Alors il prenait bien soin de mon éducation. Par exemple, quand je rentrais avec un coquard, il m'en collait un deuxième. Pour "équilibrer", il disait. Œil pour œil. Et dent pour dent, tiens : une fois, un mec m'a fêlé une incisive. Alors, du coup, Jerry m'en a pété une autre. »

Seigneur.

« Enfin, donc, un soir, j'étais dans le jardin de derrière, je venais encore de me faire "équilibrer" la gueule, et la voisine est sortie étendre le linge. On habitait dans un lotissement miteux, vraiment les uns sur les autres, même pas de palissades entre les baraques, alors elle risquait pas de me louper. Elle m'a dévisagé cinq bonnes minutes, les bras toujours en l'air, ses grandes culottes de mémé et ses pinces plein les mains. C'était pas la première fois, mais là, va savoir ce qui lui a pris. D'un coup, elle a remballé la lingerie et elle est rentrée chez elle comme si elle avait le feu au cul. Le lendemain, les services sociaux sont venus voir Jerry. Pour… l'équilibrer. »

Dit-il, la mine réjouie.

Comme c'est pittoresque.

« Ça va, Peter, personne n'est mort. Enfin, plus personne, après ma mère. Et Jerry, mais très longtemps après. Paix à ses beignes. Et le foyer n'était pas si mal...

— Mais tu n'es resté qu'un an...

— Ils allaient m'envoyer en famille d'accueil.

— Et alors ? C'était mieux, non ?

— Non. C'est pas parce que j'étais un peu à court d'adultes que je voulais m'en coltiner d'autres. Je me suis tiré, et je suis allé droit chez Martin. C'était parfait. Je passais par la fenêtre, on fumait des pétards, on discutait toute la nuit. Et puis ses parents m'ont dénoncé. Retour au foyer. Trois jours après, je refaisais le mur.

— Tu t'es encore fait choper ?

— Et je suis encore parti... Je ne sais plus combien de fois. C'est flou, cette période. J'y pense jamais, je mélange tout. Les endroits, les gens, les rues...

— Tu as dormi dans la rue ?

— Oh non, ça non. Pas souvent. »

« Pas souvent » ?

« Je trouvais toujours une solution... Des squats, des potes, des filles...

— Des amoureuses ?

— Des filles. J'étais pas très sentimental. À part Manaia...

— Ça fait très héroïne Disney.

— Non, ça fait très prénom polynésien assez courant.

— Donc, Manaia...

— … était un peu plus vieille que moi, et elle habitait seule. J'avais seize ans, et je ne sais pas ce que j'aimais le plus, *mate*… Ses beaux cheveux, ou son studio minuscule qui sentait la vanille. »

Et moi, je ne sais pas de quelle source vive jaillit ce récit. Pourquoi il m'offre tous ces détails que je n'ai jamais lus nulle part. S'il se rend compte que son accent kiwi s'est peu à peu alourdi. Et qu'il vient juste de m'appeler *mate*.

« Mais de quoi tu vivais, pendant toutes ces fugues ?

— De pas grand-chose. De plein de trucs. Je trouvais toujours du boulot. J'ai livré des journaux, de la bouffe, des meubles. J'ai été serveur, et videur devant une boîte pourrie, alors que j'avais même pas l'âge légal. Cela dit, je me suis vite fait virer, ils me trouvaient trop enragé. Je m'embrouillais toujours avec les pires connards, les plus instables, les plus dangereux… J'avais pas assez peur de mourir, je crois. Enfin, tout ça, c'est très loin, je…. Marianne ? Qu'est-ce que tu fais ? Je croyais… Je te préviens, si tu veux finir cette… »

Je voulais l'écouter encore, vraiment. Je voulais l'écouter toute la nuit, savoir combien de fissures et d'herbes folles dans le bitume, de jours noirs, d'arcades sourcilières éclatées et de fantômes d'adultes. Mais soudain, sa confiance s'est plantée en moi comme un morceau de verre.

J'embrasse son torse, il se tend, son pull est chaud, sa peau est mieux. Je lèche son ventre, je savoure les hanches, la bonne et la mauvaise, toutes deux aussi fermes, aussi tendres. Je me bats avec la boucle de sa ceinture, il se cramponne à ma tête, à mes cheveux, il me garde serrée entre ses mains. Je veux tout prendre en même temps, les muscles et la mémoire, ce que je respire, ce que j'apprends et ce que j'ignore, ce que j'imagine, ce qui glisse et palpite sous ma langue, entre mes doigts.

Cet homme-là, dont la vue me fait presque mal, n'existe dans aucun film. N'existait pas, jusqu'à ce soir.

On ne joue plus. Pas comme avant.

« Peter... C'est ça que tu veux ? »

Je ne réponds pas, il insiste.

« C'est vraiment ce que tu veux ?»

Dans l'état où je suis, il y a pourtant peu d'ambiguïté sur mon consentement. Ses mots roulent dans ma poitrine comme le bruit du tambour. Un dernier avertissement, que je renonce à comprendre.

Et puis c'est trop tard.

J'ai pas sommeil.

Aucune idée des dimensions de la chambre, ni même de l'endroit où elle est perchée, dans cette version italienne d'un château de conte de fées. On est arrivés dans les ténèbres. Des marches, un palier, encore des marches... Des portes, des draps, ses bras, toutes chairs confondues. Ensuite, il s'est endormi sur moi. Une reddition si lourde, si totale, que je peux à peine respirer, et encore moins me dégager.

Prise au piège.

Ce n'est pas une image, c'est une suffocante évidence. Quand je tente de bouger, il m'enlace inconsciemment et m'écrase un peu plus. Il est absent, je suis envahie. C'est exaltant et intenable. Le résumé de toute l'histoire.

Le temps pulse et se dilate au rythme de son souffle. Il faut que je me tire de là-dessous, avant que les idées noires se pointent. Qu'est-ce que je vais faire demain ? Rentrer à Paris. Et après ? Après, je ne vois rien. Juste la peur du manque, ou celle du trop-plein. Du sentiment vorace qui grandit en moi.

Envie d'une cigarette. Mon paquet est quelque part en bas, sous les voûtes, avec presque toutes mes fringues. Centimètre par centimètre, je sors un coude, une jambe, et puis, miracle, il roule sur lui-même et me libère en marmonnant. Je rampe vers le rebord du matelas. On n'y voit vraiment que dalle. Mes pieds tâtent un tapis rêche, trouvent la surface mate d'un carrelage de terre cuite. Je me heurte la hanche droite contre un coin de meuble, j'étouffe un juron, me décale vers la gauche, la voie est libre.

Je me vois déjà cloper sous les étoiles, quand mon talon ripe dans le vide.

Juste avant le vol plané, dans ce moment suspendu où les tripes vous remontent dans les molaires, je crois avoir retrouvé l'escalier monumental qu'on a grimpé tout à l'heure. J'ai le temps de me demander ce qu'il fout là…

Et plouf.

Littéralement.

De l'eau. Partout. Tiède et chlorée. Ça rentre dans la gorge, ça envahit les narines, ça pique les yeux, je bois la tasse, je manque me noyer de surprise.

La lumière s'allume. Des pas précipités. Le visage de Ben, au-dessus de moi, qui passe de l'inquiétude égarée au fou rire monumental. Il se marre tellement qu'il a du mal à m'aider à sortir de ce qui se révèle être un bassin intérieur de bonne taille. Une intime oasis de plantes vertes, de pierres apparentes et de vaguelettes bleu lagon, attenante à la chambre.

Sonnée, je me laisse hisser à la surface et enrouler dans un épais drap de bain, blanc et moelleux. Il me frotte le dos, la tête, veut savoir « *what in God's name happened this time* ». J'ai à peine le temps d'expliquer que je suis rapatriée dans les draps, à moitié chargée sur son épaule.

On flotte un moment, allongés face à face, sans rien dire. Même plus envie de fumer, rien du tout, à part suivre du regard la ligne de mes mèches mouillées, qui mène de ma joue à la sienne. Je cède à la fatigue, toujours fourrée dans ma serviette-éponge. Avant de sombrer, j'entends juste « bonne nuit, petit sushi ».

24

Stranger than Paradise

Tant qu'à tester des piscines, je préfère celle qui miroite au bout de la terrasse. Mon carnet sur les genoux et les mollets dans l'eau, j'avance dans mon roman pour oublier que je perds mon temps, pour un type qui n'est même pas là. « Ben ne tourne que ce matin, m'a expliqué Martin, par-dessus les pancakes du petit-déjeuner. Il veut que vous l'attendiez. »

Ben veut.

Un peu avant l'aube, il m'a pourtant semblé qu'on se disait au revoir. Qu'on se « faisait » au revoir. Il m'a cherchée au fond du sommeil, ramenée à sa surface de velours. Quand il a dû partir, je l'ai retenu par le cou, les épaules. Persuadée que c'était tout, au moins pour le moment. Mais non.

Ben dispose.

Il est au courant que j'ai du boulot, du retard sur tout, et une sœur qui s'inquiète en rafale (pas moins de cinq textos consécutifs depuis mon réveil) ? Et je lui dis quoi, à VTT ? Que je reste au chaud dans le garde-manger de James Bond ? Je ne suis pas une quatre-fromages. Je suis une femme libre.

Je devrais ramasser mes affaires, appeler un taxi, et… Soudain, des éclats de voix troublent la quiétude ensoleillée du domaine.

Ben est revenu. Et cette fois, il n'est pas seul.

Ils viennent de débouler en peloton coordonné. Personne ne me prête la moindre attention. Même pas James Bond, lunettes noires et visage fermé, qui s'engouffre aussitôt à l'intérieur du bâtiment, suivi par deux balèzes en survêtement.

Parmi les quatre qui restent et s'installent en conquérants dans le salon d'extérieur, je reconnais Machine, la publiciste revêche. Elle est en train de s'énerver au téléphone. J'entends parler de procès, puis elle hausse le ton pour suggérer à son interlocuteur de « se la mettre… » (*shove it up your ass*).

Ouch.

Quand je pense qu'en ce moment même, je pourrais être dans un avion, à mater de gros nuages inoffensifs. Tiens, elle a raccroché. Qu'est-ce qu'elle fout ?

Elle vient.

Droit sur moi.

Jésus, Marie, Vishnou.

Machine est grande. J'ai beau me relever, je la vois quand même en contre-plongée, le menton haut, les narines en mode entrée de tunnel. Pieds nus, humide, habillée comme à la pêche aux moules avec mon jean roulé jusqu'aux genoux, je me ratatine devant une colonne de mépris absolu.

Elle ne s'embarrasse pas de civilités : « Vous, vous partez. Maintenant. Une voiture va vous reconduire en ville. »

Oui madame. Impression d'avoir huit ans, et le nez plein de morve. Si seulement les gens qui m'ont si bien élevée m'avaient un peu aiguisé les crocs. Mais dans la fratrie, c'est Charlotte qui mord pour deux. Je me contente donc de remettre mes baskets, en refoulant la sève d'humiliation qui me monte aux yeux.

Je n'ai pas fait cinq pas qu'elle donne l'estocade : « Pas la peine de rentrer, j'envoie quelqu'un chercher vos affaires. »

Et pourquoi pas un sac poubelle, pour le tri sélectif ? Les bennes jaunes pour le carton, les vertes pour le verre, et les roses pour les plans cul du patron.

« NORMA ! »

J'ai la main sur la portière, mon sac de voyage est dans le coffre, et Machine (Norma, elle s'appelle Norma, comme Eczéma, Zona, Chlamydia...) surveille l'opération, les bras croisés, sous les yeux froids d'une demi-douzaine de gorilles.

Talonné par Martin, Ben vient de surgir sur le parking, en jogging, sans doute dérangé en plein entraînement. Il est rouge, trempé de sueur. Une seconde pour aspirer une goulée d'air, plié en deux, les mains sur les genoux, et il se remet à rugir.

« *What the FUCKING HELL do you think you're DOING?* »

Quand il marche sur Norma (« *How DARE you?* »), je crois, le temps d'une seconde effarée, qu'il va la démembrer sous nos yeux. Mais il s'arrête à quelques centimètres d'elle et donne un violent coup de poing sur le toit de la voiture.

« PUTAIN ! »

Tout le monde sursaute, sauf Norma.

De la voix calme et ferme du dompteur face à son fauve le plus chatouilleux, la publiciste essaie d'argumenter : « Ben, s'il te plaît. Écoute-moi. On ne peut vraiment pas se permettre… »

Il ne lui laisse pas le temps de poursuivre. Il ne crie plus, et c'est encore pire.

« “On”, Norma ? “On” ? C'est qui, ça ? Personne. “Moi”, je décide. “Toi”, tu dégages. Et vite, si tu tiens à ton job. »

Il n'y a plus seulement du mépris dans le regard qu'elle me jette, en prenant ma place dans la grosse berline. Sans avoir levé le petit doigt ni même ouvert la bouche, je viens de me faire une ennemie. Comme quoi, je n'aurai pas perdu la journée.

Je n'attends pas que Whyte-le-Terrible refroidisse. J'en ai marre d'attendre. J'en ai marre de tout, en général. Je récupère mon sac et je me tire vers l'oliveraie, sous l'œil unique mais compatissant de Martin.

Dans le sous-bois, le tapis d'herbes est sec, accueillant. Je m'assieds contre un tronc gris, antique et rugueux, peau d'éléphant. Un impassible pachyderme aux innombrables trompes, qui s'étirent et s'entrelacent pour aller boire le sol. Quel âge a-t-il, cet olivier ? Cent ans, mille ans ? Tout ce voyage immobile et fantastique à travers le temps pour finir plante verte dans une location saisonnière de luxe…

Quand je sors de ma torpeur, le jour commence à décliner.

Ben Whyte est là, posé à côté de moi, épaule contre épaule. Sa cigarette paraît toute fine entre ses doigts. Il la laisse se consumer, la tête appuyée contre l'arbre-éléphant.

« Tu m'en veux, Peter ?

— Je sais pas. J'aurais dû monter dans cette voiture.

— Oui, je crois. »

Prends ça dans les rotules, « *Honey* ».

Il s'est changé, et le T-shirt du jour n'a jamais été aussi approprié : Angry Bastard, proclame sa poitrine dans les ombres bleutées.

« Marianne… Norma est une garce, mais elle n'avait pas tort. Tu tombes mal.

— Mais tu… mais c'est toi qui… »

L'indignation bouffe tous mes verbes.

« Oui, c'est moi qui voulais que tu restes. J'ai déconné. Maintenant, tout le coin est infesté de paparazzis… On est en état de siège.

— C'est pas toujours comme ça ?

— À ce point-là ? Seulement quand ils flairent le sang. »

Il arrache des touffes d'herbe, les roule entre ses doigts. On reste comme ça un moment, j'ai des fourmis partout. Des vraies, noires et menues, qui furètent du tronc jusqu'à moi, et de moi jusqu'à Ben.

« Ce matin, TMZ a sorti une info bien juteuse… Je savais que ça finirait par me rattraper, mais… »

Je me redresse un peu. Voilà pour la tension de cet après-midi. Alors quoi ? Il a pris du crack ? Il a été acteur porno ? Et si c'était #MeToo ?

Dites-moi qu'il n'a abusé de personne.

« À seize ans, j'ai eu des ennuis avec la justice. Une bagarre… »

Ouf, putain.

Je dois être transparente, parce qu'il devine mon objection avant que je la formule à haute voix :

« Si, c'était grave. J'ai failli tuer quelqu'un. Le type est resté quarante-huit heures dans le coma. Je lui ai éclaté la tête, Peter. Contre un trottoir. Si je n'ai fait qu'un mois de prison, c'est juste parce qu'il s'en est tiré, que j'étais encore mineur… Et bien amoché, moi aussi. »

Il avance le front et me montre l'infime cicatrice qui griffe son sourcil.

« Je la garde. Ça me rappelle ce que j'aurais pu devenir.

— Mais pourquoi…

— Pour rien. Je te l'ai déjà dit, j'étais enragé. Très con. Cette fois-là, encore plus que d'habitude. Le mec traînait avec les King Cobra. Tu connais ?

— Non.

— C'est un gang… En Nouvelle-Zélande, ils existent depuis… je sais pas, toujours ? Cet abruti bossait plus ou moins pour eux, et ça lui montait à la tête. Tu l'aurais vu, mauvais comme un pitbull, toujours à chercher la merde… On s'est croisés une fois de trop, c'est tout. »

C'est tout ? Je faisais quoi, moi, pendant qu'il jouait à *Sons of Anarchy* ? Des scoubidous ? Des rédactions sur les Polly Pocket ?

Il me lâche pour froisser son paquet de cigarettes vide. Je regarde ses mains. Qui me plaisent tant. Qui, un jour, ont donc brisé un crâne. Et, tout récemment, cabossé le toit d'une bagnole. Ben Whyte, l'homme qui crève l'écran à coups de poing.

J'aurais préféré moins de documentaire et plus de fiction.

« Bref, cette nuit, TMZ a mis en ligne les *mug shots* de mon arrestation. Et une copie intégrale du jugement. Maintenant, je paye très cher un bataillon de gens pour essayer de rattraper le coup.

— Qu'est-ce qu'ils peuvent bien rattraper, à ce stade ? »

Soupir. Doigts légers, tout chauds, le long de ma joue. Évacuation délicate d'une fourmi égarée.

« Ils vont attaquer, bien sûr. Faire interdire la publication. Et servir une jolie fable au public. Comme d'habitude. »

Où je me souviens d'une question en suspens.

« Ton histoire de casting sauvage derrière le bar, avec le producteur australien qui t'a découvert… C'est une fable, aussi ?

— Ouais, plus ou moins. Mais celle-là, je l'ai inventée tout seul.

— Qu'est-ce qui t'est vraiment arrivé ?

— Ce qui arrive à beaucoup de gens… Surtout aux filles, mais pas seulement.

— C'est-à-dire ?

— Ça, Peter… Même Martin ignore que… Laisse tomber.

— Non. Dis-moi. »

Je récupère sa grande pogne. C'est doux comme le cuir d'un gant de boxe.

Il se tait presque indéfiniment, dans les gazouillis du soir et la rumeur de la route, en bas de la colline. Entre les arbres, on aperçoit des lumières s'allumer, minuscules, sur le versant d'en face.

« Tout le début est à peu près vrai. J'étais assis sur une bagnole, avec… Peu importe. On buvait, on faisait tourner un pétard, et ce mec se pointe. Tout frais, bien sapé, avec cette coiffure à la con, tu sais… Comme s'il venait de baiser un séchoir. On a cru qu'il voulait acheter de l'herbe. Un de mes amis… Shane, Shaun ? J'ai oublié… lui a dit qu'on n'en avait plus assez, mais qu'il savait où en trouver.

— Tu dealais ?

— Moi ? Non. J'étais pas… assez fiable. Mais donc, Andrew ignore mon pote. Il ne mate que moi : “Tu n'es pas un peu jeune, pour ce genre de business ?” Alors, bien sûr, je l'envoie chier. Mais au lieu de s'énerver, ou de se casser, il a souri. Comme si j'étais, je sais pas… attendrissant. Ça m'a…

— … dérouté ?

— Scié. Surtout quand il m'a refilé sa carte, après avoir gribouillé un numéro dessus : “Ça, c'est le mode d'emploi. Moi, c'est Andrew. Et toi, tu m'intéresses. Appelle avant lundi, si tu veux changer de branche.” Là-dessus, il se tire.

— Sans rien expliquer ? Mais… Tu n'as pas cru qu'il cherchait, euh… un gigolo ?

— Bien sûr que si, Peter… J'étais jeune, pas débile. Mais j'étais raide. J'avais besoin de fric. Je venais de me faire virer pour la centième fois, je dormais dans le garage d'une copine... J'ai décidé de courir le risque. De croire tous les titres sur la carte, le logo de Seven...

— Le logo de quoi ?

— Seven... la chaîne australienne. »

Connais pas. Chez moi, tout est différent. Les étoiles, les saisons, les chaînes de télé. Et l'enfance.

« Le mec logeait quelques jours à l'hôtel, dans le CBD...

— Euh...

— Pardon. Le Central Business District. Le quartier des affaires, à Auckland.

— Il t'a fait venir... dans sa chambre ?

— Sa suite. Je n'ai vu que le salon, je pourrais encore te le décrire en détail... C'était le soir, on voyait les lumières de la Sky Tower par la baie vitrée, il m'a fait parler devant sa petite caméra sur pied. D'où tu viens, qu'est-ce que tu fais de ta vie, est-ce que tu peux tourner la tête vers la gauche, merci, et maintenant à droite... J'étais un peu largué, mais j'avais l'impression que ça se passait bien, que j'avais ma chance. Et tout d'un coup, il m'a expliqué qu'il avait besoin de savoir comment j'étais foutu. J'ai pas compris, pas tout de suite. J'ai dit : “Vous voyez bien”, et lui... “Non, ton T-shirt me gêne. Et puis je veux voir si tu as des tatouages.” Alors, j'ai enlevé mon T-shirt.

— Ah.

— Oui, “ah”. Je me sentais mal, avec ce type qui me reluquait derrière son objectif, mais j'y connaissais rien. Il m'a dit que c'était normal, que les castings, c'était toujours comme ça, et que, d'ailleurs, il devait vérifier le reste. Quel reste, j'ai demandé. Ça l'a fait marrer : "Tout le reste, garçon."

— Merde.

— Comme tu dis. Je me suis déshabillé sans penser à rien, sans savoir pourquoi j'acceptais ça. J'étais… désert.

— Il savait que tu étais mineur ?

— Oui, il m'avait demandé mon âge, juste avant.

— Est-ce qu'il t'a…

— Touché ? Non. Il s'est contenté de… profiter. Enfin, tu vois. *Anyway*… Après, il m'a demandé de me rhabiller, et je suis parti. La semaine suivante, son assistante m'a appelé pour me dire que j'avais été retenu. J'ai retrouvé ce salopard à Sydney, et on n'en a plus reparlé. Jamais. C'est la première fois que je m'entends le raconter à voix haute. »

Je regarde son profil se troubler, entre chien et loup.

J'essaye de respirer normalement. J'étale mon émotion du bout des doigts, sur son avant-bras contracté.

« C'est…

— … du passé.

— Je…

— Tu devrais partir cette nuit. »

Par la barbe de Freud. Cet homme sait comment évacuer un sujet.

« Le plus tard possible, les vautours seront moins nombreux.

— Mais…

— Peter. C'est pas le moment de te faire repérer. Si on te prend en photo ici, avec moi... Si quelqu'un arrive à t'identifier... »

Inutile de développer. Je crois que je viens de comprendre sa question d'hier soir. « C'est vraiment ça, ce que tu veux ? » As-tu bien mesuré la circonférence des cercles de l'enfer, autour de moi ? La puissance jalouse des démons auxquels tu te frottes ?

La réponse est toujours non. Et encore non.

À l'abri du calme frissonnant de l'oliveraie, le danger paraît presque surnaturel, tapi dans la nuit qui s'installe. Je me lève, pour me dégourdir un peu les jambes. Je scrute les phares blancs des voitures qui surgissent au loin, scintillants comme des flashs, dans la masse noire des collines.

Un ténébreux mastodonte, qui s'éveille en clignant des yeux.

Et je pense tout haut : « Tu ferais un bon personnage de conte. »

Sa voix tranche, perplexe, narquoise : « Ah ouais, quel genre ? Le méchant ou le prince charmant ?

— Aucun des deux. Un type qui aurait conclu un drôle de pacte.

— Avec le diable ?

— Un peu... Pas vraiment. Je le vois plutôt sur une île perdue, dans...

— Ah. Faust à la plage, donc. C'est quoi, le pitch ? Un cross-over avec Robinson Crusoé ?

— Non, je...

— Ça donnerait quoi ? *Come on*, Peter, raconte. Au point où on en est... »

Je devrais refuser. Mais sa silhouette n'est plus qu'une ombre tendre, contre le ventre de l'arbre. Cette terre sent si bon qu'elle nous arrache au temps.

Alors j'improvise.

« Imagine un océan, si vaste qu'aucune carte marine ne l'a jamais changé en papier. Si brumeux que l'eau se perd dans le ciel. Si lointain que même les poissons l'ont oublié. Dans cet océan, il y a une île. Une seule. Et sur cette île, il y a un jeune homme. Un seul. De quel courant, de quel ventre vient-il ? Mystère. La mer a léché ses souvenirs, jusqu'au dernier. Et maintenant, il a froid. Toujours froid. Alors il chasse, pour voler la chaleur des bêtes. Leur chair, leur cuir, leur sang. Il chasse toujours plus loin de la grève, à travers bois, au creux des ravins, dans l'eau sournoise des marais. Un soir, à bout de forces, plus transi que jamais, il parvient au centre de l'île. Là, dans les hautes herbes, sous une clarté d'orage, se tient la plus étrange, la plus énorme des créatures. Sa fourrure semble si soyeuse, si opulente, que l'humain désire aussitôt s'y plonger tout entier. Et peut-être y mourir. Mais lorsqu'il s'élance pour tuer encore, une dernière fois, le pelage disparaît. À la place, il n'y a plus que des yeux. Par centaines, par milliers, ils s'ouvrent et scintillent comme des écailles sur chaque parcelle de ce corps gigantesque. Rien que des yeux, et pourtant, la créature prend la parole : "Tu es beau", dit-elle. Murmure sinueux, brise diffuse. "Tu nous plais." Et cette voix, qui n'en est pas une, se fait enjôleuse : "Reste avec nous, tu n'auras plus jamais froid. Nous t'offrons toutes les vies. La peau des autres, la fournaise

de leur désir. En échange, nous n'exigeons presque rien. Oh, juste un peu à manger. Vois-tu, nous avons faim. Toujours faim." Le jeune homme tombe à genoux, perdu : "Je voudrais bien, mais je n'ai pas grand-chose."

Dans le vent du soir, il croit entendre le monstre sourire.

"Ne t'inquiète pas. Tu nous nourris déjà." »

Le hasard a des facéties théâtrales : au dernier mot de mon petit récit, tous les spots extérieurs du domaine se déclenchent en même temps. Abracadabra. Éclairant les oliviers par en dessous. Révélant un Ben pétrifié. Il est toujours assis, je suis toujours debout. En scène. Je me suis laissée emporter, et voilà qu'il me prend pour Shéhérazade.

Quelle arnaque.

« Tu... »

Une éternité.

« Putain. »

Des raclements de gorge.

« Tu viens juste... d'inventer tout ça ? »

Non, j'ai appris par cœur une rédaction de CM2 avant de venir.

« Ouais, mais bon...

— Ce genre de trucs... Tu les écris, parfois ? »

En effet. Je ne fais pas que raconter des conneries. J'en écris aussi, parfois. Je ne vois pas trop l'intérêt de creuser ce sillon vaseux. Lui, si.

« Tu as déjà publié quelque chose ?

— Jamais. Je te l'ai dit. À part des articles, évidemment, mais ça ne compte pas.

— Tu devrais. »

Ma réponse claque sec, même à mes propres oreilles :

« Tu ne sais pas de quoi tu parles. »

Il se relève. Se dégourdit lentement. Vient rôder dans mes parages :

« Et toi, tu sais de quoi tu parles, quand tu rédiges des critiques ? Tu as déjà joué un rôle ? Réalisé un film, peut-être ? Essayé d'en produire un ? »

Finie, l'admiration puérile en contre-plongée.

« Mais ça n'a rien à voir, Ben. Ce n'est pas ce que je voulais d… »

La suite, il l'a mangée toute crue. Baiser bref, attention aiguisée. Les yeux comme des croissants de nuit, obscurs et brillants entre ses cils.

« Tu m'as appelé Ben. »

Oui, et alors ? Comment veut-il que je l'appelle ? Helmut ? Chouchou ? Mon capitaine ? Et puis je réalise à mon tour ce qu'il vient de saisir sur ma bouche. Jusqu'à ce soir, j'ai évité de l'appeler. Tout court. On n'appelle pas une image, on la regarde.

« Ben. » Interdites, claquemurées, ces trois petites lettres. Lui donner du « Ben », c'est tout se permettre, tout se promettre. C'est se croire naturalisé, quand on n'est que touriste.

Ce soir, à mon insu, le prénom s'est échappé. Je teste à nouveau son goût frais et intime sur ma langue, sa grisante saveur de transgression.

« Ben. »

Il cille : « Recommence. »

Un « Ben » après l'autre, je m'enivre méthodiquement. Je passe aux alcools forts : « Benjamin... C'est bien ça ?

— Ouais. Benjamin Winston Whyte, depuis les origines.

— Winston ? Comme Churchill ?

— Tout à fait. C'était le grand-oncle de ma mère.

— Non ?

— Non.

— Arrête de faire ça, Ben.

— Quoi ?

— Te foutre de moi, Ben.

— Peux pas. C'est trop bon, Marianne.

— Benjamin.

— Marianne.

— Winston.

— Marianne... Et quoi d'autre, au fait ?

— Giuseppina.

— *Gioo... say... what?*

— Giuseppina. C'était le prénom de ma grand-mère.

— Italienne ?

— Oui. Mais pas d'ici. Du Piémont. Borgo San Dalmazzo. Enfin, quand elle était jeune. Après, elle a toujours vécu en France. Tu te rends compte... Elle est arrivée à pied, toute seule, par les Alpes, à la fin des années trente. Pour fuir les chemises noires... »

Une autre jeunesse violentée. La légende familiale.

« Elle s'est réfugiée à Marseille. C'est là qu'elle a rencontré mon grand-père. Oreste Corvo. Ouvrier communiste. Pur immigré napolitain. Ensuite, ils ont... »

Je m'arrête net. Et pourquoi pas replanter tout mon arbre généalogique à ses pieds, tant que j'y suis ? Lui chanter *Bella ciao* ? Lui donner la recette des raviolis au lapin de ladite Giuseppina, dite Mémé Giù, dite Nonnina ? Lui dire ce que les fascistes avaient fait à son frère, à ses parents ? Lui décrire son caractère *all'arrabbiata*, ses tabliers trop serrés, ses mains qui sentaient l'eau de vaisselle ?

Le pire, c'est que j'en meurs d'envie, de raconter cette vie, et la mienne, toute petite, sans gangs ni traumas, crâniens ou pas, sans caméras ni Golden Globes. Le pire, c'est la manière dont il me tient. Comme si rien au monde ne l'intéressait plus que les détails de mon visage et la biographie de ma Mémé. Je ne sais pas où on va, tous les deux, mais on y va plus vite qu'une luge catapultée par erreur sur une piste noire.

« Tu parles italien, Peter ?

— Un peu. Moins bien qu'anglais.

— Dis quelque chose. Ce que tu veux. »

Je peux lui déclamer du D'Annunzio ou l'annuaire téléphonique de Turin, il ne verra pas la différence. Aucun risque. Alors j'ose :

« *Vorrei tanto che fossi vero.* »

Je voudrais tant que tu sois réel.

Cette fois, c'est venu lentement. J'ai senti sa poitrine se soulever, son souffle se retirer. Une grande inspiration, l'élan d'un baiser prodigieux. Un baiser épique. De ceux dont on confie chaque détail à la postérité. De quoi visser une plaque commémorative en bronze sur l'olivier : « Ici s'unirent la volupté, la ferveur et la grâce. À Ben Whyte, la Patrie reconnaissante. » De quoi y consacrer un jour férié tous les ans et ne plus jamais pouvoir embrasser personne d'autre sans crever de mélancolie.

Je perçois à peine le sourire un peu croche qu'il esquisse juste après cet instant de gloire immaculée.

« On rentre ? »

On a filé tout droit dans la chambre. Au bord de la piscine intérieure, un type en livrée blanche est venu nous servir à dîner sur une nappe de lin brodé.

J'étais en pleine extase mystique à base de cèpes marinés quand Ben a décidé de faire taire son téléphone et de me piquer le mien, qui traînait sur la table. Déverrouillé, vulnérable.

« Eh, c'est privé ! »

Il l'a tenu en l'air, hors de portée, comme un emmerdeur de cour de récré : « Je veux juste voir ta musique ! »

J'ai baissé les bras. Il a baissé la main.

« Alors… Les Beatles, bien sûr… Led Zeppelin… Ah, les Who. J'aime bien… Et… Oh. »

Bon, voilà, tant pis.

Il est tombé sur la playlist « Ben W. »

Je me suis décomposée en l'écoutant égrener les titres, comme une espèce de poème érotique, niais et décousu.

« *I Want You*… *Sex on Fire*… Hmmm…

— Rends-moi ce téléphone.

— Non. »

Le sourire de sale gosse s'est épanoui, avec la suite du programme « Ben W. », récitée par Ben W. : « *Les*

Mûlins de mon cœur… All You Need is Love… Whole Lotta Love… The Man I Love… »

Love-love-love.

Merde-merde-merde.

Impossible de le regarder en face, ou d'enrayer la rotation infernale, grinçante et saccadée des « *Mûlins de mon cœur* ». Je me suis concentrée farouchement sur les antipasti. Tellement mortifiée que je n'ai pas tout de suite remarqué qu'il avait arrêté de lire.

Fini de rire.

Il a fallu qu'il me prenne le poignet, qu'il le serre à me faire mal, pour que je relève la tête.

Alors, tout est devenu trouble. Tout s'est assourdi, dans le visage de Benjamin Winston Whyte, l'homme de l'autre bout des mondes. De l'autre bout de la table. Cet inconnu transi. Sa mèche noire en travers du front. Son regard d'écume. Mes pensées ont reflué, noyées par quelques vers de Pablo Neruda, que je m'étais amusée un jour à apprendre par cœur.

« *Parmi les vagues, une vague, une autre vague / vague de verte mer, branche verte…* »

J'aurais pu passer la nuit penchée en avant, à sentir ses traits devenir miens, se souder à ma peau comme un masque en fusion.

J'ai fini par me lever, avec précaution. Avec la conscience diffuse de faire un geste irréversible. Quand j'ai contourné la table, j'ai passé une frontière. Quand il a appuyé son front contre mon ventre, j'ai changé d'époque. Une chaleur sourde, dans le tissu de ma chemise : « Je suis réel, tu sais. »

Violente montée de fièvre.

« Tu comprends l'italien ?

— Un peu. Juste assez pour… »

Il m'a enfermée dans ses bras.

« C'est réel, Peter. Tout ça. C'est réel. »

La suite du poème m'est revenue plus tard, au fond du lit.

« *J'ai seulement choisi l'unique et seule vague / et c'est la vague indivisible de ton corps.* »

Un peu avant l'aube, sur le parking du domaine. Le chauffeur qui me ramène à l'aéroport vient juste de mettre le contact, quand Ben toque à la vitre. En la baissant, je reçois une bouffée d'air froid et boisé. Il se penche, ses lèvres effleurent mon oreille.

Juste une requête, à peine audible : « *Nobody else, now.* »

Personne d'autre, maintenant.

Le temps que je réalise, il lâche la portière et donne une petite tape sur le flanc de la voiture, comme on claque la croupe d'un cheval pour le faire trotter.

La diligence est partie.

J'entends mugir les motos lancées à nos trousses. Je ne peux pas les voir, mais je les imagine, ces gros bourdons qui nous collent au train : combinaison noire, casque intégral noir, gueule noire de leurs objectifs démesurés. Un conducteur et un passager sur chaque bécane, comme des tueurs professionnels.

« Personne d'autre, maintenant. »

25

Orgueil et Préjugés

« Il a écrit QUOI ? »

Réfugiés sur l'étroit balcon, on ne s'entend plus parler ni penser. Même plus picoler. Le salon de Fatou est blindé de danseurs, le plancher va craquer, les voisins aussi. Les flics ne devraient plus tarder.

On fête le printemps, histoire d'avoir un prétexte, et moi je fête tout, en général. Les bouffées suaves de la nuit parisienne, décoction d'herbe hachée et de grisaille automobile. Les pulsations des basses dans ma poitrine. Les rires imbibés, les corps moites, les éclats de conversations.

Depuis que je suis rentrée, je voltige dans l'existence avec l'agilité du trapéziste. Portée, lancée, rattrapée. Partout, tout le temps. Ce soir, c'est mieux que jamais. Accoudée au garde-corps en fer forgé, je me verrais bien planer au-dessus des toits, frôler les arbres des boulevards et finir perchée tout en haut de Notre-Dame, telle une gargouille euphorique.

Ou une grosse cloche. Sonnée à chaque texto.

On s'écrit tous les jours.

Parfois, c'est juste un mot, une blague. Une photo, un Gif idiot. Parfois, c'est long comme un mail.

Quand il peut, il appelle, en visio. Grand bain de voix grave et de regards chauds, à prendre tard le soir.

Pour ne pas hurler dans le vacarme ambiant, je montre à Jean notre échange le plus récent :

« Envie d'acheter à Paris. Quel quartier ? »

« Ça dépend… Tu veux un arrondissement entier, ou juste quelques rues ? »

« Haha. *You smart ass.* »

En me rendant l'appareil, mon vieux copain, mon plus fidèle allié, a l'air décomposé. Il me crie dans l'oreille, en scandant chaque syllabe, pour que je ne perde pas un décibel de sa lucidité : « Vous débloquez complètement… Comment tu crois que ça va finir ? »

Qui vivra verra, gros rabat-joie.

Pour le moment, cette « liaison », car c'en est une, osons nous l'avouer, reste à l'abri de ses guillemets. Étanche, planquée, protégée. « Personne d'autre » que Ben, et quelques-uns de ses appointés, muets par contrat, ne sait que j'existe. Ces derniers jours, dans la presse des égouts et des salles d'attente, il n'est question que de la condamnation juvénile pour coups et blessures.

Le *National Enquirer*, ce torchon américain, a même réussi à dénicher la victime. Michael Jackson.

Oui, le mec s'appelle Michael Jackson. Même s'il ressemble autant à feu son homonyme que moi à un distributeur automatique de boissons fraîches.

Il vit toujours à Auckland, mais au fond d'une prison, où il tire vingt ans, pour meurtre. Et où il a trouvé Jésus. Pas en personne, mais presque : dans l'interview, notre taulard quinquagénaire n'est que paix intérieure et guimauve universelle. Principal bénéficiaire : ce polisson de Ben Whyte. Pas rancunier, le Michael : « J'ai tout de suite compris qu'il irait loin », confie-t-il, avec une fierté embuée d'éducateur spécialisé.

« Tout de suite » ? Pendant l'impact entre son crâne et le trottoir ?

Aucune précision sur la somme que le tabloïd a dû allonger pour une rencontre exclusive au parloir. « Sans doute de quoi cantiner à perpétuité », m'a dit Ben. « Et toi, combien l'as-tu payé, ce touchant témoignage ? » ai-je risqué.

Pas de réponse.

Bref, cette sale histoire tourne à l'avantage de mon amant – oh, mon amant. Dont les beaux yeux en berne me toisent au détour de chaque article. Une vraie campagne de promo, comme si le monde venait de découvrir son tout premier rôle, excitant, sombre et marginal. Exotisme mal famé. Tropique du voyou.

Cette mauvaise fréquentation que me reproche Jean, avec une vigueur proportionnelle à son alcoolémie.

« "Acheter à Paris"... Je rêve. Même quand ils fricotent entre eux, ces gens-là n'y arrivent jamais. Rien ne résiste à leurs vies de dingues.... Tu vas te faire broyer. Tu veux que je te dise ? Il est dégueulasse. Parce que lui, il le sait parfaitement. »

Il me rappelle Cassandre, l'éternelle pisse-vinaigre des tragédies grecques. Cette pauvre fille qui s'échine à prédire le malheur à des gens qui s'en tamponnent comme de leurs premières fibules. Je le plante là, drapé dans sa toge de pessimisme, et je replonge dans la mêlée des fêtards.

Pour Dani, bien entendu, c'est surtout un problème « sociopolitique ». On pourrait appeler ça la « Théorie des Antipodes » : je suis l'été, Ben est l'hiver. Je vote rouge, il vote blanc. Aucun « terreau de convictions » *(sic)* en commun : « Ça lui pose un problème, dis-moi, de gagner en un seul film le PIB du Bhoutan ? » Et ainsi de suite, jusqu'à ce que j'aie l'impression de m'être vendue à un trafiquant d'uranium ou à un patron de Goldman Sachs.

Je lui dis que Ben me chavire, elle accuse la société du spectacle. Je lui parle de désir, elle me répond néolibéralisme, propagande et conditionnement.

Même Fatou, la plus grande sentimentale de l'hémisphère Nord, a désormais peur de l'hémisphère Sud : « Oui, mais s'il te brise le cœur ? »

Ils m'épuisent, tous.

Est-ce que j'ai dit que je voulais lui faire des triplés ? Emménager chez lui ? Je ne sais même pas où il habite. Ni si ça veut vraiment dire quelque chose, quand on passe toute sa vie à voyager.

Du coup, quand Ben téléphone, je lui pose la question.

« J'ai un ranch en Nouvelle-Zélande, bien sûr… »

Bien sûr.

« Et puis un truc à New York… »

Quel truc ?

« Sinon, il y a l'île… »

L'île ? Comme dans mon conte, mais en vrai ? En entier, avec ses criques, ses palmiers, ses pélicans ? Et pourquoi pas une base stellaire avec des androïdes ?

Il continue, sans s'apercevoir que je m'étrangle au bout de la ligne, parasitée par le spectre de Dani, qui me chuchote « PIB du Bhoutan » dans l'autre oreille.

« C'est marrant, d'ailleurs, elle est tout près d'une autre île des Seychelles, qui s'appelle... devine comment : “Marianne”. »

Ça, c'est marrant.

« Elle est très belle. Comme toi. »

Oui, mais moi, je porte moins bien le cocotier.

« La mienne s'appelle Fortune. »

Là, franchement, j'ai plus les mots.

« J'y vais dès que je peux. On est bien, là-bas. On n'a plus besoin de grand-chose... »

Bah non. Soutenez la décroissance. Achetez une île.

« Quelques amis, de grandes assiettes de crabe et l'horizon... Tu verras, c'est le paradis. »

Je m'imagine dans ce tableau idyllique, un bavoir à crustacés autour du cou : « Une autre pince, Brad ? Encore un peu de mayo, Leo ? » Et je m'efforce d'oublier l'autre partie de la phrase.

« Tu verras. »

...

Il faut que j'arrête de revoir tous ses films à longueur de nuit. Je me suis endormie au milieu des boîtes de DVD, quatre heures avant la sonnerie du réveil. Le souffle court et le cerveau encore en pyjama, j'arrive juste à temps à ma projection de presse matinale, dans une petite salle privée près des Champs-Élysées. Aujourd'hui, je suis en mission critique pour juger *Bili-Bilou et la salopette volante*, un programme de courts métrages d'animation finlandais pour les moins de trois ans, qui sort le mois prochain.

Ledit Bili-Bilou se révèle être un lapin en papier mâché, aussi vif et fascinant que le morceau de carton qui lui a donné naissance. Avant même qu'il enfile la fameuse salopette, je dors déjà profondément.

Le contact, chaud et ferme, me fait sursauter. Une main, sur mon genou.

Perdue, je crois que mon voisin de fauteuil me signale que je suis en train de louper la moitié du spectacle. Sauf que personne ne caresse la rotule des gens pour les réveiller. Sauf que tout à l'heure, il n'y avait pas de voisin de fauteuil.

La rangée était vide. Bili-Bilou n'affole pas le tout-Paris.

La main ne se retire pas. Au contraire. Elle fait comme chez elle. Remonte le long de ma cuisse, glisse sous le tissu de ma jupe.

Un pervers. Qui aime tripoter la presse, de préférence dans le noir, pendant les films pour enfants. Je me tourne, prête à buter l'intrus.

« *Hey, Honey.* »

L'apparition sent la verveine. Son sourire s'étire dans la pénombre.

Sur l'écran, Bili-Bilou se dispute avec Zaza, sa meilleure copine la poule en bouts de ficelle.

« BEN !?? »

Un « Chut » irrité au fond de la salle.

« Au secouuurs ! » glapit la poule.

Emportée par la stupéfaction, la joie, le choc, je me jette sur lui. Délestée, l'assise de mon fauteuil se rabat d'un coup.

CHTONK.

« Mais arrêtez de vous agiter, putain, c'est quoi, ce bordel ?! »

« C'est une jolie surprise ! » s'exclame Bili-Bilou dans les haut-parleurs.

Le fou rire me gagne, je me bâillonne comme je peux dans sa poitrine. C'est un bon Dieu de miracle. « Mais comment… ? »

Il pose un index sur ma bouche. « Je t'expliquerai. Tu fais quoi, là ? » Un coup d'œil au film, désormais envahi de chenilles en crépon vert mou : « Enfin… Juste après tout ce suspense ? »

Merde.

Juste après, j'ai rendez-vous avec un fameux scénariste italien, qui repart ce soir à Milan. Impossible à reporter ou à éviter, pas même pour Ben Whyte.

« J'ai une interview, avec Dario Castellani.

— Oui, je connais… Il sait ce qu'il risque, ce pauvre homme ?

— Ben…

— Pardon. Combien de temps, l'interview ?

— Je sais pas… Une demi-heure ?

— Et après ?

— Je suis… »

Censée rentrer au journal.

« Libre pour la journée.

— Super. Donne-moi tes clés.

— Hein ? Mais je…

— TAISEZ-VOUS, MERDE ! C'est pas déjà assez chiant comme ça ?

— Tes clés, Peter. Je t'attends chez toi. »

Et il est reparti, furtif, courbé, vers la sortie de secours.

Deux heures plus tard, je flotte entre mon lit et ma star, les bras déployés, les yeux fermés pour empêcher le plafond de tourner.

Il a fini tout seul le déjeuner qu'il avait fait apporter pour nous deux. Des sashimis et du saké, avec les compliments d'un chef japonais, paraît-il. Je hais le poisson cru. Je préférerais encore ingérer une serpillière. Ou Wanda. Au lieu de l'avouer, j'ai prétendu que je n'avais pas faim.

En revanche, j'avais soif.

Me voilà donc à jeun, et bourrée comme un yakuza.

« Tu avais un rendez-vous à Paris ?

— Mais non, je voulais te... Ah, Peter... Parfois, je me demande si tu fais exprès de ne pas comprendre. »

La phrase a commencé le long de ma cuisse, pour finir toute vive au bout d'un sein. J'adore cette manie de s'adresser directement à mon épiderme. Mais ça doit aussi me frire quelques neurones, parce qu'en effet, je ne comprends pas.

« Quoi donc ?

— À ton avis ? »

À mon avis, rien. J'insiste, il ne relève même pas la tête. Puis tout se dilue dans les baisers au saké.

On est restés comme on était, pétris de tiédeur, dangereusement euphoriques, jusqu'au bord de la nuit. À faire tourner le plafond ensemble. Il a fini par m'expliquer ce qu'il fabriquait si loin de son Aston Martin. Hier, la production a déménagé à Prague. Chômage technique. Espion en permission.

« ... Jusqu'à demain matin, je ne peux pas rester plus. »

Il est ici pour moi. Rien que moi.

Léger vertige.

Je ne répondais pas au téléphone. Pour me retrouver, il a fait appeler le journal. Très fier de son effet de surprise. Il n'a pas précisé quel subalterne francophone s'est chargé de la tâche, ni quelle excuse il a inventée pour avoir l'adresse de la projection. Comment s'y est-il pris pour entrer dans la salle sans se faire repérer ? Le hall était vide. Enfantin, même quand on ne bosse pas pour de vrai pour le MI6.

Toutes les romances ont leur épisode de trempette érotique. Ça infuse dans la mousse, ça dépasse plus ou moins, selon l'âge et l'ampleur du public visé. Alors pourquoi pas nous ?

Il était tellement tentant.

La clope au bec, les mollets croisés sur l'émail, les pieds dans le vide, son grand corps à moitié plié dans l'eau chaude. L'homme le plus sexy du monde, tout nu dans ma petite baignoire.

Il m'a regardée enjamber le rebord avec une certaine appréhension.

« Euh... Tu es sûre ?

— Oh oui… »

Mais en fait, non.

Le cendrier est tombé par terre. La clope est tombée à l'eau. Je suis tombée sur Ben. Un genou à l'avant-garde, en plein dans sa poitrine. Il s'est cabré sous le choc et m'a filé un coup de tête.

On abrite nos bleus et nos bosses dans la même serviette de bain trop petite. Hilares, affligés. Il répète « *God, are you OK?* », et moi, je lui jure de ne plus jamais approcher le moindre point d'eau en sa présence.

Qu'est-ce que je vais dire à Jean, demain ? « Je viens de passer la nuit avec Ben Whyte. Il m'a mis un coup de boule, j'ai failli le castrer, mais finalement, je lui ai juste pété la cage thoracique. C'était merveilleux. »

Aucune raison de s'inquiéter.

Dehors, il pleut des cordes. Dedans, la lumière de la lampe de chevet n'a jamais été aussi tendre avec mon visiteur. Elle cherche sa peau, embrasse ses cheveux mouillés, toutes ses fossettes. À moitié rhabillé, la bouteille de saké à la main, les lunettes de traviole, il examine mes étagères en tanguant un peu.

« Tu as vraiment lu tout ça ? »

Question typique des gens qui n'ont pas l'habitude des livres.

« Tiens, Steinbeck. Les… *Reysins de la colâyre… The Grapes of Wrath?* J'adore ce roman. Je ne sais pas combien de fois je l'ai dévoré, trimbalé, racheté, offert… »

Au temps pour moi. Il en a au moins lu un. Et pas des moindres.

J'en suis à tenter de nettoyer la crasse de mes préjugés quand il avise la longue rangée consacrée à Stephen King :

« Sacrée collection.

— Eh oui. Tu vois, je ne suis pas obsédée que par *Doctor Who*… »

(Ou par toi.)

« Eh, mais… Peter, j'ai une idée. »

Il me rejoint sur le lit, avec l'enthousiasme d'un témoin de Jéhovah en tournée de promo.

« Tu veux le rencontrer ?

— Qui ça ? Stephen King ? »

Panique sous la couette.

« Oui, je le connais un peu… On a un ami commun, un producteur qui… Enfin, on s'en fout. Je peux tout à fait… Oh, attends… tu devrais même traduire quelques textes, pour lui montrer… »

Ou alors, je pourrais avaler cul sec un litre d'eau de Javel.

Comment on dit « plutôt crever », en Ben Whyte dans le texte ? De préférence sans éteindre ce sourire confiant, ravi, magnifique… ?

Merde de merde de merde.

« Je lui ferais perdre son temps.

— Mais non.

— Mais si. Tu n'as même pas lu ce que j'écris. Et si c'est nul ?

— Je suis sûr que non. Ton histoire, l'autre fois, elle m'a… je sais pas… »

Alors, tais-toi.

« Et puis, si tu veux être publiée, il va te falloir des contacts.

— Euh… Écoute, j'y penserai. »

Et avec un peu de chance, tu auras tout oublié quand les effets du saké se seront dissipés.

« OK. Parfait. Où est mon téléphone ? Il est quelle heure, là, sur la côte Est ? »

Mais que quelqu'un l'abatte. Maintenant. Pourquoi n'est-il pas tombé sur Tolkien, Edgar Poe ou Philip K. Dick ? J'ai plein d'écrivains morts, dans ma bibliothèque.

Tout à fait injoignables.

« Attends ! »

Quelque chose, dans le tranchant de ma voix, l'arrête en pleine inspection de poches.

« Euh… Je suis sensible à ta proposition, hein, c'est très gentil, et tout… Ne crois pas que… Mais, en fait… Laisse tomber. Je préfère pas. Tu comprends ?

— Non. »

Il me regarde, l'œil vide, comme si je parlais wolof, mandarin, ou – tiens – français.

« Ben, je… je n'ai aucune envie de rencontrer les gens que j'admire. Pour quoi faire ? Crever de trac, répéter les conneries que tout le monde leur sert sans arrêt ? "Ouh la la, j'aime beaucoup ce que vous faites"… Désolée, mais personne n'en a rien à carrer. Ni eux ni moi. »

Bon, voilà.

On dirait que je viens de le gifler. Il ne répond pas tout de suite, mais s'étire et farfouille dans le tas de

DVD qui traîne au pied du lit. « Et ça, alors ? Et moi ? » dit-il en me collant sous le nez la jaquette d'un de ses films. « Pourquoi tu m'as rencontré, moi ? » J'observe la photo de son visage près de son visage, et l'effet double Ben me donne le tournis.

Toi, on m'a obligée.

Je m'abstiens de le préciser. Il sait bien que c'était mon boulot, mais pas que j'aurais préféré me scier une jambe avec une lime à ongles, ce jour-là.

J'aurais dû voir venir la réplique suivante, mi-taquin, mi-diva : « Tu ne m'as jamais dit "J'aime beaucoup ce que vous faites", à moi. Je ne sais même pas ce que tu penses de mon travail. »

Je lui reprends le DVD des mains (un thriller récent, *Peste Noire*. Le troisième Golden Globe).

« Toi, Ben, euh… C'était toi. C'était mieux, c'était pire. »

Peut-être que ça sonnait un peu moins con en anglais, parce qu'il se laisse enfin aller dans mes bras. L'incident est clos.

Plus tard, en pleine fièvre, quand je me tords sous son poids, quand je tiens ses mains bien attachées à mes hanches, j'ajoute : « J'aime beaucoup ce que vous faites. » Et je le fais marrer, ce géant que je ne voulais pas connaître.

Trois heures du matin. On est à table – laquelle, comme tout le reste ici, tient plus du matériel de camping que de l'aménagement d'intérieur. Je me demande comment il supporte encore une fois tout ce bordel. Comment il daigne rester enfermé ici pour mâchouiller un hamburger mal décongelé au micro-ondes, parce que j'ai refusé une autre « commande » de luxe, de peur de voir débarquer des intrus et des poissons crus.

Il a dit « m'en fous, pourvu que je bouffe », et il est allé explorer le frigo.

La console pliante qui me sert de coin déjeuner, à gauche de la fenêtre, est si étroite qu'on est presque assis l'un sur l'autre, son genou calé entre les miens. Il mange avec entrain, me sourit la bouche pleine, tout épanoui : « Ch'est bon, ches chaloperies… », et il ne m'a jamais paru aussi redoutable. Il est en train de tout dévorer. Les distances. Mon air. Le reste du monde.

Je veux le garder, tel quel. Avec sa chemise déboutonnée, ses yeux bas et futés, sa carrure à transporter des caisses sur les docks. Je veux qu'il reste ici jusqu'à ce que la planète parte en fumée. L'éternité, ou presque, entre un rouleau de Sopalin, des assiettes Ikea et un fabuleux festin industriel : « … mais cha m'empêche de t'embracher. »

En VO, il a dit « *I can't quiche you* », et c'est encore mieux.

Il se lève pour récupérer ses cigarettes, boit au passage au robinet de l'évier, me plante une bise sur le crâne, puis va fumer à la fenêtre. En caleçon.

Il pourrait avoir un autre nom. Un autre métier. On se serait rencontrés dans un bar, dans la rue, sur Tinder. Bien sûr, il plairait aux gens. Mais pas par millions. Il serait à moi, tout le temps.

Mais peut-être que je me raconte des histoires.

C'est qui, ce mec à ma fenêtre, sans le panache de ses personnages, les effets spéciaux de sa gloire ? Un grand costaud qui n'a pas fait d'études. Un délice rugueux que tu hésites à consommer devant tes pairs, tes collègues, tes amis, ton petit monde bien élevé.

L'animal que tu préfères cacher dans ton lit.

Dans une autre vie, j'aurais pu avoir honte de lui. De nous. L'idée est si coupable, si moche, si poignante qu'elle m'enflamme le cœur. Me donne envie de réparer des torts que je n'ai pas commis.

Pas encore.

On s'observe de part et d'autre de la vitre ouverte, constellée de gouttelettes scintillantes.

« Dans quinze jours, je fais un saut à L.A. pour la première du nouveau *spin off* de *Star Wars*. Tu veux venir ?

— À… Los Angeles ?

— À la soirée.

— Tous les deux, ensemble ? Devant tout le monde ?

— Non, incognito, déguisés en Stormtroopers… Mais oui, tous les deux, Peter. Devant tout le monde. »

Mais qu'est-ce qui lui prend, ce soir ?

Il a servi sa vanne d'un ton insouciant. Ou presque. Juste en dessous, il y a autre chose. Une tension. Je me fais croire que j'ai mal compris.

« Qu'est-ce que ça veut dire ? »

Il respire un grand coup, et elle arrive, la phrase que je redoutais. Celle qui change tout.

« *I'm ready to go public. If you are too.* »

« *Go public.* » *Go. Public.* Se montrer. S'afficher. S'exposer. Officialiser. S'engager. S'étaler. Sauter le pas. S'offrir à la bête. Entrer dans l'arène. Mettre la tête dans le four. Les interprétations jaillissent dans ma tête en cohue désordonnée.

Go public.

L'animal veut sortir de mon lit.

C'est la version adulte du gars qui traverse la cour de récré pour te demander si tu veux être sa copine, celle qu'il pourra tripoter sous le préau devant tout le collège, même les profs et le CPE. C'est Julia Roberts, la star de *Coup de foudre à Notting Hill*, qui déboule dans la boutique de Hugh Grant, pour minauder qu'elle est « juste-une-fille », pas une aberration qui va lui ravager l'existence, à ce malheureux. Le transformer en chair à scandales, le jeter dans la mare aux piranhas, jusqu'à ce qu'il ne reste que les os.

Comédie romantique, mon cul.

« Juste-un-homme » fume, et il attend. De savoir s'il peut informer la planète qu'on est… ensemble ? Il faudrait d'abord que je parvienne à m'informer moi-même.

Quelle merveille, quelle horreur.

Je sens bien qu'il faut que je parle. L'atmosphère est en train de geler, et pas seulement parce que la fenêtre ouverte laisse entrer la pluie. Les yeux verts se détournent, ils absorbent la nuit et l'eau.

« Mais… Pour quoi faire ? »

Pas brillant, mais c'est tout ce que j'ai en magasin.

« On ne pourrait pas, juste… rester comme ça ?

— C'est-à-dire ? Planqués, comme des coupables ?

— Mais… les paparazzis, tout le bordel… En Italie, tu disais…

— Que c'était pas le moment. Parce que c'est à nous de le choisir, pas à eux.

— Je ne vois pas trop l'intérêt de…

— On n'a rien à cacher, non ? À moins que tu sois en train de tromper quelqu'un, ce soir… ?

— Non, Ben.

— Alors… qu'est-ce qu'on fait ? »

… On réchauffe un autre hamburger et on change de sujet ?

Il repousse le battant, se bat un peu avec la vieille poignée récalcitrante et revient s'asseoir en face de moi.

« Tu as peur. C'est normal… Tout ira bien, je te le promets. Je sais comment ça marche. Comment on se protège. »

Je regarde sa grande pogne engloutir la mienne.

« Marianne… Ma petite conteuse… Je veux faire des trucs avec toi.

— On fait déjà plein de trucs. »

Tentative de blague, aussi bienvenue que du guano sur un cuir chevelu.

Le malaise s'amplifie, l'averse chuinte au dehors. Tout ce que je parviens à faire, au bout d'un silence crucifiant, c'est secouer la tête.

Non.

Droite-gauche, droite-gauche, un lent mouvement qui découpe et qui sépare.

La main se retire, j'ai brusquement froid aux doigts, et besoin de m'expliquer.

« On aurait l'air de quoi, tous les deux ? Ce serait ridicule, de…

— “Ridicule” ?

— Merde, non, pardon… Mais, Ben, personne ne comprendrait que je… Que tu… enfin, ça… c'est juste… pas possible. »

« Ça » prête atrocement à confusion. « Ça » ressemble à un râteau. « Ça » a l'aspect, la couleur, et même les dents du râteau.

Il est déjà à côté du lit, en train de malmener la couette. Pour retrouver ses affaires ? Il veut partir ?

« Je suis désolée… »

Il se retourne, pantalon à la main. « Ouais. Je suis sûr que tu es… quoi, déjà ? “Très sensible à la proposition”… C'est ton truc, ça, hein ? Envoyer chier les gens bien poliment : “Cher Ben, aurais-tu l'obligeance d'aller te faire foutre, s'il te plaît ? Merci beaucoup.” »

Il ne faut que cinq pas pour le rejoindre. C'est loin. J'y vais au ralenti, dans un cauchemar. Je tente une caresse, un peu au hasard, mais il me saisit le bras au vol. « Tu connais *Bartleby*, le personnage de Melville ? Celui qui répond “*I would prefer not to*”… “j'aimerais mieux pas”, quoi qu'on lui propose… ? »

Tiens, il a lu un deuxième bouquin.

« Celui qui finit par crever de passivité, tout seul dans son trou à rat ? »

Grand geste circulaire et dédaigneux sur l'appartement.

Non, mais je t'emmerde, avec tes leçons de littérature, tes fans, tes films, tes serviteurs, ton île et tes sashimis. Ton air méchant. Blessé. Va mourir.

Je dégage mon poignet d'un coup sec, mais je reste en plan. Ça tombe bien, il n'a pas tout à fait fini.

« OK. *Whatever.* On est là pour baiser ? On baise. Tu viens ? »

Let's fuck.

Si j'avais réfléchi, même trente secondes, je n'aurais jamais eu le cran de répondre « *I would prefer not to* » et de déverrouiller la porte d'entrée du « trou à rat ». De l'ouvrir toute grande, en attendant à côté que Sa Hauteur se casse.

Glacée jusqu'à la nausée, je l'ai regardé enfiler sa veste, attacher sa montre. Lacer ses chaussures. Il s'est un peu attardé, à se ronger un pouce, à vérifier partout, sauf vers moi, qu'il n'avait rien oublié.

J'ai tenu bon, presque jusqu'au bout. La première larme, lourde, gênante, s'échappe au moment où il passe le seuil.

L'instant d'après, il la boit sur ma joue.

Il remonte à la source, vers les paupières qui débordent. « Marianne... Marianne... » Tout prend un goût triste et salé, même mon prénom au bout de sa langue. Il le murmure à l'aveuglette, en recouvre mon visage, m'enveloppe dans la ferveur hypnotique de sa litanie. Quand je le pousse contre le mur, quand il prend mes cheveux à pleines mains, on oublie la porte ouverte, le palier obscur, et tout ce qui guette au-delà. Et il m'invoque encore, tout bas, jusqu'à ce que le plaisir souffle sa voix comme une chandelle.

Vers cinq heures du matin, il a vraiment fini par s'en aller. Au dernier moment, je l'ai retenu par la manche : « Ne m'oublie pas trop... »

Il s'est dérobé en douceur. Sa réponse a rendu un son creux dans la cage d'escalier. Ni au revoir ni à bientôt : « *You have no fucking clue.* » Tu n'as pas idée.

26

Pour qui sonne le glas

Les jours de malheur commencent comme les autres. Aucun clébard ne hurle à la mort au pied de votre lit. Aucun séisme ne fissure vos tartines, aucun prophète entortillé dans sa propre barbe ne débarque pour prédire les ténèbres.

Ce matin, tout était morne et tranquille. Bu mon café en pensant à rien. Pris ma douche, mon métro, ma correspondance, mon autre métro. Au bureau, on a joué la millième représentation de la même pièce anodine, intitulée *La Réunion de rédaction*. Beaucoup de monologues, quelques répliques bien tournées, des rires dans le public, et les éternels passages à vide, où la compagnie s'ennuie et somnole. On était en plein débat sur un film d'horreur allemand – *Die Hungrigen*, « Les Affamés », l'histoire des membres d'une secte cannibale, dans la Forêt-Noire. Les membres, au sens propre. Et comestible.

Tout le monde parlait en même temps. Ceux qui défendaient l'œuvre, « terriblement gonflée », d'une « grande puissance métaphorique sur nos sociétés carnivores ». Ceux qui trouvaient ça « moralement abject ». N'ayant pas vu la chose, je me contentais de gribouiller dans la marge du planning hebdomadaire.

La poche de mon pantalon s'est mise à tinter.

« Qui a encore oublié d'éteindre son portable ? » a demandé VTT, avant de se relancer aussitôt dans le brouhaha général, sans attendre de réponse.

Même à cet instant, alors que le Monolithe couinait contre ma hanche, je n'ai rien vu venir. Toute à la joie fébrile d'avoir enfin des nouvelles, après plus d'une semaine. Je me suis ruée hors de la salle vitrée, sans même m'excuser.

Le couloir était vide. Tout au fond, la grosse imprimante crachait du papier. J'entendais toujours la rumeur étouffée de la réunion, derrière moi. De l'autre côté, dans l'open space, quelqu'un a toussé. Mais au bout de la ligne, pas un bruit. Pas un souffle.

« Allô ? »

Ma voix semblait se perdre entre les parois noires et suintantes d'un caveau. C'est à ce moment-là que j'ai commencé à avoir peur.

« Ben… ?

— Ouais. »

Silence. En direct de l'au-delà.

« Tout va bien ?

— Non.

— Qu'est-ce que…

— Je viens de comprendre.

— Quoi ?

— Pourquoi tu voulais rester planquée.

— … Moi ?

— Ouais, toi. La journaliste qui se tape un crétin pathétique.

— Je ne…

— Pour qui tu te prends ?

— Mais Ben, mais…

— Te fatigue pas. »

Save your breath.

Stephen King a une manie bien à lui de transmettre la terreur. De faire basculer son lecteur dans le gouffre. Il va à la ligne en pleine phrase, et utilise les

italiques.

En glissant le long du mur pour m'asseoir sur la moquette, je n'ai pu penser qu'à ça. Aux italiques. Les messagers tremblants du désastre, dans cette voix

glaciale.

« Pourtant, j'ai l'habitude. Des faux-culs, j'en bouffe tous les matins au petit déjeuner. Mais toi… Bravo, tu m'as bien baisé. »

Peut-être qu'il attendait une réponse, une réaction. Quelque chose. Peut-être pas. De toute façon, je n'y pouvais rien. Parler, respirer, c'était avant.

« *Anyway… Go to hell.* »

…

Rappeler.

Et rappeler. Et rappeler.

Entendre la tonalité bourdonner comme un glas. Savoir que personne ne décrochera, et recommencer. Dix fois. Vingt fois.

Aller pleurer de panique et de stupeur dans les toilettes de l'étage. Sortir de là, le visage bouffi, poreux, offert à la curiosité de tous.

Pathétique.

Je me suis ruée à mon poste de travail. L'ordinateur a mis un siècle à s'allumer. Mes doigts tremblaient tellement que j'ai dû m'y reprendre à trois fois pour taper ce que je voulais dans la base d'archives du journal. Recherche croisée : Ben Whyte/Marianne Corvo. Onze résultats, presque autant de critiques de films. Et trois massacres.

Space Warfare, *de Stephen Collins. Avec Ben Whyte, Sandra Bullock, Tom Holland…*

« *L'univers est en danger. Des parasites extraterrestres menacent de l'engloutir tout cru. Heureusement, Ben Whyte et son équipage sont… très indigestes. Qui n'a jamais vu l'acteur néo-zélandais en combi spatiale argentée n'a pas connu les joies du vrai fou rire. Même ses ennemis, une armada de calamars gluants (venus de la constellation des projets qui auraient dû rester dans un carton), ont l'air moins grotesques.* »

La Maladie des anges (Angels May Cry) *de Derek Jones. Avec Ben Whyte et Nicole Kidman.*

« *Jim (Ben Whyte) et Sarah (Nicole Kidman) ne peuvent s'aimer qu'en se torturant. Erratum : ils ne peuvent s'aimer qu'en NOUS torturant. La première victime de ce mélo moisi, c'est le spectateur, obligé de subir le cabotinage du couple star. Le crétin pathétique et sa nunuche. Elle : "Tu es la porte de mon bonheur. Mais elle est verrouillée." Lui : "C'est toi qui as perdu la clé." Appelez un serrurier, et qu'on en finisse.* »

… Et enfin, le pire :

Z-End, *de Trevor Stone : « Énième fin du monde, servie avec ses zombies aussi frais qu'un stock de gigots invendus. Mais la vraie catastrophe, c'est que Ben Whyte a survécu. »*

Ce con s'est fait traduire des critiques. Il était curieux, apparemment. Et bien sûr, Norma-la-publiciste s'est empressée de le satisfaire, avec une sélection sur mesure. Que voilà une employée efficace.

Ce n'est pas Ben qui me l'a dit. Ben ne dit plus rien.

À force de m'acharner sur le Monolithe, le jour où tout a changé, j'ai réussi à tomber sur Martin. Il a choisi chaque mot avec un tact de cancérologue. Non, a-t-il eu « le regret » de m'annoncer, il n'est plus possible de joindre Ben. Non, pas seulement dans les jours qui viennent. Après, aussi. Non, par texto non plus. D'ailleurs, à ce propos, « je suis navré, croyez-moi », la ligne elle-même va être résiliée.

Désastre.

J'ai bien senti que Martin m'avait fait une faveur, rien qu'en décrochant dans le dos de son pote. Au terme de la conversation, il a même fini par s'autoriser un peu plus que ça : « Écoutez, on va essayer quelque chose. Je vous donne mon adresse mail personnelle. Écrivez-lui, je transmettrai. C'est tout ce que je peux faire. »

Je n'ai pas pu me répandre en remerciements moites. Il m'a aussitôt coupé la parole : « Marianne, s'il vous plaît. N'espérez pas trop. »

...

Le chagrin, c'est crade.

Plein de morve, de bile et de salive. Ça colle aux yeux, ça coule du nez, ça poisse les cheveux, les vêtements, ça s'infiltre partout comme une pluie toxique.

J'y pense justement en dégobillant dans le caniveau, entre deux bagnoles. Jean me tient la queue-de-cheval pour limiter les dégâts. On dirait qu'il empoigne l'anse d'une cruche. Une cruche pleine de rhum, de gin, de vin blanc, quoi d'autre après, je sais plus.

En passant, un monsieur demande si on a besoin d'aide. Jean dit non, merci bien, juste un coup de trop. Voilà qui résume bien la situation. Ben Whyte ? « Juste un coup de trop. »

Hilarant.

Demain, promis, je laisse Jean tranquille. Cette nuit, dans l'abribus où il me force à m'asseoir, il est presque aussi vert que moi.

De loin, on doit ressembler à des amoureux, tassés l'un contre l'autre dans la clarté fade des néons. De près, c'est beaucoup moins mignon. Je sanglote dans sa poitrine, je me cramponne à son pull, je me mouche dedans, je l'englue de malheur. Il supporte tout sans rien dire, même pas de « je t'avais prévenue », le menton posé sur mon crâne, les bras refermés sur mes tremblements.

« Tu le sais, hein, Jean, que je t'aime. » Je dois puer l'alcool, mais il me serre un peu plus fort : « Et toi, tu le sais, que tu as au moins quatre grammes et aucun avenir dans le showbiz ? » Si c'est une allusion à l'Autre Con, c'est cruel. Je me remets à geindre, toute honte bue. Jusqu'au cul de la bouteille.

Mais il pense à mes exploits de ce soir, Jean. Ce moment délicat, dans la boîte de karaoké où on a fini par échouer en bande. Il paraît que je ne voulais plus lâcher le micro. Qu'il a fallu me l'arracher doigt par doigt, entre deux larsens, pour m'empêcher de beugler sur la B.O. de *Kill Bill.*

Bang Bang

He shot me down

Bang Bang

Me souviens pas du tout.

Pour moi, la soirée se dilue bien avant, dans un autre bar. Il me semble avoir dansé, un peu. Roulé des pelles à un type. Non, deux. Après, je suis allée prendre l'air. J'ai raté des marches.

Bang Bang

I hit the ground

J'ai voulu rester dormir sur place. La joue contre le trottoir. Jean et Serge s'y sont mis à deux pour me ramasser.

Le chagrin, c'est humiliant.

« Avale au moins ça, c'est à la truffe. Tu adores les truffes. » Si elle pouvait, Charlotte me nourrirait de force. Je suis sûre que ça la démange. D'habitude, c'est moi qui finis ses plats, chez Paolo, l'excellent restaurant italien où on se retrouve chaque fois qu'elle vient à Paris.

« Bon sang, Marianne… Tu vas la cracher, ta Valda ?

— Faudrait savoir. Tu veux que j'avale ou que je crache ? »

Penchée sur son assiette, la fourchette en l'air, elle me refait ses yeux de hibou. À l'époque où nos Barbie étaient en colocation dans le même panier, il ne m'en fallait pas plus pour passer aux aveux : oui, c'est moi qui ai libéré le hamster, noyé ton lecteur MP3 dans les toilettes… Mais ça ne marche plus. Pas depuis que le père Noël a cessé d'exister.

La semaine dernière, donc.

Elle peut toujours brandir son droit d'aînesse. Je ne veux pas de sa stupéfaction (« QUOI ?… LE Ben Whyte ? »), et encore moins de sa sollicitude de couverture chauffante mal réglée.

Je ne veux pas qu'on m'enveloppe.

Je veux qu'on me laisse pourrir devant ma boîte mail, aussi vide que mon lit. Aucune nouvelle, depuis que j'ai transmis le message à Martin. Ce fatras d'excuses et d'émotions bien trop nues pour être envoyées au front.

Je veux qu'on m'abandonne à mes cauchemars, mes remords, mes clopes et mes insomnies, les fesses au frais sur le carrelage de ma salle de bains, le front contre le lavabo, au bord de la poubelle, en position déchet.

Je veux Ben.

Il y est allé, à sa putain de soirée *Star Wars*. Avec Elzy, « l'étoile filante ». Comme ça, il est resté dans le thème.

J'ai fouillé dans tous les coins du web, sur tous les sites attrape-couillons de la planète. J'ai cherché un signe sur son visage. Un peu de détresse, un indice. Quelque chose. N'importe quoi. Mais rien. Je ne reconnais pas l'homme qui parade sous les flashs. Radieux et froid. En pleine forme.

Gare de Lyon, juste avant de monter dans le TGV, Charlotte fait une dernière tentative :

« C'est qui ?

— C'est qui-qui ?

— Arrête. Je ne suis pas idiote. Je sais reconnaître un chagrin d'amour. Pourquoi tu ne me dis rien ? D'habitude… »

Rien n'est comme d'habitude, frangine.

« Il est marié, c'est ça ? »

Ouais. « Avec le monde entier », comme dit Jean.

« Non… C'est pas à cause de lui… C'est moi, c'est ma faute. Je lui ai fait du mal.

— Tu l'as trompé ? »

Ça m'arrache un sourire.

« Pas comme tu crois. Laisse tomber, Charlotte. De toute façon, c'est fini. »

C'est fini.

Cent vingt mille euros.

Je n'arrive pas à détacher les yeux du post-it collé en travers du contrat, une dizaine de pages de violence pure, format A4, imprimées et agrafées. En face de moi, la vue n'est pas plus belle. Norma-la-Murène a tenu à venir en personne me rendre la monnaie de son humiliation publique à Florence.

Elle m'a donné rendez-vous chez Angelina, le salon de thé chic et rococo de la rue de Rivoli, à quelques mètres à peine de l'hôtel Meurice, où j'ai rencontré Ben pour la première fois. Je me demande comment j'ai pu accepter cette convocation, parmi les touristes et les meringues. Il faut croire que je me suis sentie importante, en dépit de tout bon sens.

J'espérais une réponse, je l'ai reçue. En pleine poire.

Cent vingt mille euros.

C'est écrit noir sur jaune, avec plein de petits zéros qui font la queue pour m'insulter.

Je me fais larguer par un cabinet d'avocats. Collins, Webber & Abrahmson, siège à New York, succursales partout.

« *Les parties concernées s'engagent à ne divulguer aucun élément d'information, témoignage ou preuve matérielle concernant l'ensemble de leurs échanges privés…* »

Pendant que je découvre ce déchirant sommet de romantisme, Norma savoure son thé par petites gorgées, ça fait de légers bruits d'aspiration sur la porcelaine, la bande-son d'un déboucheur de chiottes. Elle n'a même pas l'air particulièrement satisfaite.

Page après page, je constate que « les parties concernées », c'est surtout moi. « Je » reconnais et comprends le présent document. « Je » jure de ne plus tenter de contacter le « client », par quelque moyen que ce soit (le morse, ça compte ?).

« Je » suis sommée de disparaître.

Parapher et signer.

En prime, j'ai donc touché le jackpot. Après la lettre de licenciement, les indemnités. Après les plumes et le goudron, une balle dans la tête.

Bang Bang.

Norma a tapoté le post-it : « En échange de votre discrétion, nous avons donc prévu un dédommagement. C'est une offre généreuse. Bien meilleure que ce que vous pourriez obtenir de la presse ou chez un éditeur. »

Chouette.

« Évidemment, j'aurai besoin de vos coordonnées bancaires. »

Évidemment.

Grâce à Ben, je découvre la puissance inouïe d'une émotion toute neuve. Un superpouvoir.

La rage.

Sur le moment, ça fait un bien fou. C'est peut-être inefficace contre la douleur, mais ça pulvérise les traces de culpabilité les mieux incrustées. Cette fois, je ne ravale pas de larmes. J'envisage plutôt de planter ma petite cuiller dans l'œil de cette femme. Ou de lui vomir dessus, façon Linda Blair dans *L'Exorciste*. Tentant, mais techniquement difficile, sans le concours d'une entité démoniaque ou, à défaut, trois litres de Get 27. J'opte donc pour un sourire. « Dites à votre patron d'aller chercher sa réponse dans *Bartleby*. »

I would prefer not to.

Et j'ai mangé le post-it.

Bang Bang.

Le premier coup lui fait exploser une pommette. Le deuxième le catapulte à travers la pièce. Ben Whyte se fait attendrir comme un steak par un obèse en chemise hawaïenne, mais c'est un autre sbire – Ray-Ban et costard gris – qui le relève et le traîne devant Samuel L. Jackson.

Lequel exhibe une belle rangée de bagouzes en se frottant le menton : « Ah, Frank, Frank... Qu'est-ce que j'avais dit ? Tu te souviens ? »

L'arcade sourcilière en bouillie, l'œil enflé, « Frank » laisse échapper un gargouillis. Une bulle sanglante éclate entre ses lèvres.

Jackson penche la tête, presque gentiment.

« Comment ? J'ai pas entendu.

— Rhmmffuck you.

— Mauvaise réponse. Tss... Pour qui tu te prends ? »

Je me rapproche de la télé. Jean et Fatou échangent un bref regard inquiet. Ils ont peur que je la casse ?

« Tu n'as pas retenu la leçon, Frank O'Brien. Fallait pas revenir fouiner ici. Comme dit le sage, dans La Fureur du dragon *: "En dehors de son territoire, le tigre ne vaut pas mieux qu'un insecte."*

— En même temps... ça dépend de l'insecte. »

Tout le monde se tourne vers Chemise hawaïenne, qui enchaîne, l'air pensif :

« Bah ouais, Boss. Si le truc est mortel genre, vraiment mortel, une seule piqûre et paf, salut la compagnie, j'aimerais mieux tomber sur un tigre. »

Costard gris fronce son gros nez cassé :

« Ah mais non. Imagine, tu te retrouves coincé aux chiottes avec un tigre. Je te promets que tu le regretterais, ton insecte...

— Parce que tu te vois, toi, en train de pisser avec une de ces saloperies poilues, je sais pas, une mygale par exemple, qui te grimpe sur les c... ?

— Les mygales, c'est pas des insectes, crétin, c'est des arachn…

— VOS GUEULES ! »

Samuel L. Jackson inspire, cligne des yeux et reporte son attention sur Ben Whyte.

« Bien. Reprenons. Je veux te voir crever, Frank O'Brien. J'ai même jamais eu autant envie de voir crever quelqu'un.

— Euh… Boss ? »

Chemise hawaïenne a levé la main.

« Même pas Tony l'Équarisseur ? »

BAM !

Samuel L. Jackson vient de tirer dans le genou de Ben Whyte.

« Tu vois ce que tu me fais faire, abruti ? Arrête de me déconcentrer. Un peu plus, et je le butais trop vite. Passe-moi le couteau… »

Et puis tout s'éteint.

Fatou a gardé la télécommande à la main. Résolue.

« Tu voulais un Tarantino, on regarde un Tarantino. Tu voulais *Bye Bye Bitches*, avec Ben Whyte, on regarde *Bye Bye Bitches*. Je me suis dit, elle va encore pleurer, mais bon, d'accord, OK, tant pis. Sauf que là, te voir baver à deux centimètres de l'écran pendant qu'il se fait saigner comme un porc… Non merci. C'est trop flippant. »

Pourquoi ? Je suis juste comme Samuel L. Jackson. Jamais eu autant envie de voir crever quelqu'un.

27

Fight Club

Festival de Cannes, 24 mai, 22 heures 30. Plus que deux jours avant la quille. Encore deux jours.

La nuit est tombée pendant la séance. L'air sent le roussi, la grillade, le sel et les fleurs. La salle Debussy, réservée à la presse, vient de déverser son public. Un bon millier d'accrédités envahit la chaussée interdite à la circulation, squatte les terre-pleins, les trottoirs, les terrasses. Une manif de cinéphiles, jamais d'accord sur aucun slogan, aucune allégeance.

« Et moi, je te dis que c'est un film-chienne. »

Le mec a dû fourbir sa formule pendant toute la projection. Deux heures quarante-cinq à se faire reluire le bulbe. C'est quoi, « un film-chienne » ? Un long métrage qui urine contre les réverbères éteints de nos consciences en crise ?

Range tes sarcasmes, ma fille. Personne ne t'écoute. Ils sont sept ou huit critiques, groupés devant le Palais des festivals. Rien que des egos mâles, tout occupés à se mesurer. Faudrait un pied de biche pour s'introduire là-dedans.

« Et même, j'ai envie de dire… c'est du Buñuel à quatre pattes ! »

Ha, ha, ha.

Boys' club de clones. Mêmes chemises en lin, effet coquet-froissé. Mêmes lunettes à monture épaisse, mêmes sacs en bandoulière… Et surtout, mêmes accréditations blanches et roses. Les badges prioritaires. Ceux des culs d'élite, qui se posent dans les salles avant tout le monde. À Cannes, tout est affaire de hiérarchie. D'exclusion. Tout le monde est le crevard de quelqu'un. À moins d'être Isabelle Huppert, évidemment. Ou Brad Pitt.

Ou…

Arrête de penser à l'Autre Con.

Ici, c'est pire qu'à Paris. Il est partout. Pas en personne, Dieu merci. Il doit finir son tournage à Malte, en Thaïlande… ou autour de Neptune, pour ce que j'en sais.

Je ne fréquente plus que son fantôme, dans chaque attroupement de badauds, chaque voiture noire à vitres teintées, chaque palace, derrière chaque palmier.

À cause de lui, j'ai même foiré mon interview de ce matin, avec Gael García Bernal, acteur et cinéaste mexicain d'une patience à regarder pousser les courges. La preuve : le pauvre type a perdu dix minutes de sa vie en face d'une authentique cucurbitacée. Dix minutes de bredouillements, à noyer toutes mes questions dans ses yeux verts. La même, l'exacte, la maudite couleur.

Depuis, j'ai tellement cavalé d'un film à l'autre que je n'ai même pas eu le temps d'avoir honte. Cannes est déjà un marathon pour les athlètes du travail bien fait, dopés à l'ambition et aux légumes bio. Mais quand on est sous-alimenté, malade d'amertume et de manque, c'est une annexe de l'enfer.

Et ça ne s'arrange pas après le crépuscule. J'ai oublié ma veste. J'ai froid. J'ai mal aux yeux. Des ampoules cuisent dans mes sandales toutes neuves. Je n'arrive même plus à trouver le courage de rentrer à l'hôtel. Si c'est pour ruminer toute seule dans ma piaule avec vue sur le local poubelle (odeurs variables en option), je préfère encore me farcir la bande de hussards de la presse parisienne. Lesquels, toujours vissés au trottoir, sont désormais en plein accès de nostalgie : « Tu te rappelles en 2012, quand on a fini avec Benjamin Biolay et Miss Côte d'Azur dans ce bar à putes de La Bocca ? »

Je suis au bout de ma vie.

À moins que…

Je relis le texto de mon collègue de *L'Œil*, mon copain de colo cannoise. Julien Maillol, dit Juju-la-démerde : « J'ai DEUX invitations pour LA fête !! Tu viens ? »

Cannes, festival international de la coupette gratuite. Pendant dix jours, sur les plages et les bateaux, dans les clubs, les suites, partout, la ville déborde de fiestas. Ça nous rend tous cinglés. Même les plus sobres d'entre nous vendraient leur carte de presse pour le moindre apéro-cacahuètes. Ici, l'incruste est un sport de combat. Et Julien vient de décrocher la médaille d'or : la soirée la plus inaccessible de l'année, dans une villa des hauteurs de Cannes, en l'honneur du seul film hollywoodien en compétition. Avec le cinéaste Steven Soderbergh, son gratin d'acteurs – Adam Driver, Emma Watson –... et des litres de champagne.

Des litres d'oubli.

LA fête.

Je scelle mon destin d'une ligne d'émojis enthousiastes.

La piscine, ce haricot semi-olympique, est éclairée de l'intérieur. Rose, bleu, rose, vert, en phase avec les centaines d'ampoules accrochées aux arbres. De l'eau, des oliviers qui dégringolent... Comme ce soir-là, en Toscane, quand la lumière s'est allumée entre nous...

... avant de s'éteindre comme une luciole écrasée. Alors tais-toi et bois.

Jamais vu autant d'open bars au même endroit. Ce n'est pas un jardin, c'est un abreuvoir géant, où tous les resquilleurs de la planète se sont donné rendez-vous. Je me balade d'un verre à l'autre, en ricanant toute seule. J'ai perdu Julien dans la cohue, dès l'arrivée de la navette. Oui, la navette. Ici, on a pitié des invités indigents, même pas foutus de s'offrir un chauffeur personnel. On nous a transportés en commun jusqu'à cette villa avec vue sur la mer, perchée au sommet de Perpète-sur-Festival. Tout ça pour prendre un grand bain d'Amerloques, qui gesticulent et beuglent pour couvrir la musique, tout au bord du dance floor.

Pas mal, le dance floor. Une grande piste de bois en plein air, entourée de palmiers en pots géants et de torches enflammées. Ils ont prévu une cérémonie païenne ? On va immoler des aurochs ? « Mesdames, messieurs. Merci d'éteindre vos portables. Adam Driver va bientôt commencer le rituel. Gloire à Cthulhu. »

Tiens, il est où, celui-là ? Pas Cthulhu, Adam Driver. Nulle part. J'ai entendu quelqu'un l'expliquer tout à l'heure : même ici, les stars se protègent. La partie VIP est à l'étage, avec sa terrasse qui donne sur les danseurs, les arbres, le panorama à paillettes. Je lève les yeux vers la balustrade de cet Olympe local, je ne distingue rien d'autre que des lueurs tremblantes et des silhouettes vagues. Tant pis. Que les Dieux du Balcon aillent se faire foutre.

On m'agrippe l'épaule. Je me retourne sur un immense sourire.

« Oh, mais… Lancelot Duvernet !

— Oh, mais… Marianne Corvo ! »

Rires taquins.

Lancelot bosse au magazine *Urban Choc*, notre concurrent direct. Le *nec plus ultra* de la branchitude, la cerise acide sur un gâteau d'arrogance compacte.

Ça déteint sur les employés.

Du moins pour ce que j'en sais. Je ne croise Lancelot, ses aphorismes péteux, ses poses de dandy, qu'au Festival. Et ce n'est pas ce soir, dans tout ce boucan, que je vais enfin connaître le fond de sa pensée. Il a beau me parler de si près qu'il va finir par m'avaler l'oreille, c'est parfaitement incompréhensible.

Et agréable.

Lancelot et moi, c'est une sorte de coutume : on se tombe dessus, on se tourne autour une soirée ou deux, sans jamais consommer. Rien d'autre, en tout cas, que d'impressionnantes quantités d'alcool. Il est appétissant, et il le sait. Noueux, élancé, le visage mince, nez en bec de rapace, bouclettes noires. Une dégaine à poser sur une pochette de rock alternatif.

Ou dans mon lit.

Avec sa modeste contribution, je pourrais peut-être enfin attaquer le sevrage.

Je le tire vers la piste, il se laisse faire, on se jette dans la soupe pop. Toutes les conneries que Ben déteste, une après l'autre. Merveilleux. Je célèbre l'outrage en sautant comme un crapaud sur du David Guetta.

Je chope Lancelot par le T-shirt, on se choque l'épaule, il me chope les hanches, je sens remonter un peu le coton fin de ma robe. C'est bien parti, cette cure.

Soudain, la playlist se cabre.

Blackout. Flashs stroboscopiques. Cette vieille intro, je la connais par cœur. Elle vient comme la tempête. Comme la révolution.

Rage Against The Machine.

La piste devient folle, moi aussi.

Killing in the Name.

En avant, en arrière, dans une meute d'automates sauvages.

Blanc, noir, blanc.

Rage.

Je reviens m'encastrer dans Lancelot, je danse pratiquement à cheval sur sa cuisse…

Et soudain, quelque chose l'arrache à moi.

On dirait qu'il vient de se faire percuter par un train.

Montage épileptique. Tessons d'images. La foule se fend. Des gens se précipitent. Des gens s'écartent. La musique hurle.

Noir, blanc.

Rage.

Un type a pris Lancelot à la gorge. Lancelot saigne du nez. Lancelot tombe à genoux. L'autre lui tombe dessus. Instantané de son poing levé. On s'agite autour, on sépare, on retient.

Le type se redresse. Il se dégage brutalement, le smoking de travers. Disparaît, apparaît, disparaît. Se tourne vers moi, lacéré d'ombres électriques.

Ben Whyte.

Ben Fucking Whyte.

Ses yeux sont creux, son visage est un masque de guerre. Dans l'assistance, on a sorti les portables. Ça filme.

Salopard.

S'il fait un pas de plus, je meurs. S'il fait un pas de plus…

… il prend mon poing dans la gueule.

Pas une petite giflette, non. Une torgnole, une mandale. Un pain. À m'en faire craquer les phalanges. À lui dévisser la mâchoire.

En guise de conclusion, la sono envoie un dernier riff furibard.

Motherfucker.

En fuite.

Pas question d'attendre la prochaine navette. J'ai perdu trop de temps. Il a fallu remonter le courant des corps moites et des smartphones carnivores jusqu'au vestiaire, sans regarder personne.

Au bout de quelques foulées, la rue est déjà vide. Je dévale une pente sombre et tortueuse, le long des bougainvillées, des grilles hautaines, des forteresses remplies de ploutocrates endormis. Mon souffle râpe le silence, au rythme de mes pas.

Je l'ai cogné si fort que mes doigts s'en souviennent. L'impact pulse encore, ça fait presque aussi mal que ces saloperies d'ampoules. J'enlève mes sandales à la volée, sautillant, clopinant, sans m'arrêter.

Pieds nus, plus vite, pas mieux. Faut que j'appelle un taxi… Comment va Lancelot ? Est-ce qu'il est vraiment amoché ? Je n'ai même pas vérifié. Je l'ai laissé tomber comme une merde.

Halte sur un muret, le cul dans les épines de pin, encombrée jusqu'au menton par mon sac, mes godasses, mon téléphone… Pas de véhicules disponibles dans le secteur. C'est tout juste si mon écran n'affiche pas « Démerde-toi » en lettres gothiques.

Je me mets enfin à pleurer.

Cette rue est interminable, et je n'ai aucune idée du chemin de croix qui me sépare du fond de mon lit. Je suis même foutue de me perdre.

Bruits de moteur, musique à fond. *Bad Romance*, le tube de circonstance.

Le 4 × 4 s'arrête, juste à ma hauteur. Ils sont cinq, entassés là-dedans. Juste assez vieux pour avoir le droit de picoler.

« Oh, madmoizelle ! »

Des locaux. Gros accent, puissante odeur de ganja en provenance des vitres ouvertes.

« On vous mène en ville ? »

Et d'insister. Baisers clapoteux, grognements d'animaux en rut. Très tentant, en effet. Comme quoi, quand ça va mal, ça peut toujours aller pire. J'essaie de rester polie. Ne pas exciter la bête à cinq têtes. Je dis non, vraiment, merci bien, je me remets en route, les yeux au ras du sol.

La bagnole roule au pas, à côté de moi : « Oh, mais tu pleures ! Eh, gros, elle pleure ! Eh, allez, monte, on va te consoler… »

Personne en amont, personne en aval.

« Comment tu t'appelles, ma chérie ? Hein ? Tu réponds quand on te parle ? »

Sur l'échelle du cauchemar, la situation vient de grimper trois barreaux. Les Neuneus Motorisés sentent aussitôt la peur : « Mon collègue, il a dit, t'as trop un beau cul ! »

Apparemment, c'est hilarant.

« Oh, salope, tu m'entends ? »

Bien. Le muret à droite. Les abrutis à gauche. C'est quoi la police, déjà ? Le 15 ? Non, ça c'est le SAMU. Le 17 ? Le 18 ? J'en suis à envisager de me battre pour la seconde fois de la nuit quand une autre bagnole, noire et luisante, déboule à toute blinde et pile derrière la première. Crissement de freins, pare-chocs contre pare-chocs. Ouf. À moins, bien sûr, que Grosse Cylindrée numéro deux soit bourrée d'anthropophages.

Au point où on en est.

Il suffit d'un long coup de klaxon pour décourager mes assaillants, qui se barrent dans un concert de méga-basses et d'insultes fleuries. Le silence retombe, et je fais de mon mieux pour ignorer que le sauveur, planqué derrière ses vitres opaques, est resté à ma hauteur, lui aussi.

Merde. Quel succès.

La portière s'ouvre à toute volée. Elle me bloque le passage. Ben Whyte est penché par-dessus le siège vide.

« Monte. »

Vous êtes bien chez Marianne Corvo. Toutes nos facultés mentales sont occupées. Merci de renouveler votre demande ultérieurement.

« MONTE ! »

Mais que…

Et l'air se met à gronder.

Des motos. Beaucoup de motos.

Elles sont encore tout en haut de la pente, mais leurs phares nous aveuglent déjà. Les paparazzis. Quand je pense que je trouvais cette rue trop vide.

J'ai déjà la moitié du corps à l'intérieur quand je me rends compte de ce que je fais. Et qu'il démarre, en trombe. Une de mes sandales s'échappe et vole sur la chaussée. Je me demande si, pour me retrouver, les paparazzis vont la ramasser et la faire essayer à toutes les journalistes de Cannes.

En attendant, Cendrillon se cramponne à la portière et manque s'assommer en la claquant. Un tournant, je repars valdinguer contre le coude de mon chauffeur, qui passe les vitesses avec une dextérité de cascadeur.

J'en perds l'usage de la parole. Je me contente de chercher de l'air. Si on était à moto, comme les mecs qui nous traquent, j'avalerais tous les moucherons du département.

Sur le tableau de bord, les chiffres lumineux s'emballent. Au premier carrefour, il a déjà atomisé le code de la route. Derrière, les nuisibles ne lâchent pas l'affaire. Sur la rocade qui sert de boulevard périphérique à la ville, on dépasse les 120 km/heure. Dans la bretelle qui mène à l'autoroute A8, on attaque les 200.

Il va nous tuer. On va mourir à cause de la presse à scandale, comme des cons. Comme la princesse Diana et son amant… Il s'appelait comment, lui, déjà ?

Ah oui. Dodi Al-Fayed.

Je vais crever, et ma dernière pensée sera : « Dodi Al-Fayed ». Lamentable.

« Où on va ? »

Pas de réponse, sauf un juron étouffé à l'intention du pare-brise.

Si je m'en sors, j'éviscère cet enfoiré, qui se croit seul à bord. Blême, narines dilatées, mâchoire verrouillée. Le regard en mode métronome, du rétroviseur à la route. On vient d'ignorer la sortie 48 (Vence – Cagnes-sur-Mer), et je n'ai toujours pas compris ce que je fous dans cette voiture.

« Et depuis quand j'intéresse les paparazzis, moi ? »

J'ai pensé tout haut, trois octaves au-dessus du niveau de l'amer.

« Depuis que tu te prends pour Mike Tyson. »

Oh, son Ineffable Suréminence a parlé.

« Moi ? C'est une blague ? Qui c'est qui a commencé ? »

Le sens de la repartie d'un élève de CM1.

« Je veux descendre. Arrête-toi à la prochaine sortie.

— Non. Si je te laisse dans la nature, ils vont te massacrer. »

Je rêve.

« Il faut que je te remercie, en plus ? Mais va te faire foutre. »

Brusque déboîtement. Queue de poisson à une camionnette qui se traînait devant. Où je constate, en plongeant vers la boîte à gants, que j'ai oublié de boucler ma ceinture.

« C'est ton mec ?

— Pardon ?

— Le connard, à la fête. C'est ton mec ? »

Alors là, pincez-moi jusqu'au sang avec une tenaille rouillée.

« Qui, Lancelot ?

— Il s'appelle Lancelot, ce petit hipster de merde ?

— Non, il s'appelle “Occupe-toi de ton cul”.

— Ça lui va bien.

— J'espère qu'il va porter plainte. »

J'ai droit à mon premier coup d'œil depuis que je suis montée dans ce grand huit infernal.

« Bien sûr. Qu'il essaye. »

On approche de Nice. Au dernier moment, la bagnole se braque, direction l'Italie. Nouveau décollage, front en avant. Les motos penchent, et suivent sans effort.

Raté.

Un mur de guérites lumineuses et de barrières, droit devant.

Péage. Piège. Contraint et forcé, Ben décélère, pendant que je fouille dans mon sac à la recherche d'un truc pour payer. Ma Visa. De la petite monnaie. Parce que ça m'étonnerait qu'il en ait dans les poches. Mes mains s'embrouillent, des piécettes s'éparpillent, à mes pieds, entre mes jambes, derrière le frein à main.

Je commence à ramasser, pendant qu'il se contorsionne sur son siège. Il enlève sa veste en catastrophe, son bras me heurte au passage. Pas le temps de me demander ce qui lui prend, les motos sont sur nous. Une pogne implacable s'abat sur ma nuque, me force à plier, et la veste me tombe sur la tête. Juste avant le déluge de flashs.

Même sous le tissu opaque du smoking, ça ressemble à un lynchage. Je les entends qui nous encerclent. Des chocs, des grattements, des cris. Pressés, brutaux, cupides… « BEN, par ici ! ICI ! BEN ! »

Silence funèbre dans l'habitacle.

Et c'est reparti, sur les chapeaux de roue. J'attends l'impact des barrières contre la tôle, comme dans les films. Mais non. Ça passe. Rallye de la mort, deuxième étape, vers la moyenne corniche. Une route étroite, creusée au bord de la roche. De la mer. Du vide.

La meute nous colle toujours au cul.

L'acharnement de ces gens est extraordinaire. À côté d'eux, les méchants de *Mad Max* sont des glandus sous Prozac.

La voiture râcle le parapet, la vue s'approche dangereusement : d'abruptes montagnes noires se jettent dans l'écume scintillante du littoral, et les gratte-ciel de Monte-Carlo crèvent soudain les ténèbres. Un trompe-l'œil absurde, vaniteux, éblouissant.

Un peu comme Ben.

Je regarde les veines de sa main, crispée sur le volant. Sa chemise blanche, presque aussi tendue que lui. La pointe du col, cassé contre sa pomme d'Adam. La lèvre inférieure, légèrement fendue. C'est moi qui ai fait ça ? Ma bague, sans doute. Tant mieux. J'ai envie de lécher cet accroc minuscule, d'y planter les dents, de sucer le sang. Le désir se fout des circonstances. Rien ne le dégoûte.

Une brutale embardée me ramène à la raison. Nom de Dieu, on vient de passer la frontière italienne.

« Putain, je préfère encore les paparazzis… Jusqu'où… mais… RALENTIS !

— Non.

— Je ne veux pas MOURIR avec toi, espèce de MALADE ! »

Le reflet fugace d'un feu rouge lui embrase les pupilles, et il donne un grand coup de volant vers la gauche. La voiture tangue, elle hurle, moi aussi. Elle se déporte d'un côté, de l'autre, reste un instant suspendue sur deux roues, hésite – tonneau, pas tonneau ? – et retombe lourdement sur une route perpendiculaire. On fonce entre les serres et les villages, au hasard, vers les montagnes.

Les motos, elles, ont continué tout droit.

Échoués au bout d'un minuscule chemin de terre sans issue, en pleine cambrousse. Au fond du grand N'importe Quoi.

Il coupe le contact et nous plonge dans le noir.

« Ben, qu'est-ce que tu fais ?

— Je sais pas.

— Pourquoi on s'arrête ici ?

— Je sais pas.

— Tu sais rien, en fait. À part cogner sur tout ce qui bouge, comme un…

— … "crétin pathétique" ? Vas-y, dis-le. Tu t'es pas gênée pour l'écrire.

— Putain…

— En effet.

— Je veux plus jamais te voir.

— T'inquiète pas, moi non plus.

— Parfait. Alors démarre. Qu'on en finisse.

— Tu permets ? J'ai des gens à prévenir. »

Et de m'ignorer au profit du rectangle lumineux de son téléphone portable.

« Tu préviens qui, les secours ? Air Force One ? Le gouvernement italien ? Ta manucure ? Qui sait, tu t'es peut-être cassé un ongle, là-bas, en tapant sur Lan…

— J'essaie de limiter les dégâts. De sauver ton joli cul de menteuse. Parce que là, on est dans la merde, Marianne. *King size*.

— Mais…

— Notre petite performance, à la fête, elle est déjà en train de faire le tour du monde. Fini, l'anonymat. Dis bonjour aux Chinois. C'est con, hein ? La pub sans la baise. Tout le contraire de ce que tu voulais.

— La faute à qui ? C'est moi qui ai fait une overdose de testostérone, là-bas, espèce de macho dégénéré ? De quel droit...

— D'aucun droit, putain. Mais... je me tape le voyage pour un soir, un seul soir, nom de Dieu ! et il faut que je tombe sur toi, en train de te frotter à ce... à Gauvain, comme... Et je... j'ai...

— Lancelot, pas Gauvain. Et je me "frotte" à qui je veux, je fais même le tour de la Table ronde, si...

— *Fuck!* »

Respirations heurtées, rapides, irrégulières. C'est curieux comme la bande-son de la colère ressemble à celle de l'amour.

« Qu'est-ce que tu foutais là, Marianne ?

— Je...

— Qui t'a invitée ? »

Calme. Respire par le nez. Pense à des trucs agréables. Lui enfoncer les pouces dans les orbites, par exemple.

« Tu es la dernière personne que ça regarde, mon pote.

— Fallait y penser avant, "mon pote". Parce que maintenant, ça regarde tout le monde.

— Mais je... tu... si j'avais su, j'aurais émigré au GROENLAND pour être sûre de t'éviter, connard... Pauvre... sale... »

Trop d'injures en même temps, ça bouchonne.

Je me rue hors de l'habitacle avec tant de conviction que je m'étale dans les cailloux. Même pas mal. La fureur est un sacré anesthésiant, elle me pousse et me tire à l'aveugle, au milieu d'un fatras d'herbes hautes, rigides et poisseuses, qui s'accrochent à ma robe et me fouettent les mollets.

Les phares s'allument : vision étrange d'un bout de barrière forestière en métal rouillé, derrière des branches de conifères et un vieux pneu abandonné.

On s'est garés dans *Twin Peaks*.

Au-delà, il n'y a que l'orée d'un bosquet, trou noir sournoisement bercé par les stridulations des grillons. J'ai envie de m'enfoncer là-dedans comme d'animer une soirée brochettes chez Vlad l'Empaleur, mais je préfère encore cette perspective à celle de rebrousser chemin. Il fait froid, ça sent la sève et l'humus. En pénétrant dans le bois, je commence à réaliser l'incomparable stupidité de cette fuite en avant. Mais ce qui m'arrête net, dix pas plus loin, c'est la rencontre fortuite et enthousiaste de mon orteil nu avec une grosse racine rampante.

Vaincue, à genoux sous les arbres, à deux heures du matin.

La divinité timbrée qui s'est emparée de la réalité est priée de bien vouloir la remettre à sa place, si possible dans l'état où elle l'a trouvée.

J'ai entendu Ben approcher avant de voir la tache blanche de sa chemise et celle de son visage, presque aussi pâle. Fantôme hautain, tout drapé de nuit :

« Lève-toi. Je te ramène.

— Non.

— "Non" ? Tu comptes dormir ici ? Rentrer à pied ? Avec une seule godasse ?

— J'ai pas besoin de toi. Dégage. »

Sa Malveillance en reste coite, mais pas assez longtemps.

« OK. C'est toi qui vois. Rien à foutre, après tout. »

Il fait quelques pas en direction des phares, avant de revenir se pencher sur moi.

« Après ce que tu m'as fait…

— Qu'est-ce que j'ai fait ? Trois pauvres vannes dans un journal ?

— Je te faisais confiance. Putain, pour une fois…. Tu m'as craché dessus. Humilié. »

Ça me remet debout, sans les mains.

« À propos d'humiliation, comment vont tes avocats ? En train de préparer un petit virement pour le prochain sex-toy jetable ?

— Garde ton ironie de merde. J'ai déjà donné. »

Cette fois, mon poing n'atteint pas son visage, il le retient dans sa paume. Ses doigts tremblent en se refermant sur les miens.

« *Fuck you*, Marianne Corvo.

— *Fuck you more*, Ben Whyte. »

Tout se tait. Même les grillons la mettent en veilleuse.

Et puis c'est le carnage.

On ne s'embrasse pas, on se vandalise. On s'effondre, on se roule dessus. Ripaille dans la terre et les feuilles, je pousse mon bassin contre le sien, il retrousse ma robe, la bloque entre mes seins, je soulève sa chemise… Et nos peaux se reconnaissent.

Un instant ébahi, dans l'infiniment doux.

« Ben… Attends… Attention…

— Quoi ? Attention à quoi ? »

Chuchotements enroués.

« Ça ne change rien.

— Non, Peter. Rien du tout. »

Retour chaotique, des arrêts, des baisers, des brindilles plein les fringues, vers la banquette arrière de la voiture. Il s'étire pour allumer le plafonnier, la clarté soudaine m'éblouit, jaune et froide. Je cligne des paupières, je les frotte, et quand je les ouvre à nouveau, il est en train de me contempler.

Soudain saisi, assis bien droit contre le dossier. Seuls ses yeux bougent, à l'affût, pendant que je l'enjambe, que je fais glisser ma robe par-dessus ma tête. Comme s'il attendait son tour, au bord d'un bal triste.

Alors je l'invite à danser.

28

Requiem for a Dream

C'est un vieux slow râpeux, à la radio. Du sirop de testostérone comme seuls les Italiens en produisaient à l'hectolitre, à l'époque où les hommes portaient la moustache, des chaînes en or et pas de déodorant. Je touille le fond de ma tasse, happée malgré moi. Toute cette passion périmée emplit le petit bar, se dépose sur Ben comme un filtre de cinéma.

Ça le rend flou. Ça m'érode les yeux.

On est les seuls clients de La Casa del Tifoso. La Maison du Supporter, au singulier. Bonne idée, il n'en tiendrait pas beaucoup plus dans ces quelques mètres carrés imprégnés d'odeurs, café frais et relents d'église, salpêtre et cire figée. Trois tables en Formica rouge d'époque indéterminée, un comptoir-vitrine plein de paninis au ventre blanc, convoités par une avant-garde de mouches matinales. Derrière, un vieillard d'une maigreur tragique s'occupe de ses affaires. Quand on s'est installés, il est venu à pas hésitants, l'air de pousser un invisible déambulateur. D'instinct, Ben s'est détourné, mais l'ancêtre ne l'a pas reconnu. Aucune lueur d'intérêt dans cette face étroite, Fred Astaire remaquillé par Edvard Munch. Je n'étais même pas sûre qu'il avait compris la commande, jusqu'à ce qu'il nous apporte deux expressos fumants.

Le patelin s'appelle Dolceaqua, « Eau douce », sûrement à cause des longues flaques paresseuses dans la rivière de cailloux qui le coupe en deux. Sur un bord, quelques rues aux trottoirs chiches, aux façades jaunies. Sur l'autre, un village médiéval grimpant, coiffé de son château en ruines. La Casa del Tifoso est encastrée en bas du bourg, côté vieilles pierres. Tout à l'heure, Ben a quitté la route sans prévenir et s'est garé juste devant. Tête baissée, épis dressés à l'arrière du crâne, l'allure d'un enfant au réveil. Une main sur le volant, l'autre encore sur le levier de vitesses.

« J'ai besoin d'un café. »

Un sursis noir, sans sucre, avant la fin du monde.

C'est bien ce qu'il m'a prédit. Les Quatre Cavaliers de l'Apocalypse People : Scandale, Diffamation, Traque et Photoshop. Ou encore, selon ses mots exacts, « *a hell of a mess.* »

Une belle catastrophe.

Je voudrais retourner dans cette bagnole, me cacher dans la grande nuit battante de sa poitrine. Baiser encore la bouche que j'ai blessée. Baiser encore, et oublier le reste. Au diable l'inconfort, l'écœurante odeur de cuir neuf, et toutes les conséquences. Jamais souffrir. Juste faire hennir les chevaux du plaisir, comme disait Bashung, qui s'y connaissait en pulsions errantes à l'arrière des berlines.

Après la première fois, on n'a pas du tout parlé. Trop sonnés, trop ivres. Trop envie de recommencer. Après la deuxième fois, on s'est contentés de respirer l'un par l'autre. Longtemps. Rien n'a bougé, sauf son pouce, le long de mes côtes.

« Tu as maigri… »

Pas pu m'empêcher de ricaner. Juste un peu d'amertume qui suinte.

« … à cause de moi ? »

Non, imbécile. Grâce à l'aquagym et la prière.

« *Honey…* »

Et une cuillerée de miel, pour m'adoucir. La grande main m'a couvert toute la tête, s'est perdue dans mes cheveux.

« Moi aussi, tu sais, je… j'étais mal.

— Ah bon ? Avant ou après avoir appelé les avocats ? »

De l'art de jeter un froid. En deux temps, trois glissements, il me tournait le dos au profit d'une cigarette, portière ouverte sur la nouba des grillons.

« C'est quoi, ton problème, Marianne ?

— Mon problème ? C'est une vraie question ? Tu as peut-être l'habitude de traiter les gens comme des épluchures, mais moi….

— Toi, tu couches avec des types que tu méprises.

— Mais merde, ce que j'écris, ça n'a rien à voir avec… Je suis critique de cinéma, Ben. Tu connais le principe, non ? Parfois, j'aime pas ce que je vois. Eh oui, même quand tu joues dedans. Ça t'arrive, de te planter, hein. Comme tout le monde. Ils ont trop peur de ton ego à la con pour te le dire, tes larbins ? En plus, on ne se connaissait même pas à l'époque de…

— … *Z-End* ? Arrête. Je sortais littéralement de chez toi… Tu sais ce que j'ai fait, quand on m'a montré tes articles ? J'ai demandé une autre traduction. Parce que j'y croyais pas. Si tu savais… Bordel… Je sais même pas pourquoi j'essaye. Où j'ai foutu mes fringues ? »

Une pause tendue, à écouter l'Orchestre International des Insectes Nocturnes se charger de la bande son.

« Attends…

— Pour quoi faire ? T'entendre répéter que mon travail, c'est de la merde ?

— J'ai jamais dit ça ! Je…

— Et puis, ne viens pas me parler d'ego. Tu sais pourquoi je fais ce métier, Marianne ? Parce que, avant, je servais à rien. Une erreur. Une vie en trop. Qu'est-ce qu'on fait, avec une vie en trop ? On s'en débarrasse. Crois-moi, j'y ai pensé, souvent. Et puis j'ai trouvé ce… compromis. Ma peau, je la loue. Des gens paient très cher pour que je vide les lieux, pour y mettre leur décor à eux. C'est… moins définitif, comme tu disais. Tu te souviens, quand tu m'as demandé pourquoi je mourais tout le temps, dans les films ? J'ai cru que, pour une fois, quelqu'un avait compris. Quel con. »

Ce timbre de fumeur, assourdi, rouillé. Cette fameuse voix qui, soudain, n'appartenait plus à tout le monde. Plus du tout. Là-bas, dans le noir, ça m'a filé un choc.

« Parce que toi, tu crois savoir ce que je pense ? La première fois que je t'ai vu dans un film, c'était *White Trash*, j'avais quinze ans, et ça a tout changé. Tu m'as rendue accro au cinéma, Ben. Ton visage, ton nom, ta chair, tout s'est incrusté en moi. C'était presque effrayant. Je suis rentrée chez moi au radar. J'ai pas pu faire mes devoirs. J'ai rien pu faire du tout. Juste rester là, sur mon lit. À attendre que ça passe. À espérer que ça dure. Cette fusion brûlante. Alors, toi, ne viens pas me parler de mépris ! »

J'aurais voulu me dissoudre dans le silence mortel, juste après, pendant qu'il renfilait son pantalon, puis sortait dans l'air frais de la nuit. Je l'ai suivi, transie, paumée, et complètement à poil.

« Dis quelque chose.

— ....

— Ben ?

— Je pense à tes critiques. J'évalue leur degré de “fusion brûlante”.

— Mais oui, voilà, fais semblant de ne pas entendre...

— Et qu'est-ce que je dois entendre, exactement ?

— Que je te... que ton talent n'est pas en cause. Certains films, en revanche...

— C'est mignon, ce petit bilan de compétences. J'en parlerai à mon agent.

— Tu pourrais faire tellement plus de trucs...

— Ah oui, bien sûr. Des trucs. C'est dingue, j'y avais pas pensé.

— Non, mais... Euh... Plus de... »

Les joies de l'improvisation.

« … bons films. »

Je ne suis sûre de rien, mais je crois que son rire mauvais a fait fuir quelques mulots. Dans un rayon de trente kilomètres.

« Tu en as d'autres comme ça ? La mort, c'est triste ? La pollution, ça pue, les poils de nez, c'est moche ? Ou bien…

— *Les Raisins de la colère* !

— Hein ?

— *Les Raisins de la colère.*

— Quel rapport ?

— C'est ce genre de choses que tu devrais jouer.

— Mais…

— Steinbeck.

— Qu'est-ce que ça…

— Ton bouquin préféré. Le rôle de Tom Joad.

— Tom Joad, c'est déjà pris. Par Henry Fonda. Dans un vieux film. Et maintenant, assez ri. On se casse.

— On s'en fout, de Henry Fonda. Toi, avec ta présence, ta rage, ton passé, tes…

— Va t'habiller. Tu vas prendre froid.

— Tu préfères rester coincé avec James Bond ?

— Marianne, dans la voiture. Sans déconner.

— Ou pire, démembrer des ploucs en cotte de maille toute ta vie ? C'est quoi, le but ? T'offrir encore plus d'îles privées, de robinets en or et de piscines pleines de blondes ?

— Pleines de quoi ? J'aime même pas les…

— Tu veux vieillir entouré de gens qui te lèchent les…

— J'AIME PAS LES BLONDES, PUTAIN ! »

Soudain, c'est comme si la nuit elle-même me rentrait dedans, m'emballait dans sa chaleur exaspérée. Me soufflait au visage une brusque et obscure douceur.

« J'aime pas… les autres. »

Le jour s'est levé trop tôt. À peine plus frais que nous, et pas plus heureux de découvrir un cul-de-sac tristounet, encombré de ferraille abandonnée et de végétation hirsute. Tout trempait dans une lueur trouble, pisseuse comme une eau de vaisselle.

Ben a tourné ses beaux cernes vers le dehors. « On va dormir ? »

Les mains derrière la nuque, une jambe repliée, l'autre de travers, il occupait toute la place sur la banquette. Le premier soleil lui dessinait des tatouages d'ombres sur le torse. Du bout des doigts, j'ai admiré ces fantômes fragiles, branches et brindilles. Nichée contre son flanc, sans esquisser le moindre geste pour me dégager.

« Je suis à l'Eden Roc… Pas trop loin d'ici, je crois. »

Très pratique. Juste le plus fastueux palace de toute la Côte d'Azur, à la pointe du cap d'Antibes. L'idée de me faufiler dans cet « Eden » comme un ersatz de serpent biblique m'a épuisée d'avance. J'ai envisagé un instant de suggérer ma propre suite avec vue sur poubelles, derrière la gare SNCF de Cannes.

Le temps d'y penser, il était déjà loin.

« Et après, je t'emmène à Chypre. »

QUOI ?

Je me suis demandé s'il était frappé d'amnésie, ou bien…

« Une petite semaine, et puis on rentre en Angleterre pour boucler le film… »

« On » ? Moi aussi ? La Yoko Ono de son John Lennon ? Le boulet chevelu qui s'incruste partout et ne sert à rien, à part à horripiler l'entourage et encombrer les recoins ?

« Ensuite, je suis libre jusqu'en août. *Thank God.* On ira où tu voudras. Chez moi, ailleurs, tu choisis. Et après… »

… quand tu me laisseras tomber de la surface du globe, j'atterrirai dans quelle sorte de vide ?

Ma position si douillette est devenue inconfortable. Des courbatures, un début de crampe, sommeil à en trembler. J'ai caressé le ventre ferme de mon amant, mon acteur, mon désastre. Sa respiration venait doucement à la rencontre de ma paume, comme un animal confiant.

J'ai essayé de tout retenir. Cette nudité imposante et tranquille. La forme si délicate du nombril. Les muscles pâles, harmonieux. La fameuse petite cicatrice au sourcil. Les cheveux embrouillés. Et le parfum du sexe, rémanence fauve et suave, qui nous enlaçait encore dans l'air confiné.

Chaque détail. Pour après.

« Alors, Peter, où on va ? »

Dans le mur, mon amour.

À la Casa del Tifoso, une violente rafale de spots publicitaires succède à la chanson, et le Fred Astaire expressionniste éteint le poste. Nous voilà rendus au silence, devant nos tasses minuscules, depuis longtemps vidées de leur nectar. Ben paraît plus vieux, plus lourd. Les yeux veinés d'insomnie, le regard nulle part, en l'air, un bout de plafond, un coin de fenêtre. On dirait qu'il cherche un endroit pour suspendre son humeur noire et la mettre à sécher. En le fixant trop longtemps, il me semble que je pourrais le tordre. Faire couler tout ce qu'il s'efforce de contenir.

Intérieur jour, rupture, scène un. Ou plutôt deux, si on compte son coup de fil historique d'avril dernier. « *Go to hell.* »

On compte. Ça compte.

Il voulait qu'on oublie. Il voulait toutes les grâces. La sienne, la mienne. La nôtre.

Il voulait que je « prenne le risque ».

J'ai refusé. Je nous ai condamnés.

Le serveur a entrepris de passer le sol de son établissement à la Javel, au moyen d'une serpillière aussi terne et fatiguée que lui.

Dehors, le soleil s'échauffe. Côté vitre, ma joue est en train de cuire. Côté Javel, je n'ai jamais rien vécu de plus triste. Un adieu qui sent le désinfectant. Dernier spectacle : la danse craintive d'un très vieux patineur de surfaces.

Ben, lui, touille un bout de sucre fondu. J'en meurs d'envie, mais je n'ose plus le toucher. Je me demande s'il a compris que je l'aime, ce con. À en cultiver jalousement le regret. Ce sera le plus grand, le plus luxuriant des regrets. Je vais l'arroser, le faire pousser, sans jamais le tailler. Jusqu'à ce qu'il me crève le cœur.

Pépé Rital rince sa serpillière dans un seau de plage orné d'une baleine rose.

Et Ben me prend la main.

Il la retourne délicatement. Observe les écorchures, souvenir de ma chute de cette nuit. Assorties au genou couronné, qui brûle encore un peu.

« Chaque fois qu'on se voit, tu te fais mal. »

Ça y est, nous y sommes. Au bord du gouffre.

« Marianne... Est-ce que je pourrai quand même t'appeler... de temps en temps ? »

Seigneur. Pense aux avocats. Au « staff ». Aux groupies. Aux palaces. Aux oreillettes. Aux contrats. À tout ce que tu veux, sauf...

Mon amour.

« ... Je crois que non. »

Il se force à sourire, avec tant de bonne volonté que mon visage se met à couler tout seul.

« ... Ben...

— D'accord. »

Je n'ai pas pu me cacher dans mes mains, il les a agrippées, et gardées sur ses joues qui piquent. Son front bouillant contre le mien, par-dessus la petite table. Il parle vite, tout bas, avec son drôle d'accent, plus fort que d'habitude.

« Ne pleure pas, *Honey... Please...* D'accord, je te dis... c'est toi qui as raison, d'accord, reste à l'abri... On n'est pas... Je ne suis pas ton risque. Je vais retourner dans mon bordel, et toi... Toi, tu vas écrire des romans. Plein de romans. Et tu vas t'accrocher, tu m'entends, tu vas les publier... Tais-toi, je sais. Et je te promets… Je te jure que je lirai tout. J'apprendrai même le français, s'il le faut. »

Et il m'embrasse. Et il y met toutes ses forces, la fougue de cent personnages, et un de plus, le seul qui vaille. Et je lui rends son baiser. Et je le noie dans le sel de mes larmes.

C'est à ce moment-là qu'on a entendu un « scritch » caractéristique. Derrière son petit seau, le vieux bonhomme est toujours aussi inexpressif. Ce qui ne l'empêche nullement de nous braquer avec l'objectif de son téléphone.

29

L'Année du dragon

« Il faut qu'il reste dans le décor. Tôt ou tard, vous allez le retrouver.

— Mais…

— Mais comment a-t-il survécu ? Telle est la question. On pourrait imaginer… Je jette une idée, comme ça… Au hasard, hein… Et si vous vous étiez trompée de victime ? »

Si « je » me suis trompée de victime, il faut réécrire toute la fin du roman, nom d'un typographe borgne. Parce que, dans l'état actuel des choses – et de mon manuscrit –, « j'ai » tué Benedict, « je » l'ai empêché de déclencher une apocalypse temporelle, bref, « je » m'en suis débarrassée pour de bon.

« Voyons, Marianne… C'est votre grand amour ! »

Clémence Boucher, des éditions Le Nombril du Dragon, aime bien me confondre avec mon héroïne. Surtout quand elle veut me faire corriger des passages. C'est-à-dire tout le temps.

L'autre fois, par exemple, au restaurant, pendant qu'elle massacrait son andouillette : « Je viens de relire le chapitre 9. Bon. C'est encore trop timide. Vous êtes flic, merde. Vous en avez vu d'autres... Il n'est pas en sucre, votre Benedict. Grimpez dessus, léchez-le, baffez-le, bouffez-le... Et n'oubliez pas la moutarde, merci. »

La serveuse était presque aussi défrisée que moi.

« Tout ce que vous voulez, mais pas ça. C'est gentil. C'est mou. On s'emmerde. »

La bouche pleine, le verre vide.

« Et le vin, putentrailles, il arrive quand, le vin ? Faut que j'aille faire les vendanges moi-même ? Mademoiselle ? Donc, Marianne, on se remet au boulot. Et on arrête de jouer au docteur. Donnez-moi du sexe, nom de Dieu ! »

Elle est comme ça, mon éditrice.

Malheur à qui se laisse abuser par ses bijoux kabyles et ses blouses brodées de fromagère néo-rurale. Clémence Boucher n'est pas la tendre maman excentrique que tu as toujours rêvé d'avoir. Elle ne te laissera pas folâtrer dans le jardin sauvage de ton imagination. Oh que non.

Tu vas le labourer, ton lopin. Tu vas en bouffer, de la caillasse.

Clémence traque les arnaques et les clichés, repère les bidouillages flemmards, les répétitions et les faux raccords avec une gouaille impitoyable, des jurons de mousquetaire et un Bic rouge tout mâchouillé.

Ce matin, on devait peaufiner la toute dernière version. « Trois fois rien, juste quelques détails, et on est bons », avait-elle promis au téléphone. J'étais tellement soulagée que le trajet jusqu'au Nombril du

Dragon, à l'autre bout de Paris, m'a semblé presque agréable. Pas de parano, pas de coups d'œil furtifs à 360 degrés, pas de passants louches. Pas d'attaque de panique.

C'est maintenant que j'en ai une.

Coincée dans son bureau saturé de bouquins, je partage comme d'habitude l'unique fauteuil réservé aux visiteurs avec une pile de nouveautés colorées (*Notre-Dame des Viscères*, tome 4, *Le Grizzli du Futur*, livre 16…). Et je tente donc de digérer le scud qu'elle vient de me balancer.

« Marianne, on ne bute plus Benedict. »

Elle se moque de moi ?

« Parce que voilà, j'ai une bonne nouvelle : ici, tout le monde adore votre bouquin. On envisage une suite. Eh oui. Peut-être même une saga… »

J'hésite entre sauter de joie ou par la fenêtre.

« C'est… formidable, Clémence, mais… mais je ne vois pas le rapport avec Benedict…

— Moi, si. Vous ne pouvez pas vous passer de lui. Qu'est-ce que vous allez donner aux lecteurs, après ça ? Un remplaçant ? Ils vont tous décrocher, ma pauvre. Dans ce genre de collection, ça ne pardonne pas, croyez-moi. »

Comme son nom l'indique plus ou moins, Le Nombril du Dragon est une maison d'édition spécialisée dans les mondes imaginaires, divisés en collections : science-fiction, dystopie, urban fantasy, épouvante…

Moi, ils ont décidé de me publier dans la catégorie « Romantasy ». Frissons, magie, sexe et sentiments. Le repaire des vampires sexy et autres dieux grecs en pantalons de cuir. Aussi increvables et éternels que Benedict.

Je largue mes clés dans la petite soucoupe bleue pour une fois que j'y pense et me lance comme un missile sur le canapé.

« Aïe !

— Pardon.

— Ma brute à moi… »

Pas rancunier, il m'enlace tranquillement. J'enfouis mon nez sous son bras. Un bon petit shoot de laine tiède.

« Comment ça s'est passé avec Paranormale ? »

C'est lui qui a dégoté ce surnom pour me consoler, après un rendez-vous éditorial qui avait fait deux victimes : un personnage secondaire – « On s'en branle, de ce Martin Machin, aucun intérêt, tudieu… du papier gâché » – et le manteau de Clémence, un genre de poncho d'inspiration pachtoune, dont l'étoffe coûteuse avait fortuitement fait connaissance avec le bout de ma cigarette.

Depuis, même mon héroïne n'a plus le droit de fumer en sa présence.

« Paranormale, elle veut publier la suite.

— Mais non ?! Mais ça se fête ! Bouge pas, je descends vite fait acheter du champagne ! »

Je le retiens par le fond de son pull.

« Attends. Dehors, il pleut des cordes, on se croirait en novembre.

— On est en novembre, Marianne.

— Oui, euh, eh bien... Je préfère te garder au chaud... Et puis c'est trop tôt pour trinquer. Faut que je me retape toute la fin. Tu vas pas le croire : ce connard de Benedict est censé survivre.

— Ah bon ? Et c'est grave ?

— Mmh.

— Pourquoi ? Je l'aime bien, moi, ton "connard". »

Tu ne devrais pas, Clément.

Bah, oui. Clément. Mon mec.

Et Clémence. Mon bourreau.

Depuis quelques mois, je suis poursuivie par ce prénom. Si je croyais à ces conneries, je me dirais que l'univers cherche à me dire un truc. Un truc aimable, a priori. Il essaie peut-être de réparer le foutoir qu'il a mis dans ma vie, il y a bientôt un an et demi. Une période sans clémence, pour la voleuse de star.

C'est une bonne photo.

Très fervente, très nette. Je la regarde encore, de temps en temps. Ses doigts tissés dans mes cheveux. Le rose furtif de ma langue, entre les lèvres de Ben. Nos yeux fermés.

Profils émus, confondus. Parfaitement identifiables.

C'est une bonne photo. Je la regarde moins souvent qu'au début. Le reste du monde aussi, semble-t-il. Ça se tasse, lentement.

Je ne me souviens plus comment je suis rentrée du festival. De ces premiers mois, il ne reste que quelques tisons brûlants. Jean et Serge en boucliers humains, à la gare. La gueule de madame Kerfouët, quand j'ai dû me réfugier dans sa loge, parce que des paparazzis me traquaient dans l'escalier. La fois où j'ai tellement pleuré, derrière mes rideaux opaques tout neufs, que je me suis endormie debout. Et toutes les fois où mes amis ont monté la garde, veillé, dorloté et tempêté à tour de rôle.

Il a fallu presque six mois pour que les chasseurs se lassent, faute de gros gibier. Plus rien à braconner dans les parages. Pas de Ben Whyte sous le porche de l'entrée, pas de Ben Whyte derrière les volets, pas de Ben Whyte dans mon lit.

Il les a lancés sur d'autres pistes.

Pendant plusieurs semaines, après Cannes, il a envahi les tabloïds et les sites people. Il s'est offert, saoulé, exhibé, bagarré, d'un fuseau horaire à l'autre. Le tour du monde de la cuite.

Diversion spectaculaire.

Comme s'il cherchait délibérément à éloigner les prédateurs. Ou à se perdre n'importe où, n'importe comment. Du moins, c'est ce que je voulais croire à l'époque. Belle illusion romantique. J'ai confondu un gros burn-out post-007 avec *Les Souffrances du jeune Werther*.

Avec le recul, j'en rirais presque. Avec le recul, ça n'a plus d'importance.

Merci quand même : ses frasques ont fini par supplanter la photo du baiser et les vidéos amateurs de notre concours de torgnoles, pendant la fête maudite. Au début, je ne suis pas allée vérifier moi-même. Impossible d'approcher Internet. Presque aussi terrifiant que de sortir dans la rue, prendre le métro, m'asseoir en terrasse… continuer à vivre. Mais je crevais aussi de ne pas le voir. De ne pas savoir. Alors, je cuisinais Fatou dès qu'elle se pointait chez moi dans ses petites robes parfumées d'anonymat et de liberté. Elle finissait toujours par céder, brisant à contrecœur l'omerta imposée par Jean : « S'il apprend que je t'ai raconté ça, il me scalpe. »

Son cuir chevelu est toujours en place. Jean n'en a jamais rien su.

Même en me séquestrant dans une *panic room*, il n'aurait pas pu m'épargner la suite des événements. Les images qui sautent à la gueule au détour d'un kiosque à journaux, tous les pièges tendus par le hasard. La phase 2. Ben Whyte, le cavaleur insatiable. Le roi de la débauche, d'un lagon cristallin à des sorties de clubs nauséeuses ou des soirées mal cadrées. Avec des brunes.

Toujours des brunes. Jamais les mêmes.

Mais le pire, dans ce mauvais rêve éveillé, n'était pas de voir tout le casting de Miss Monde lui fondre dans la bouche, avant et pendant la promo tonitruante du nouveau James Bond, sorti au début de l'automne suivant. Ni de jouer à cache-cache avec les photographes. Ni même de refuser une tonne de propositions ahurissantes – non, je ne veux pas publier mon témoignage, ni tourner une pub pour des tournedos surgelés. Et encore moins présenter une émission de téléréalité dans une grotte préhistorique.

Le pire, c'étaient les gens. Cette saloperie de public. Les curieux, les fans. Ceux qui voulaient me voir en vrai, à défaut de le voir, lui. Me toucher, parce que je l'avais touché. Ceux qui m'adoraient comme si j'étais un morceau de la vraie croix et m'alpaguaient dans la rue pour un selfie gluant, de gré ou de force.

Et je ne parle pas des autres. Les jaloux fissurés, les obsédés vengeurs. Les propriétaires spoliés. La haine. Les menaces. En français, en anglais, en espagnol, en tagalog… Les mails, les coups de fil au milieu de la nuit. Et même quelques injures salées, en direct.

J'ai changé de numéro de téléphone, d'adresse électronique. Je me suis effacée des réseaux sociaux. J'ai rasé les murs. J'ai pris des médicaments.

Un soir, en novembre, il y a bientôt un an, j'ai reçu un cadeau d'anniversaire, quelques jours en avance.

Un pigeon.

Il m'attendait sur le paillasson, les ailes ouvertes, le ventre aussi. Débordant d'entrailles moirées. Joliment présenté dans du papier de soie, comme un bouquet de fleurs.

J'ai porté plainte.

Le lendemain, c'était dans la presse. Le surlendemain, je recevais la visite de deux employés d'une société de sécurité, « Private Individual Force ». Ces messieurs de la « PIF » – ça ne s'invente pas – m'ont expliqué que « quelqu'un » avait payé pour ma protection.

Je les ai envoyés chier. Le soir même, j'ai fait ma valise.

J'ai un peu vécu chez Jean et Serge, puis j'ai emménagé dans un autre appartement. Un autre quartier.

Ah, et j'ai aussi failli me faire virer. Juste après le « scandale », le journal a connu un bref mais intense état de siège. Surtout quand les vautours ont découvert mes articles sur la star. Tous mes articles. Un torchon anglais, et puis un autre, en Australie, ont même traduit les plus féroces, in extenso.

Environ une semaine d'arrêt maladie après mon retour de Cannes, je me suis traînée au boulot sans saluer personne, dans une ambiance à couper au couteau.

VTT m'a convoquée dans son bureau.

Au lieu de l'éternelle clope électronique, il tripotait un paquet de Lucky Strike tout neuf. L'heure était grave.

« À la seconde où cette liaison a commencé, tu aurais dû m'en informer. Et te retirer de tous les sujets qui… "le" concernent. »

Imparable. Rien à ajouter.

Je me suis contentée de baisser la tête et d'éviter de pleurnicher pour la dixième fois de la journée.

« Tu es consciente de la publicité désastreuse que tu nous fais ? »

J'ai opiné, toujours incapable d'en décrocher une.

« Bon. Alors on va abréger cet entretien pénible. Je te colle un blâme et, crois-moi, tu t'en tires bien. La direction voulait ta tête. Quel gâchis… Maintenant, tu vas prendre des… congés. Une petite mise à pied officieuse, disons un mois, on avisera en fonction des événements. La RH est prévenue. »

J'allais passer la porte quand il m'a rappelée.

« Marianne… ne crois pas que je sois insensible. Je sais ce que tu vis. »

Gros flottement.

« Il y a une dizaine d'années, j'ai eu moi-même… un moment d'égarement… avec Céline Crochet, de la série *Gendarmettes*. J'étais déjà marié à l'époque, donc… »

Il a lâché un soupir.

« Enfin… Bon courage. »

Je suis partie me cacher quelque temps à Aix, dans les bras de Charlotte. Elle était déjà au courant. Ainsi que mes parents qui, au cours de cette année pourrie, ont reçu de nombreuses visites : faux électricien, faux amis perdus de vue… Et un vrai connard, qui s'est planqué dans le potager de ma mère en piétinant les courgettes.

À vrai dire, aucun de mes proches n'a été épargné.

« Reste à l'abri », qu'il disait.

« Joyeux anniversaire, Floupette ! »

Oui, Clément m'appelle « Floupette ». Ça change de « Peter ».

Il faut juste que je m'habitue.

En attendant, j'apprécie l'originalité de l'accueil. Debout au milieu du salon, ce crétin ébouriffé s'exhibe gaiement, vêtu… de mon manuscrit. Il a déglingué un vieil exemplaire pour en faire un pagne. La couverture pendouille devant, les feuilles derrière. C'est scotché à la diable autour de ses hanches. Ça ne cache pas grand-chose de son long corps mince et élancé, un corps à jouer les archers malicieux dans un film d'aventures en costumes.

Sauf qu'il n'a pas de costume. Et qu'il n'est pas comédien. Dieu merci.

« C'est toi, mon cadeau ?

— Non. Ça, c'est de l'érotisme festif. Ton cadeau, il est chez moi. »

Je crois savoir ce que c'est. Depuis des semaines, il travaille en secret sur une très grande toile, qu'il s'empresse de mettre au piquet dès que je débarque.

Surprise, surprise.

J'espère que ce n'est pas un truc trop naïf.

Clément Lopez, alias « kloP » de son nom de plume, est illustrateur, spécialisé dans les bouquins destinés aux tout-petits, et notamment la série *Bob le Dino*, dont raffole ma nièce. Surtout *Bob apprend à faire caca* et *Bob mange sa soupe avec les doigts*.

Très mignon.

Cependant, je vois mal Bob se livrer à ce genre d'activités sur le mur de mon salon.

L'appartement de kloP est aussi son atelier. Un foutoir plein de couleurs et d'odeurs crayeuses. L'antre m'a séduite autant que son propriétaire. Peut-être même un peu avant. C'est une solide barricade de fantaisie, cinquante mètres carrés de résistance passive aux assauts du dehors. Et pour m'y réfugier, je n'ai qu'à traverser le palier.

En changeant de piaule, j'étais loin d'imaginer que j'allais appliquer au pied de la lettre les conseils de mes amis : trouve-toi quelqu'un de ton monde. Le fameux *boy next door*. Le mec d'à côté. Mon voisin.

Tendre. Disponible. Rigolo.

Normal.

Enfin, presque.

Ce soir, c'est discutable. Monsieur « Érotisme festif » relève un bout de chapitre 12 (je crois) sur sa cuisse droite, avec un déhanché de strip-teaseuse aguerrie.

« Je suis plein de coquilles... J'ai besoin d'une bonne correction... »

Dieu, qu'il a l'air con. Mais tous ces muscles fins, cette épaisse tignasse chocolat, cette petite boucle d'oreille...

Qui ne serait pas émoustillé ?

... Moi.

Parce que je me marre un peu trop. Parce que nos invités ne vont pas tarder. Et parce que... J'en sais rien.

« J'ai les yeux qui saignent. Tu veux que je t'aide à le retourner ?

— Arrête, c'est méchant. Il va t'entendre. »

Je suis plantée avec Jean devant l'Œuvre, une fresque, pour ainsi dire : à lui tout seul, le truc fait un demi-mur. Tout à l'heure, j'ai fait l'erreur de déballer le cadeau de Clément devant tout le monde. Soit une quinzaine de nos potes respectifs.

Silence visqueux. Rares toux suspectes.

Des tréfonds de la stupéfaction, j'ai entendu quelqu'un dire : « Non, mais euh... c'est, genre... très ressemblant. »

Le visage, je dis pas. Clément a un sacré coup de patte. En dessous... C'est plus confus. Et en même temps, pas assez.

C'est pas *Bob le Dino*, c'est moi. Au fusain. En pied. À poil.

Et surtout… « en situation », comme on dit. Personne n'a osé demander laquelle. Disons juste que, si le Kamasutra avait une section « onanisme invertébré », j'aurais ma page dédiée.

Surprise, surprise.

De l'autre côté du canapé, le coupable distribue des bières en rigolant. Tout fier, tout content. Elle commence bien, cette soirée d'anniversaire.

Dani nous a rejoints, un peu à l'écart du reste de la troupe, qui papote bruyamment, le plus loin possible de l'expo crado.

« C'est fort, quand même. C'est gonflé… »

Et que je recule d'un pas, et que je me frotte le menton… Elle se croit au Palais de Tokyo ?

« Gonflé ? Mouais… ça dépend où tu regardes… D'ailleurs, c'est quoi, le truc, là, en bas ? » Jean se démanche le cou pour mieux voir. « Aaah, putain, d'accord. Je vais faire des cauchemars pendant un mois. »

Pendant que Dani et Jean se disputent sur les limites de la création et celles de la morale petite-bourgeoise, je cogite de toutes mes forces. Comment escamoter la Chose – sous mon lit… dans le garage de ma sœur… – sans faire de peine à l'artiste ?

Fatou interrompt mes pensées impures en se précipitant sur moi : « BON BISOUVERSAIRE !! »

Je vois. Ce n'est pas une dégustation d'eau minérale qui l'a mise en retard.

Encore pendue à mon cou, elle avise le tableau.

« Mais qu'est-ce que c'est ? Ouh, Sainte Vierge… LULU ! VIENS VOIR ! »

Lucas hésite à obéir, si terrifié par mon double pictural qu'il n'ose même pas regarder le modèle.

« Salut, Marianne », dit-il à mes mollets.

Lucas et Fatou sont ensemble depuis environ un an. Ils se sont rencontrés dans un club de rugby mixte. Oui, ça existe. Elle voulait « trouver sa colère », il essayait de vaincre sa timidité.

Double échec. Ils n'ont jamais réussi à se plaquer.

Le voilà donc, encore plus écarlate et muet que d'habitude, accroché comme un môme surdimensionné au bras de sa copine pompette.

« Mais REGARDE, Lulu, c'est MARIANNE ! »

Je crois que « Lulu » préférerait encore s'énucléer à la fourchette.

« Par contre… »

Elle s'incline, elle s'incline… Et son infortuné cavalier la rattrape par le coude.

« … j'ai jamais pratiqué cette position. C'est du yoga Bikram ? »

Jean avale sa Leffe par les narines et Dani laisse échapper un hennissement. Je m'interpose fissa entre Fatou et le tableau, avant qu'elle chausse ses lunettes.

« Et sinon… vous avez fait quoi, aujourd'hui, avec Lucas ? »

Subtil changement de sujet. Jean me regarde en ricanant de plus belle.

« On est allés au CINÉMA, parce que c'est SAMEDI ! »

Ah que youpi. Elle a au moins un litre de gnôle et un arc-en-ciel d'avance sur nous. Clément aussi. Un joint entre les lèvres, il essaie maintenant de faire danser tout ce qui bouge. Si je me dépêche de foutre un drap sur le Machin, il n'y verra que…

« … *Les Raisins de la colère*, et c'est GÉNIAL ! »

Oh.

Il paraît, oui.

Le film est sorti la semaine dernière.

Il l'a fait. Il l'a fait pour de vrai.

Il a joué Tom Joad. Il a même cosigné l'adaptation.

Quand l'info est tombée, il y a quelques mois, je n'en ai pas dormi de la nuit. J'ai évité toutes les projections de presse. Je me contente de l'affiche. Ses yeux, durs et tristes.

« Euh… Fatou…

— Mais quoi, Jean ? C'est vrai que c'est dément ! Et LUI, il m'a fait pleurer, je te jure !

— Fatou, BORDEL ! »

Bon, alors on se détend. D'abord, je ne suis pas une petite chose fragile qu'il faut protéger de tout. Et ensuite, j'aimerais bien profiter de la soirée. C'est mon anniversaire, BORDEL.

« Ça va, Jean… On va arrêter de faire comme s'il n'existait pas. À *L'Œil*, tout le monde ne parle que de ce film. »

Rarement avec moi, cela dit.

« Mais EXACTEMENT ! Elle est passée à autre chose, Peter… Euh, Floupette. Elle a son roman, elle a CLÉMENT ! Et de toute façon, Ben Whyte, il va se MARIER ! »

...

C'est la Grande Dépression.

Pas la mienne (quoique...). Celle des États-Unis. Les noires années trente. L'effondrement de tout un peuple. Les tempêtes de poussière. La tempête de misère.

Les Raisins de la colère.

Tom Joad et sa famille, au bout d'un long périple de douleur.

Il est assis sur une caisse, les coudes sur les genoux, à l'étroit dans une vieille veste mal taillée. La visière de sa casquette lui fait comme un abri précaire, un rempart d'ombres. Les convulsions incertaines du feu de camp éclairent à peine son visage amaigri. Elles n'embrasent que sa bouche.

« Je serai partout où les gens se battent pour nourrir ceux qui ont faim... »

Il se penche pour saisir la main de sa mère. Leurs doigts sont aussi rugueux et écorchés que le tissu de leurs vêtements.

Elle pleure.

Tom Joad a enduré trop de poussière, trop de misère. Tom Joad vient de tuer un salaud. La police le cherche, il doit partir.

Soudain, il relève la tête. Le feu gagne ses yeux...

Se propage aux miens.

Et je me laisse brûler, au troisième rang de la salle 4, à l'UGC Ciné Cité des Halles. Ou ailleurs, je ne sais plus. Peut-être que, dehors, le monde a lourdement tourné sur ses gonds. Peut-être que j'ai changé de saison et de latitude. Peut-être que tout a disparu.

Tout, sauf cette voix immense, torturée d'espoir.

« *Je serai partout dans l'obscurité. Je serai partout où tu regardes*... »

...

J'ai passé la soirée avec Bruce Springsteen.

La même ballade mélancolique, en boucle, depuis que je suis rentrée du cinéma. La même douceur trompeuse.

The Ghost of Tom Joad.

Ben Whyte la cite souvent, dans les interviews.

Il dit que le « fantôme de Tom Joad » hante toujours les camps de sans-abri, les ghettos, les friches industrielles, marche en tête des manifestations, se lève partout où sévit l'injustice sociale...

En gros, il paraphrase la chanson. Ou comment se faire pousser une conscience politique, entre deux jets privés et une demande en mariage.

Le « fantôme de Tom Joad » me poursuit d'une critique à l'autre, c'est un mille-feuille d'extase unanime. Même *Libé* ne se contient plus. Dans une double page titrée « *L'érection de la colère* », l'auteur évoque « *le prodigieux réveil d'un golem de cinéma, né dans la tourbe du malheur prolétaire* ». Et d'ajouter que Ben Whyte et Angel Torres – le réalisateur, ce petit génie de vingt-neuf ans venu du Mexique – « *imbibent le vieil humanisme fordien de toxines contemporaines* ». Et que les non-initiés se démerdent pour capter la référence au classique de John Ford, avec Henry Fonda.

En résumé, ça pue l'Oscar. Ou le quatrième Golden Globe.

Vers minuit, au prix d'un effort conséquent, je parviens à faire taire Springsteen et à fermer tous les onglets de mon navigateur Internet.

Je tente un repli sous la couette. La couette me fuit sur le plancher. D'un commun accord, on en reste là.

Un fond de café plus tard, Clément me manque. Il passe le week-end à Bordeaux, chez son frère. Volets fermés, juste à droite de ma fenêtre. Mon nouveau deux-pièces donne sur une petite cour intérieure, à peine mieux qu'un puits de lumière. Le vide étroit qui nous sépare à peine, et qui nous a réunis.

C'était en janvier dernier. Je venais juste d'emménager. J'étouffais de nostalgie et d'exil, dans les odeurs inconnues, les cartons intacts et la pénombre mesquine de l'après-midi. Ce jour-là, Ben Whyte roulait des pelles à Dieu sait qui, comme d'habitude. Au bord d'une piscine, et partout sur le net.

Ce jour-là, mon nouveau deux-pièces donnait sur le fond de cuve humide de l'hiver.

Je me suis retrouvée en train de sangloter à la fenêtre. Je ne sais pas combien de temps je suis restée encadrée là, cramponnée au rebord, à avaler du crachin par petites goulées meurtries.

Jusqu'à ce qu'on me tende… un rouleau de PQ.

Ça m'a pour ainsi dire séchée.

Voix masculine, en provenance de la piaule d'en face : « Désolé. J'ai cherché partout, j'ai pas de mouchoirs. »

Pas osé regarder à quoi ressemblait le secouriste amateur. Trop honte. Les yeux toujours rivés aux dalles du rez-de-chaussée, j'ai poliment refusé l'offrande, et amorcé une retraite.

« Attendez ! Attendez. »

Le PQ a disparu. Presque aussitôt remplacé par un grand chiffon maculé de couleurs. Il l'a laissé pendre sous mon nez.

« Et ça, par exemple ?

— Non, merci, vraiment, c'est gentil, mais… »

Le temps de finir ma phrase, il me présentait un gant de toilette. Puis une chaussette. Et puis une lampe.

« Vous voulez que je me mouche dans une lampe ? »

Ça méritait un peu d'attention.

Noyé dans un pull informe et taché, le cousin un peu trop mince de Corto Maltese – anneau d'oreille inclus – me souriait de toutes ses dents.

« Non, je veux vous faire marrer. On dirait que ça marche. »

Voilà comment, il y a presque un an, Clément m'a tirée du fond de ma cuve.

Pense à lui.

Laisse le golem dans sa tourbe.

Sur mon bureau, pourtant, la grande enveloppe est déjà affranchie. Prête à s'envoler chez Weber, Collins et Abrahmson. Les avocats de sinistre mémoire. La seule adresse postale dont je dispose.

Impossible de dormir. Je me rabats sur la télé. Tiens, je ne savais pas que les baleines étaient obligées de copuler hors de l'eau. On dirait un accident de zeppelins amoureux. Des tonnes d'optimisme qui s'arrachent à la gravité, défient le bon sens, et advienne que pourra. Encore raté, chéri. Tant pis. À l'année prochaine.

Je zappe.

Dans une heure, il fait jour.

Je me frotte le visage. Son visage. C'est bien pire qu'autrefois, ce phénomène de possession. Je voudrais m'arracher la peau. Me faire exorciser.

Calme-toi. Arrête de tout mélanger. Ce n'est pas du désir, ce n'est pas de l'amour, ni de la magie noire. C'est du cinéma.

Du grand cinéma.

Tu n'as pas pu t'en empêcher, hein. Tu t'es raconté qu'il avait fait ça pour te prouver quelque chose. Rien qu'à toi. Il a fallu que tu ailles vérifier.

Son plus beau rôle. Dans cent ans, il enflammera encore les cinémathèques.

M'en fous, je serai morte.

Je ressors mon manuscrit de l'enveloppe. La version actuelle, fatale à Benedict. Je n'ai pas encore entamé le sauvetage.

Pour ce que ça change… Ce truc va se perdre dans le courrier des fans. Et même s'il arrive à destination… « Tom Joad » n'a pas de temps pour la SF pseudo-quantique et sentimentale d'une ex oubliée. L'adoration des foules, c'est prenant. Celle de sa fiancée aussi. Je ne pensais pas qu'il était du genre à se marier.

En même temps, c'est Emma Sörensen.

Même moi, je pourrais l'épouser. La meuf est un miracle de la génétique. L'ultime triomphe du melting-pot à l'américaine. La crinière bleu-noir de la nation lakota, merci maman. Le teint délicatement givré d'anciens pionniers danois, merci papa. Et de grands yeux violets. Ouais, violets. La presse ne la surnomme pas « Liz Taylor 2.0 » pour rien. Une version augmentée. Splendeur et volupté, mais sans les cuites et les crises de nerfs.

La Liz Taylor de mon Richard Burton.

Lui aussi, il s'est trouvé quelqu'un de son monde. La star d'à côté. Voire de juste-au-dessus : encore plus de prix, d'hommages et de prouesses au compteur. Tout le gratin branché la veut dans ses films. Et en plus, elle est ambassadrice de bonne volonté pour l'ONU.

Évidemment.

Mère Teresa à temps partiel. Tu déboules en hélico dans je ne sais quel enfer putride, coucou les damnés de la terre, tu chopes un bébé en haillons pour la photo, et puis tu te barres aussi sec, dans ton petit ensemble en lin spécial tiers-monde.

Allons bon. Voilà que j'ai des aigreurs nocturnes.

On s'en fout d'Emma Sörensen. Elle peut bien bénir les foules, épouser Ben, lui faire six gosses, deux chiens et un Oscar.

Je veux juste qu'il me lise.

« J'apprendrai même le français, s'il le faut... » Tu parles. Il faut être ivre, même sans alcool, pour croire à ce genre de serments.

« J'apprendrai même le français, s'il le faut... » Est-ce que j'aurais osé m'entêter, m'exposer, sans ce murmure à mon oreille ?

Je n'en sais rien.

J'ai juste envie de remettre le manuscrit dans l'enveloppe. Je lui dois bien ça. Besoin d'une vraie conclusion. Celle que mon éditrice m'a volée.

D'accord. Alors, pourquoi tu n'en as parlé à personne ?

Parce que les gens se feraient des idées. Parce que Jean en ferait une jaunisse. Parce que Clément… Clément n'a rien à craindre.

Il est neuf heures, la poste vient d'ouvrir. C'est maintenant ou jamais.

Je m'habille, j'empoche mes clés, je relis une dernière fois la dédicace que j'ai griffonnée sur la page de garde :

« Merci pour *Les Raisins de la colère*. Tu es "partout dans l'obscurité". Partout, le seul Tom Joad. »

C'est peu de le dire. Trop peu. Sur un coup de tête, je prends un stylo, et j'ajoute une dernière chose :

« Et merci pour le "risque". Cette dernière nuit, en Italie, tu m'as donné bien plus que des souvenirs. Je voulais juste que tu le saches. Cet autre "Ben" te ressemble, il t'appartient, autant qu'à moi. »

Je cachète, je dévale les escaliers et jaillis dans la rue comme une baleine hors de l'eau.

Advienne que pourra.

30

Devine qui vient dîner

20 décembre, 19h30.

Puisqu'on ne vivra jamais tous les deux…

… On n'avait pas besoin d'emmener le clébard et les gosses. Lesquels, tassés à l'arrière, ont tous les trois envie de pisser.

J'ai un énorme saumon surgelé sur les genoux. Cette horreur récemment arrachée à la calotte glaciaire ne rentrait pas dans le coffre. Au rythme où on avance, la Bête va ressusciter avant de revoir un congélo.

J'aimerais quand même te dire, tout ce que j'ai pu écrire, je l'ai puisé à l'encre de tes yeux…

Ça bouchonne à la sortie d'Aix. Tout le monde s'énerve dans son petit habitacle de tôle et de buée. Les feux changent, rouge, vert, rouge, dilués par la pluie du soir, sans rien débloquer du tout.

Qui a eu l'idée de se farcir un hypermarché un samedi après-midi, cinq jours avant Noël ? Pas moi. En revanche, qui aurait dû rester un peu plus longtemps à Paris pour fêter la version finale de son bouquin, au lieu de moisir dans cette bagnole avec ses neveux, son beau-frère et Francis Cabrel ?

Le museau de Cézanne pointe entre les sièges. Une grande langue circonspecte vient sonder la boîte du monstre marin, qui fond sur mon jean.

« PAPA ! Lila, elle s'est encore détachée !

— C'est PAS VRAI !

— Mange tes morts, toi !

— Ho, FÉLIX ! Tu parles comment à ta sœur ? Je te… CÉZANNE, couché ! TOUT LE MONDE, COUCHÉ ! Putain… »

… Même moi ?

« Papa, il a dit PUTAIN ! »

Denis se passe la main sur la figure.

Je n'ose même pas lui demander de couper la chanson. C'est son dernier contact avec la civilisation, le pauvre. Et tant pis si ça ressemble à une parodie cruelle de mon initiative épistolaire du mois dernier.

Et si malgré ça, j'arrive à t'oublier… J'aimerais quand même te dire, tout ce que j'ai pu écrire…

… est resté sans réponse. Comme prévu.

Dans trois semaines, à Hollywood, c'est la cérémonie des Golden Globes. Le début de la saison des prix, qui s'achèvera fin février, avec les Oscars. J'espère qu'il aura quelque chose.

On redémarre. Denis en couine de soulagement. Un si petit bruit, pour un si grand corps.

« Préviens Charlotte, sinon elle va croire qu'on a eu un accident. »

Sur mon portable, je découvre treize appels en absence. C'est beaucoup, même pour ma débordante frangine. Il y a aussi une tripotée de textos :

« Vous avez pensé au saumon ? »

« Prenez-en deux, les cousins Corvo bouffent comme des enzymes. »

« Il arrive quand, Clément ? »

Le 29, Charlotte. Ça fait juste cent fois que je te le dis.

Et ainsi de suite. Tout ce qui lui passe par la tête. Vers la fin, elle me signale même qu'il y a Ben Whyte à la télé. Elle ne veut pas me découper des articles et me faire un album, aussi ?

Et maintenant, elle ne répond plus.

Quand on arrive enfin en vue de la baraque, il fait nuit noire, c'est presque l'heure du dîner, et Cabrel nous annonce qu'il va dormir chez la Dame de Haute-Savoie. Tant mieux pour lui. Nous, on va plutôt extraire du coffre l'équivalent d'au moins cinq réveillons et tenter de tout caser dans le frigo.

Si on parvient à rentrer.

« Oh, con de la lune. Quelqu'un s'est encore garé devant le portail. »

En effet. Un break gris nous bloque l'accès à la délivrance. Charlotte et Denis habitent une rue étroite, dans une zone résidentielle semi-campagnarde où les places sont chères.

« Qu'est-ce qu'ils ne comprennent pas, dans "Interdit de stationner" ? Faut vraiment que je leur mette une bite.

— Papa, il a dit BITE ! »

Non, Denis n'envisage pas de représailles sexuelles. Il veut juste installer un genre de plot rétractable devant sa propriété. Ça fait des mois qu'il en parle.

Nous voilà donc obligés de traverser le jardin, dans le noir et l'humidité froide, couverts de sacs Carrefour et de marmaille, le chien sur les talons. À la queue leu leu, on contourne les travaux boueux de la future piscine. Les lumières de la terrasse s'allument d'un coup, et Charlotte jaillit comme un boulet.

J'ai à peine le temps de l'entrevoir avant qu'elle me rentre dedans. J'en perds un de mes sacs. Une bouteille s'échappe, et roule à nos pieds.

« Merde, Charlotte, fais gaffe !

— Oh-Toutoune-oh-Toutoune… »

Pourquoi elle chuchote ?

« Tiens, tu veux bien ramasser ça ? » je demande, en la contournant. J'en ai littéralement plein les bras, j'ai envie d'atteindre la cuisine et la fin de cette journée. Denis me suit avec son chargement, les enfants cavalent vers la grande porte vitrée, mais Charlotte s'interpose, paumes en avant.

« Stop. Attendez. Tous. »

Non, elle ne chuchote pas. Elle râle. Elle agonise. Quelle tragédienne.

« C'est bon, remets-toi… Tu vas pas nous chanter *Madame Butterfly* pour une heure et demie de retard. On était coincés dans les…

— Denis, reste là avec les petits. Deux minutes.

— Mais…

— Fais ce que je te dis. Et toi, Marianne, écoute-moi. Pose tous ces trucs. Respire un bon coup. Ben Whyte est…

— Ouais, je sais… J'ai lu ton texto, et alors ? Ses films passent sans arrêt à la télé, je m'en…

— J'ai jamais parlé de la télé, crème de noix. Il est… »

Elle me serre l'épaule si fort qu'elle va me coller un bleu.

« Dans le journal ? À la radio ? Oh mon Dieu, il est MORT ?

— Ici, Marianne. Ben Whyte est ici. »

…

J'entre.

Il se lève.

Je le regarde dans le ventre. Plus haut, c'est trop haut.

Je vois le verre de vin dans sa main. Je vois les lumières du sapin mourir dans la laine noire de son pull. Je vois la poche de son jean, et la clope électronique qui dépasse. Je vois ses grosses chaussures de daim à semelles crantées, sur les volutes du tapis.

Le chien me bouscule et file renifler l'inconnu en agitant la queue.

Il n'obtient pas une caresse.

Moi, en revanche, j'étreins toujours sauvagement mon gros saumon.

Ça va pas être possible.

Demi-tour, sauve qui peut.

…

« Non, non et non, j'y retourne pas à ta place… Putain de merde, Toutoune !

— Je t'en supplie… Dis-lui…

— Rien du tout ! »

On s'affole *mezzo voce* juste devant le salon, comme deux figurantes piégées dans un film d'horreur.

« File-moi ce poisson et rentre là-dedans, tout de suite. Fais quelque chose, ou bien je... Oh. Euh... Rebonsoir. »

Il vient de nous ouvrir la porte au nez.

La barbe le grignote, assaille sa pâleur. Il tient encore son verre, dont il semble avoir oublié l'existence. Deux taches d'un rouge malsain cuisent sur ses pommettes.

Pire qu'ému. Contagieux comme la mort.

Même l'air a de la fièvre. Le hall palpite, avec tout ce qu'il contient. Les dalles grises, le tricycle. Les paires de godasses en vrac, le grand vase d'immortelles séchées.

« Marianne... », dit-il. Et sa voix me dissout la colonne vertébrale.

Charlotte est statufiée. Sa pupille a cet éclat bizarre que Ben allume chez tant de gens. Le célèbre effet Bernadette « Pincez-moi-j'y-crois-pas » Soubirous.

Moi, j'ai eu ma dose d'apparitions divines pour toute une vie. Je me retiens quand même de tomber à genoux.

À l'étage, quelqu'un tire la chasse d'eau.

« MAMAN ! J'ai fait PIPI ! »

Ma sœur s'ébroue, m'arrache le saumon surgelé, et m'abandonne sur un dernier murmure : « Démerde *yourself.* »

...

Plus que moi, et lui.

Dans la baraque de Charlotte et Denis. À Puyloubier, Bouches-du-Rhône, village fleuri, Trou-du-Monde.

Ben Whyte, hors sol. Hors de lui.

Une idée démente me traverse : il a détesté mon roman. Il l'a trouvé tellement abject qu'il m'a traquée jusqu'ici pour me le dire.

Pas moyen de soutenir son regard. Autant se jeter dans un incendie de forêt. J'en ai la rétine qui grésille et le cœur qui frit.

« Je suis venu. »

Euh, oui.

Là n'est pas la question. Partout ailleurs est la question.

« Je suis venu pour lui. Il est ici ? »

Lui ?

« Qui ? »

Miracle, j'ai émis une syllabe.

« L'enfant. »

Hein ?

« … Félix ?

— Il s'appelle Félix ? Je veux le voir. »

Mon cerveau, cet accessoire désormais inutile.

« Mais… pourquoi ?

— À ton avis ? »

À mon avis, on va tous finir internés.

C'est l'instant que choisit mon neveu pour se risquer dans le hall, une tartine à la main et des miettes partout, y compris dans son maillot bleu et blanc de l'OM et sa sombre tignasse, typique de la marque Corvo.

« Eh bien… Le voilà… Fixette, euh, Félix, tu veux bien me laisser discuter un peu avec le monsieur ? »

Fixette ne bouge pas un cil, les yeux gros comme des frisbees. Pendant sa période fantasy, il était accro à *La Chevauchée des ténèbres*. Très, très accro. Le DVD en a pratiquement fondu. Alors, le « monsieur », avec sa barbe et son air farouche, c'est pas un monsieur. C'est Samael, le roi-sorcier. Pourfendeur d'orques, légende des Trois Comtés, héritier de l'Orme sacré. Et tout ça en personne et en jean, à domicile.

Ce gamin va se remettre à croire au père Noël.

« Me prends pas pour un con, Marianne. Pas celui-là. L'autre.

— L'autre ? Lila ? »

Quelque chose vacille dans l'œil veineux de Ben Whyte. On dirait qu'il n'a pas dormi depuis l'été dernier.

« C'est une fille ? Mais tu as dit… Tu as écrit "l'autre Ben"… J'ai cru… »

Et soudain, tout s'éclaire.

Vraiment tout.

« Cette dernière nuit, tu m'as donné bien plus que des souvenirs… », lui ai-je écrit.

Oh, non.

« Cet "autre Ben" te ressemble. Il t'appartient, autant qu'à moi. »

Non, non, non…

« Alors… comment dire… Je crois qu'il y a un petit malentendu… "L'autre Ben", ce n'est pas… c'est juste un personnage… euh, dans mon roman. Je n'ai jamais… Toi et moi, on n'a pas… fait d'enfant. »

Il ouvre la bouche. La referme. Déglutit. Recule vers le mur. Marche sur une basket. Rajuste ses lunettes. Observe Félix, qui suit tout sans rien comprendre, en transe devant Le Héros.

Samael, Tom Joad, James Bond… Tous au bord des pommes, comme un seul homme.

« *No baby?*

— *No baby.*

— Tu es sûre ? »

Attends que je réfléchisse. Distraite comme je suis.

« Certaine.

— Vraiment ?

— Vraiment.

— Putain… »

Le fond de vin, dans son verre, tangue dangereusement.

« Putain, putain de putain de…

— Non, mais…

— *Bloody fucking stupid moron… Pawdomoi…* »

Pawdo-quoi ?

Je me tends toute entière pour comprendre, à la frontière de son parfum : menthe, cuir et plastique, luxe chimique.

Il sent le voyage. L'air conditionné. L'avion.

« Pardon-moi… Je suis… une grande con. Il est faux être ici. Je parte, maintenant. »

En français. Ou apparenté.

Il déglutit péniblement et désigne la porte du salon : « Mon manteau… »

« Félix, va prendre ta douche… Et alors, euh… You compte rester un peu… *tonight* ? »

Charlotte vient de ressurgir de nulle part, avec son anglais pourri et un sourire de démonstrateur en électroménager.

« *Because… We have very good lawyers.* »

Mais qu'est-ce qu'elle raconte ? C'est quoi, cette menace ?

Ben se raidit aussitôt. Sur son visage, le masque de star hautaine durcit comme du plâtre à prise rapide.

« Moi aussi, j'ai d'excellents avocats, madame… »

Il a parlé vite, entre ses dents.

« J'espère que nous n'en viendrons pas à les comparer aux vôtres. Ne vous inquiétez pas, je m'en vais. »

Charlotte ne capte rien. Elle fait oui-oui de la tête d'un air encourageant :

« Ah… OK. Et attention, I make moi-même la mayo. With fines herbes. Délichousse. »

J'ai tout juste le temps de me tourner vers Ben et de couiner « *avocado, not lawyer* » avant de sombrer dans un fou rire sans fond.

21 décembre, 0h04.

La terrasse est plongée dans la pénombre.

Seules les lumières du salon nous apportent une touche de chaleur faiblarde.

Pas la peine de se demander ce que Charlotte et Denis foutent encore en bas, au lieu d'aller au pieu, digérer leurs émotions et leurs *lawyers* à la mayo.

Je suis sûre que ces deux fouinards sont planqués derrière un rideau, au spectacle. Il n'y a pourtant pas grand-chose à mater.

Marianne et la star, assis côte à côte à la grande table en fer, occupés à se taire. Intensément.

Nos infusions (« ze herbes of ze jardin », a dit Charlotte) sont froides depuis longtemps. Ici, en hiver, la nuit est pure et cinglante, surtout quand le vent chasse la pluie. Mais sous la grosse veste en peau retournée de Ben, il doit faire très doux.

Comme toujours. Comme avant.

Mes clopes s'accumulent dans le vieux pot de yaourt prévu à cet usage. Un maigre ruban de fumée se love dans la vapeur lourde et blanche de la cigarette électronique.

Il est resté dîner. Dans la cuisine de ma sœur. Tous serrés autour de la table, cherchez l'erreur. Imperméable à la gêne ambiante, Lila a beuglé son *best of* de Noël *Le petit renne au nez rouge* en boucle jusqu'au dessert. Félix a oublié de manger : il regardait Ben, en mâchant sa serviette. Quant à Denis, ce grand benêt, il parlait à son assiette. Je crois qu'en sauçant la mayo, il lui a bredouillé « je suis votre plus grand fan ».

Moi, j'étais en rotation satellitaire.

Autour de rien.

Seule Charlotte a fait de gros efforts, en franglais mondain : « Do you are in vacances dans le coin ? » Et Ben…

Ben, qui s'est laissé inviter, nourrir, arroser de côtes-de-provence et de palabres, en dépit de toute logique. Ben, ses yeux qui me tenaillaient, ses cernes de bagnard, son accent suave, laborieux, quand il a articulé, *in French* : « Non, je ne suis pas. Je cherche pour Marianne. Pour parler à elle. »

Finir par recevoir le manuscrit, bloquer sur la dédicace. Et « chercher pour Marianne », jusqu'au fond de la Provence.

« Quand on a les moyens, on retrouve qui on veut », a-t-il lâché en me suivant sur la terrasse.

Depuis, j'attends qu'il m'explique. Comment trois phrases ambiguës ont pu lui ravager la tête au point de tout planter. De traverser le monde entier. De louer une bagnole à l'aéroport pour se précipiter ici, tout seul. Sans assistants, sans courtisans, sans gardes du corps. Sans Emma Sörensen. Et sans me prévenir.

Tout ça pour un môme qui n'existe pas.

Je tire une latte, j'inhale sa présence, si nette, si floue. Lui, il observe ma bouche.

« Tu me donnes envie de replonger. »

Frisson violent. Putain d'hiver.

« Je veux dire… de te piquer une vraie clope », s'empresse-t-il d'ajouter, en désignant vaguement notre périmètre nuageux.

Ah.

Toujours le même anneau, à son petit doigt. En attendant sa voisine l'Alliance.

« Quand est-ce que tu as décidé… »

… de te marier ?

« … d'arrêter le tabac ?

— L'année dernière. Et toi… Quand est-ce que tu as coupé tes cheveux ? »

Sa main s'élève, touche mes boucles courtes, redessine mon oreille. Il la regarde faire, absent, pensif. Comme une marionnette qui décline toute responsabilité sur les caprices de ses ficelles.

« Tes beaux cheveux…

— Quand les gens ont commencé à me reconnaître.

— Oh, Peter. »

C'est trouble, et triste, de l'arc de ses sourcils jusqu'au bout de ses doigts qui s'attardent, réveillent lentement des fantômes le long de ma joue, au bord de mes lèvres.

« J'ai pas encore lu ton roman… Je vais le faire traduire. J'essaye d'améliorer mon français, quand je peux, mais… »

Maintenant, c'est moi qui caresse sa paume calleuse, fervente et brouillonne. Avec tout mon visage.

« Tu es gelée… On devrait…

— Oui. Il est tard. »

On se lève, dans un lourd raclement métallique.

« Bon. Je…

— Tu vas dormir où ?

— Dans le ciel. Je retourne à l'aéroport.

— Tu en aurais fait quoi, de cet enfant ? »

C'est plus fort que moi, il faut que je demande.

« Je ne sais pas. J'avais juste besoin de le voir. Et peut-être, aussi, de… Peu importe. J'aurais jamais dû venir. »

Le temps a donné quelques coups de griffe, au coin de ses paupières. Je ne les avais pas remarqués, avant. On ne les voit que de près.

De très près.

Je suis accrochée aux revers de son cuir, il se cramponne à mon pull, le déforme dans ses poings fermés… Depuis quand ?

« Peter. Fous-moi dehors. »

Je ne réponds pas. Je ne me fais plus violence. C'est comme une torpeur.

Reste.

Reste.

J'ai fermé les yeux.

Senti des baisers effleurer mes paupières, réchauffer mon nez glacé.

« *Please*... Je ne peux pas... J'ai quelqu'un.

— Je sais. »

Tout l'univers sait.

« Moi aussi, j'ai quelqu'un, Ben. Mais...

— Mais ?

— Mais... juste...

— Juste cette nuit ?

— Juste cette nuit. »

21 décembre, 11h50.

Son bras se resserre autour de ma taille, ses lèvres réchauffent ma nuque, mes talons chatouillent ses mollets.

Ce n'est pas une couette, c'est une annexe de l'été, pendant que décembre secoue les volets et fait siffler la fenêtre. Ce n'est pas un lit, c'est une petite république libre. Population : deux. Climat : équatorial. Produit intérieur brut : une félicité volée, fourbue, adultère.

Impénitente.

Quelqu'un fait la cuisine, en bas. Sans doute Denis. Ça sent le thym et la sauce tomate. J'entends la voix de Charlotte, mais avec la radio à fond – cette fois, c'est Polnareff qui nous promet qu'on ira tous au paradis –, on ne comprend pas ce qu'elle dit.

Je me retourne, dans la tiédeur de Ben, sans ouvrir les yeux. Je le laisse croire à mon sommeil, l'envelopper, le choyer... Je fais durer. On se soude un peu plus, la couette glisse...

« TOUTOUNE ! »

... pour se rabattre aussitôt, jusqu'à mes yeux.

La porte s'ouvre à la volée. Le paradis n'a pas de verrou.

Trois petits pas vifs.

« *Hello... Lily.*

— Lila, pas Lili. Pourquoi t'es là ?

— Shhh... Marianne, elle... dorme.

— C'est toi, maintenant, son amoureux ? Tu lui fais des bisous au lit et tout ? Elle s'est divorcée avec Clément ?

— *What?*

— Elle va devenir reine, alors. Parce que Félix a dit que toi, tu es le roi de... des trois côtés de l'énorme sacré. Donc si elle te marie, ça veut dire que... »

Je sens le rire de Ben frémir contre mon flanc.

« *Hey, hey, wow... Slow down... Too much French.* »

Léger remue-ménage sous la couette. Il se tortille discrètement pour tenter de retrouver son caleçon. En vain.

« *Fuck...*

— Pourquoi tu dis phoque ? »

Un silence.

« Non mais... en vrai, Marianne, c'est ton amoureuse ?

— "Amoureuse" ?... *Well, this is none of your business, you nosy little pixie.*

— J'ai pas compris. »

Un autre silence.

« Bon, alors. C'est ton amoureuse ou pas ? »

Lâche l'affaire, Lila. Au nom du ciel.

...

« *Yes, Pumpkin.* »

Yes ? De quoi, *yes* ?

« Oui, je suis... amoureuse... de... elle. *Happy now?* »

Non.

Non. Non.

Il parle à une gamine de cinq ans. On raconte n'importe quoi aux enfants. Que la mort n'existe pas, contrairement à la petite souris. Que les steaks poussent sur les arbres, pas dans les veaux. Que...

Lila se marre comme une tordue :

« On dit amoureux ! Reux, pas Ze !

— *I wish I wasn't, Pumpkin. God... Not again.* »

Il a dit ça tout bas. Juste pour lui-même.

On ira peut-être tous au paradis, mais dans la limite des places disponibles.

23 décembre, 17h20.

Denis fait semblant de lire *L'Équipe*. Toutes les cinq minutes, ses yeux furtifs passent la ligne de flottaison du journal.

Objectif Ben.

Lequel, à la surprise générale, est encore là, dans toute sa splendeur peinarde et laineuse. Installé sur le canapé, comme chez lui, et plongé dans un scénario.

« *INCROYABLE !* », hurle la une du canard sportif, que mon beauf a au moins le bon goût de ne pas tenir à l'envers.

« *Just an Ordinary Day* », répond tranquillement le titre du script que mon acteur compulse, les lunettes au bout du nez, les pieds nus croisés sur mes genoux.

Oui, mes genoux.

Plus rien n'est « *ordinary* ».

Tout raide sur son pouf, à moitié embusqué dans les amples branches du sapin, et aussi illuminé que les boules qui l'encadrent, Denis est en état d'hypnose critique.

Depuis samedi soir, il n'est que borborygmes et contemplation idolâtre.

Je caresse les chevilles de notre invité. Même ses malléoles sont belles. Il lève les yeux vers moi et se fend d'un lent sourire…

« Toutoune ! »

Plus tard, Charlotte. Plus tard… J'ai des malléoles à vénérer.

Ben remue les orteils. « *Two Toons*… Ça te va bien, ce surnom : Goofy et Betty Boop dans le même corps. » On pouffe comme des cons. À nous deux, on est en train de repousser les limites du déni béat jusqu'en Australie.

« Marianne ! *Vieni qua! Subito!* »

Houla. Elle est passée à l'italien. Ça va barder.

Je m'arrache pour gagner la cuisine. Et me faire doucher direct : « Il a l'intention de s'incruster combien de temps, là ? *Cazzo*… À quoi vous jouez ?

— Mais Charlotte… Je croyais que tu l'aimais bien. Hier, tu lui as même fait des lasagnes.

— Évidemment, que je l'aime bien. Comment veux-tu… Il est tellement craquant que ma fille et mon mec veulent me quitter pour l'épouser. Fixette en oublie son obsession pour le foot, et moi, je ne sais même plus qui est Tom Cruise. C'est dire. Mais… »

Je recule vers la porte, elle me retient par le coude.

« Il va bien falloir qu'il laisse la place… "Floupette". »

Je ne veux pas penser à Clément. À ses blagues tendres, au téléphone, pendant que Ben mentait, lui aussi, trois pas plus loin : « Oui… Au ranch, avec Martin… Oui, quand tu rentres d'Aspen… Hmm… Moi aussi. » Et puis il a raccroché, et on est retournés dans ma chambre pour s'entraîner à éviter le sujet.

Lila pointe son museau dans la cuisine, coiffée d'un serre-tête jaune à antennes intégrées qui remuent toutes seules, agitées par une invisible brise : « Je peux aller jouer aux abeilles tueuses avec Ben ? » Et de foncer aussitôt en bourdonnant vers le salon, sans attendre la réponse.

Je me laisse tomber sur une chaise.

« Je ne sais pas pourquoi il traîne ici, Charlotte. Lui non plus, je crois. On prolonge le sursis tous les jours. »

Et on se tient éveillés jusqu'au matin suivant, en bloquant la porte avec une chaise, comme des ados enivrés d'intimité.

« Tu crois que cette pipelette, là, ou même Félix, ils vont garder ton secret ? Il faut que tu parles à Clément.

— Pas maintenant.

— Quand ? Le jour de son arrivée ? Et en attendant, il n'a pas mieux à foutre, ton amant célèbre ? La moitié de la planète doit être en train de le chercher partout. Et les paparazzis, Marianne, tu y as pensé ? On n'en a pas tous assez bavé ?

— Aucun risque. Tout le monde le croit en Nouvelle-Zélande pour Noël. Il m'a dit…

— Parlons-en, de Noël. C'est demain soir, je te signale. Tu vois Ben Whyte faire la chenille avec papa, un chapeau en carton sur la tête ? Ou avec Tata Monica ? »

Tata Monica. La sœur aînée de mon défunt grand-père Corvo. Quatre-vingt-dix-huit ans, soit presque un siècle de pure malveillance. Surtout depuis qu'elle n'a plus toutes ses frites dans le même cornet.

Mémé Giù l'appelait *La Piaga*. Le Fléau.

Jamais compris pourquoi on se la cogne à chaque réveillon. Mais si elle accepte de faire la chenille…

« Arrête, Marianne, c'est pas drôle.

— Non… Si. Je m'en fous.

— Moi pas. Tu sais comment on vous a retrouvés, quand on est rentrés, tout à l'heure ? Endormis sur le canapé, collés comme deux chatons dans une boîte à chaussures. Tu bavais sur son pull, il te tenait comme s'il avait peur qu'on te vole, avec ses lunettes en travers de la gueule, son nez dans tes cheveux, et son scénario dans la main.

— Oui, et alors ?

— Et alors... »

Elle s'assied en face de moi et pose ses mains bien à plat sur mes genoux.

« Alors, ça m'a crevé le cœur. »

25 décembre, 2 heures et quelques brouettes bancales.

Donc,

Un, je trompe mon mec.

Deux, je déçois mon père.

Certes, je suis trop pintée pour m'en soucier depuis des heures, mais on se marre quand même beaucoup plus depuis que Jean-Pierre Corvo est rentré se coucher, en emportant son courroux, ses cadeaux et Tata Monica.

Ma mère, elle, est restée. Elle est en train de finir le champagne au goulot, tout en faisant valser une Lila débraillée, que personne n'a le courage d'expédier au lit pour la douzième fois.

Et moi, j'adore Ben Whyte. Son regard allumé. Les mèches qui s'emmêlent sur son front. Son T-shirt Black Sabbath tout collant contre mon ventre, la pression de sa main...

... à quel point il jure dans le décor.

« TELLEMENT GÉNIAL, J'ARRIVE PAS À LE CROIRE ! »

Charlotte, son chignon qui pointe à l'est et ses vapeurs d'alcool, se jette entre nous deux pour serrer Ben contre sa robe de fête à sequins dorés.

Il a fait sa star. Il leur en a foutu plein les yeux, avec son cadeau de luxe : un voyage à quatre, où ils veulent, quand ils veulent. Il leur suffit de contacter Martin.

Ça ressemble à ce qu'il m'avait proposé, il y a un an et demi. Mais eux, ils ont accepté.

Félix déboule en zigzaguant derrière un ballon. Il a enfilé sa tenue de foot toute neuve, godasses à crampons incluses, et nous bouscule en hurlant : « PSG enculés ! »

Comment en est-on arrivés là ? Je finis par me demander si cette visite miracle ne s'est pas transformée en enquête de terrain chez les ploucs.

Après tout, ça colle avec la seule info qu'il a lâchée sur Emma Sörensen, l'autre nuit : « Elle m'apprend à déconstruire mes préjugés. »

Débrouille-toi avec ça.

Elle pourrait aussi s'occuper de mon père, Emma. Les préjugés de Son Excellence le Directeur d'Études ne sont pas près de se déconstruire. Du bon béton bien solide. Ce soir, personne ne l'avait prévenu. Il s'est présenté au bel étranger, la main tendue et le sourire académique, poliment intrigué : « Jean-Pierre Corvo, enchanté. »

Et là, il l'a remis.

Même si sa cinéphilie dépasse rarement l'Europe et les années quatre-vingt, le paternel a bien été obligé de se mettre à jour, quand les paparazzis nous ont tous harcelés. Je le soupçonne d'avoir encore moins supporté la vulgarité du scandale que la violence de l'intrusion.

Sa fille, étalée dans des torchons populistes, par la faute d'un agent de la sous-culture mondiale.

Planté dans le hall, le professeur Corvo a toisé Ben comme s'il venait de lui rendre un mémoire plein de fautes d'orthographe à la gloire de l'économie de marché. Et bien sûr, cette vieille crevure de Tata Monica a flairé le sang : « C'est le remplaçant du grand maigre ? Déjà ? »

Pas si démente que ça.

Mon père n'a pas décroché un mot de tout le dîner. Il n'a même pas ri quand Félix a demandé au « roi sorcier » de ressusciter la dinde. Encore moins quand Lila a déclaré, fourchette en l'air, que notre hôte était « amoureuse » de moi, mais que moi, j'étais amoureuse « d'Alpa ».

« De qui, *Pumpkin* ?

— D'Alpa Tchino. C'est son chéri de la télé.

— Elle les collectionne, celle-ci ! » a lâché Tata Monica, en me jaugeant à travers sa cataracte.

Mais j'avais les caresses de Ben, sous la nappe. Ses doigts qui jouaient avec les miens.

J'ai chuchoté : « désolée » et j'ai reçu un drôle de sourire : « *Never mind.* Il n'est pas près de me revoir, ton père. On va tous s'en remettre. »

Ça m'a un peu gâché la bûche.

25 décembre, 13h20.

Rien n'est jamais acquis à l'homme, ni sa force, ni sa faiblesse, ni son cœur…

Brassens me réveille, tard. Seule.

Je m'enfonce dans l'oreiller, la bouche en carton, le corps cassé.

Et puis je me souviens.

Un dernier baiser. L'odeur du savon et de la verveine.

Cette nuit, dans l'escalier, je ratais toutes les marches. Il a fini par me porter jusqu'à la chambre, pendant que je continuais à jacasser.

« Ben… je suis contente que tu sois là.

— Moi aussi.

— Vraiment très, très contente…

— Moi aussi.

— Ben ?

— Oui ?

— Charlotte, on lui a crevé le cœur. »

J'ai senti qu'il m'allongeait sur le lit.

« Ah bon, pourquoi ?

— Parce qu'on est doux.

— C'est toi qui es douce. »

Il a débouclé mes chaussures, elles sont tombées sur la moquette.

« Ben ?

— Oui ?

— Tu l'aimes, Alma ?

— Emma.

— Je demande pas comment elle s'appelle. Je demande si…

— J'ai compris… Redresse-toi un peu. »

Mes collants ont glissé le long de mes jambes.

« Ben ?

— *Honey*?
— Je crois que je te préfère.
— À qui ?
— À tout le monde.
— Shh, lève les bras. »

Plus de T-shirt.

« Et aussi… Je voulais te dire… *Les Raisins de la colère*… C'était…

— Peter… »

La fermeture éclair de ma jupe est restée entrouverte dans ses mains.

Tu vas me manquer toute ma vie.

Mais peut-être que j'ai rêvé.

…

Mon bel amour, mon cher amour, ma déchirure…

Deux coups à la porte.

Charlotte entre avec précaution, comme dans une chambre d'hôpital. Elle s'assied au bord du lit, caresse mon bras inerte.

« Il est parti, Toutoune.

— Je sais.

— Il m'a dit de te donner ça. »

Un bout de papier, plié en quatre. Quand je l'ouvre, quelque chose tombe sur la couette.

L'Anneau. Le métal est lourd, épais. Quelque chose est gravé à l'intérieur.

« *Liz & Joe. 23-08-85* »

Une alliance. Celle de sa mère.

Il n'y a pas d'amour heureux.

« Charlotte ?

— Oui ?

— Je peux te demander un service ?
— Tout ce que tu veux, Toutoune.
— Change de disque. »

31

Tous en scène

« Attends, j'en ai un autre : “Hannibal Lecteur” !

— Pas mal. Si tu vends des polars bien crades… Mais je préfère “Des mots-lire”.

— Trop agressif. “Écrits Vains” ?

— Tu veux faire faillite ?

— Et “Qui l'eût lu” ?

— Lulu ? Déjà ? Où ça, dehors ?

— Mais non, Fatou, il est pas là, ton mec. On cherche un nom de librairie.

— Vous voulez appeler une librairie “Lulu” ? »

Non, ils veulent se défouler. Jean et Serge sont arrivés en avance, aussi nerveux que moi. Alors ils se vengent, à coups de jeux de mots pourris. Sous le nez de Clémence Boucher et de l'attachée de presse, des vendeurs et du patron de… Lis Tes Ratures.

« Sérieux, je pensais que ces conneries, c'était réservé aux salons de coiffure », insiste Jean, sans se soucier d'être entendu. « Comme, genre… tu sais… Réverb'Hair… ou Laxa-Tif… »

Serge pouffe dans son col roulé : « Tu imagines le slogan ? *Nos coupes sont à chier* ! »

Ni le personnel de la librairie ni celui des éditions Le Nombril du Dragon ne se déglinguent de joie sur le parquet. Clémence Boucher m'a dit que je pouvais inviter quelques amis, pas une bande de comiques déficients.

Bientôt dix-huit heures. Première séance de signatures. Lis Tes Ratures est l'une des plus belles librairies du Quartier latin, tout près du Panthéon. Aussi profonde qu'étroite, plus cossue et ouatée qu'un terrier de hobbit. Ça sent le miel, le papier, le calme et la cire à bois. Le versant chaud de l'hiver. Le long des étagères, de hautes échelles semblent tendre vers un ciel de cuir patiné.

Dans ce sanctuaire tamisé, mon tas de « romances paranormales » et leurs couvertures bleu électrique jurent comme des déchets de pique-nique au fond d'un sous-bois.

Personne ne va venir.

Même le titre me semble ridicule : *Antichronique*. Même ma photo, au dos de ce parpaing, me fait grincer les nerfs. Vague rictus, regard de proie, frange explosive sur maquillage blafard : le charme d'un harfang des neiges empaillé.

Si Clément était là, il en crèverait de rire. Ou pas. Après tout, même sur cette horrible quatrième de couverture, je porte l'Anneau. En pendentif, au bout d'une chaîne d'argent.

Clément n'a plus envie d'être là. Pourtant, il a essayé. Vraiment essayé. J'ai avoué, on a pleuré. On a parlé des nuits entières. Il est parti, il est revenu.

Mon cœur n'y était pas.

Il s'est épuisé à le chercher partout. Il s'est blessé en le retrouvant par hasard, dans le carton d'épreuves toutes neuves qu'on m'a livré il y a trois semaines. Dans l'encre noire de mes regrets, imprimés en exergue : « Pour toi seul, dans ton île. Envers et contre le temps. »

Résultat, je n'ai plus d'amoureux d'à côté. Juste un voisin.

Je ne sais plus où j'habite.

Même Clémence s'en aperçoit :

« Cul-Dieu, Marianne, arrêtez de faire cette tronche de balai de chiottes. Vous allez rencontrer vos lecteurs ! Les ventes démarrent bien, et j'ai d'excellentes critiques à vous montrer. Bonus, elles ne parlent pas toutes de vos… accointances. »

Bien sûr que mon éditrice est au courant, pour les « accointances ». Comme tout le monde. Ça n'a plus d'importance. Depuis peu, les tabloïds se posent d'autres questions.

Moi aussi.

Dimanche dernier, à Los Angeles, c'était la cérémonie des Oscars.

Cette année, aucune force au monde n'aurait pu m'empêcher d'y assister en direct, malgré le décalage horaire.

Même pas Jean.

Du coup, il s'est shooté au café, il a apporté des pizzas, et on s'est vautrés devant la télé, au milieu de la nuit. Mozzarella, chorizo, origan…

Et trauma collectif.

…

Flashback. Ça commence comme toujours : par un clampin survolté, devant l'entrée du Dolby Theatre, sur Hollywood Boulevard. Cette année, le type en question porte un complet satiné et une énorme paire de lunettes à la mode Elton John. Autour de lui, tout est démesuré, même le tapis rouge. Tout brille. Les fringues, les néons, les spots, les flashs, les tentures, les dorures, les sourires, l'étourdissant défilé des monstres.

Micro en érection, Monsieur Loyal brave le tumulte glamour pour assaillir chaque star qui débarque. Nicole Kidman, en mousseline aussi pâle que sa peau. Reese Witherspoon, drapée dans sa malice. Christopher Nolan… Saoirse Ronan… Matt Damon… Et Ben.

Ben Affleck.

Une bonne demi-heure passe, à coups de questions révolutionnaires du genre : « Qu'est-ce que vous avez mangé, avant de venir ? » Macaron au café, pour Meryl Streep. Tajine végan pour Joaquin Phoenix. Et juste « mes ongles » pour Ben.

Ben Stiller.

Putain.

Je n'attends que ça depuis le début, avec une sorte d'avide terreur. Et pourtant, rien n'amortit l'impact quand vient le tour de Ben.

Ben Whyte.

Sa mine hostile, du front plissé à la barbe impeccable. Ses cheveux, trop bien coiffés. Ses lèvres, amincies de dédain.

Et sa fiancée.

Monsieur et madame Plein-la-Vue.

Smoking sombre et fourreau pourpre. Vigueur et grâce. Main dans la main. Fake-Elton trépigne comme un gamin : « Emma, Ben ! C'est votre dernière sortie officielle avant le mariage ? » Soudain, il fait très froid dans les yeux-chaloupes de l'homme que j'ai perdu. Mais Emma Sörensen sourit et pousse une épaule dénudée contre le bras de mon… de son mec : « Ne soyez pas si pressé ! On a un prix à gagner, d'abord ! »

« On » ?

Je ne t'ai pas vue pousser des charrettes dans *Les Raisins de la colère*, toi, que je sache.

« Mmh », marmonne Ben en tripotant ses boutons de manchette, sans regarder personne ni se donner la peine d'avoir l'air concerné. Elton-Toc saute néanmoins sur l'occasion : « Exa-cte-ment ! Un Golden Globe il y a quelques jours, et ce soir, peut-être… votre PREMIER Oscar ! C'est tellement excitant, on est excités, vous êtes excité ? »

Non, imbécile. Quand il est excité, ses yeux perdent leur couleur. Son sourire s'effondre sur lui-même. Son accent revient, engourdi d'indécence.

« *You're so damn delicious*… »

Ce type, dans la télé, il a dit qu'il adorait m'allumer. Voir crépiter la cendre et remonter les flammes. Qu'il aimait ça « *more than anything* ». Qu'il voulait rester en moi pour toujours. Trop émue pour être honnête, j'ai répondu « ça va un peu compliquer les déplacements ». Et on a ri comme des crétins.

Ce type, dans la télé, il a bouffé les lasagnes de ma sœur. Il a joué au foot avec mon neveu. Il a demandé des nouvelles de Wanda le poisson.

La bête est morte, l'an dernier.

Ça dure combien de temps, un deuil ?

« Je peux avoir tes croûtes ? » a demandé Jean en tendant la main vers mon carton à pizza.

Tu parles d'un soutien.

...

La scène du Dolby Theatre est décorée de grandes parois réfléchissantes qui multiplient la silhouette menue de Natalie Portman. Elle étincelle en lamé blanc, seule au micro. « Qu'est-ce qu'un acteur ? » commence-t-elle, la précieuse enveloppe serrée entre ses doigts.

Jean ronfle, je n'entends pas la suite.

« Des jeux d'ombres, des jeux de masques. Shakespeare disait... »

C'est des conneries, cette histoire de pincer le nez des gens qui dorment pour les mettre en veilleuse. Ça ne marche pas du tout.

« Cinq hommes exceptionnels, ce soir... Cinq performances qui, chacune à sa manière... »

Natalie, abrège.

Jean, ferme la bouche.

Je n'ose même pas aller me chercher un truc plus fort que du coca, j'ai peur de tout rater.

J'ai peur. J'ai peur. J'ai peur.

Si on m'avait dit qu'un beau jour (ou peut-être une nuit), j'allais me dissoudre de trac par procuration devant la cérémonie des Oscars, je n'aurais même pas trouvé ça drôle.

La salle paraît immense. Un infini de gloires attentives et de velours rouge.

Dans leur palais des glaces, les douze Natalie Portman redressent les épaules : « Voici donc les nommés, dans la catégorie “meilleur acteur dans un rôle principal”… Leonardo DiCaprio, pour *Moneymaker…* »

Dans la salle, Leo salue. Bref extrait du film.

Je vais crever.

« Hugh Jackman, pour *Love Prodigy…* Tom Hanks, pour *Un homme banal…* »

La tête de Jean rate mon épaule, ça le réveille en sursaut.

« Putain, c'est pas encore fini ?

— Chut.

— Il reste de la pizza ?

— Jean. Sans déconner. Ta gueule. »

« … Et enfin Ben Whyte, pour *Les Raisins de la colère.* »

Ovation. Extrait. Gros plan.

Il est tellement pâle, dans son costume noir. Tellement tendu. Il ne s'applaudit pas. Ne réagit pas quand Emma Sörensen, assise à côté de lui au premier rang, lui parle à l'oreille, lui serre le bras, joue toute seule le jeu de l'intime complicité.

Moi, c'est pareil, mais avec Jean qui me tapote le genou.

Douze Natalie Portman, une seule enveloppe.

« *And the Oscar goes to…* »

Scritch, scratch…

« … BEN WHYTE! »

Et la caméra fait son truc tourbillonnant, un grand huit pour attraper l'émotion, entre la salle entière qui se lève, la brève étreinte de la fiancée, les types du rang de derrière qui tapent sur l'épaule de Ben, le félicitent, le secouent, l'ébouriffent, Ben qui franchit les quelques mètres qui le séparent de la scène, hagard, les cheveux dans les yeux, Ben qui grimpe les marches, qui serre l'une des Natalie Portman dans ses bras, Ben qui…

« On savait qu'il allait gagner, non ? C'est pas un peu du pipeau ? Tu m'avais dit que… Marianne ? Tu pleures ? »

Pas du tout.

Douze Ben Whyte contemplent désormais leurs douze statuettes dorées, dans un silence religieux.

« Je n'ai rien préparé… »

Énorme poilade dans l'assistance, comme si c'était le clou d'un spectacle de stand-up. Il arrache son regard du Bibelot Sacré et esquisse un sourire de cancre.

« Non, vraiment. Je vous jure. »

Focus sur Emma S., hilare et attendrie. Retour sur Ben W., qui marque une pause.

« Mais… tout est écrit d'avance, non ? Tout le monde sait ce que je vais dire. Angel… Angel Torres, tu sais ce que je te dois. Tu es un putain de génie, et… merde, j'ai dit "putain"… »

La salle explose, le réalisateur des *Raisins de la colère* chiale par-dessus son nœud pap, et la voix de Ben tremble un peu.

« Et tout ce que je dois à John Steinbeck. Merci, John. Merci Tom Joad. Tous les Tom Joad de la Terre, ceux qui encaissent chaque journée comme un coup de poing dans le ventre. Ceux avec lesquels j'ai grandi, si loin d'ici, si loin de… »

« Tu as des yaourts ? J'ai encore faim.

— Jean… C'est pas parce que tu chuchotes que c'est moins chiant. »

Ben fait passer son Oscar d'une main à l'autre. Au centre de tous ces miroirs, éclatant et troublé, il ressemble à un illusionniste qui aurait oublié ses tours.

« Je voudrais bien sûr aussi remercier mes partenaires, l'équipe du film… »

Jean se lève.

« Je peux aller voir ce qui te reste à bouffer ? »

« … Les membres de l'Académie… Et tous ceux qui nous ont fait confiance. Mais… surtout… »

Je crois que j'ai des cornets au chocolat.

« Regarde dans le congélo. »

Le temps que je reporte mon attention sur la télé, le vainqueur s'est tu, les yeux sur le micro. Le silence s'étire, une ou deux quintes de toux au-delà du raisonnable.

Puis il relève la tête, et ce n'est plus le même sourire. Celui-ci déraille. Secoué. Instable. Combustible. À carboniser le Dolby Theatre, et tous les satellites qui chopent l'événement.

« … Surtout toi, Peter. »

Jean se prend la porte de la cuisine.

Je tombe du canapé.

« Sans toi, ce film n'existerait pas. »

Marianne, le monsieur dans la télé te parle.

Il rit un peu, tout seul.

« La tête que tu dois faire, si tu me regardes… Tu vas me haïr. »

Non, non. Pour l'instant, j'essaie juste de retrouver mes organes vitaux sous le tapis. C'est pas gagné.

« Je suis sûr que tu viens de te cogner à quelque chose. Là, maintenant. Un coin de table ? Tes propres genoux ? »

Marianne, le monsieur dans la télé te voit.

« Oui, parce que… il faut que je vous dise… Peter n'aime pas attirer l'attention. Ça provoque toujours des… collisions. Peter, c'est un accident grave… C'est mon accident grave. C'est… »

Sa poitrine se soulève. Ou la mienne.

« … mon amour. »

Oh, nom de Dieu.

Pas moi qui le dis. Jean. Loin. Ailleurs.

« Alors, oui, je sais, Peter… J'ai renoncé à devenir ton risque. Mais pas à t'offrir le mien. »

Il brandit son Oscar. Comme un poing.

« Ça… C'est à toi. Tu m'entends ? À personne d'autre. Voilà, j'ai fini. Merci à tous. »

Dans le grand rien qui suit, on entendrait une mouche péter au Nouveau-Mexique. Et puis les applaudissements éclatent, hystériques et confus. Les deux à la fois. Quelqu'un, à la régie, se rappelle de changer de caméra. Le siège de la fiancée est vide.

Depuis, le couple star est porté disparu. Aucune déclaration. Aucune piste. Ils doivent être quelque part sur un astéroïde privé, en train de se rabibocher.

En attendant, on en prend plein les kiosques.

« Ben Whyte : après l'Oscar, le coming-out ? »

Une demi-douzaine de « Peter » célèbres – oui, même Jackson, Dinklage et Doherty – ont dû publier des démentis en urgence. Ça me fait une belle barbe.

« Coming-out », tu parles. Dimanche soir, il s'est laissé déborder. Il s'est fait jouir à mes dépens, devant des millions de témoins. Après l'Anneau, le Show. Juste un adieu de plus. Encore un. Cette histoire n'en finit pas de finir.

« *Avis de recherche : qui est Peter ?* »

Ils peuvent tous se brosser jusqu'à l'os pour le savoir. Et pourtant, cette fois, j'aurais voulu essayer.

« *Go public.* »

Benjamin Winston Whyte vaut tous les dangers. Toutes les morsures. Je n'ai plus peur de rien. Sauf du rien.

« *Emma Sörensen, humiliée en direct ! Peut-il la reconquérir ?* »

… Veut-il ?

Fatou, Serge, Charlotte… Et même Jean, et même Dani… Ils s'attendaient tous à ce que je saute dans un avion, aller simple pour l'Inconnu, la gueule enfarinée, le palpitant en bagage cabine. Ils voulaient même se cotiser pour payer le billet. Merci bien, et après ?

Los Angeles. 18,5 millions d'habitants. Ça fait beaucoup d'adresses à vérifier.

J'ai plus de chances d'intégrer par erreur un gang de South Central que de retrouver Ben là-dedans. Si toutefois il y est encore. Et qu'il n'a pas tout à fait « renoncé ».

Du coup, j'ai envoyé un mail. Via Martin, l'assistant. Lundi matin, tandis que pointait l'aube aux doigts de grésil et que vrombissait Jean dans le canapé, j'ai vidé mon cœur sur mon clavier. Sans oublier une goutte. Sans relire un mot.

Il paraît que je manque de souffle. On me dit que j'ai des élans à petit budget. Très savoureux, de la part de gens qui n'ont cessé de me freiner.

Et depuis ? Pas de réponse. Après l'Oscar, le Râteau.

La tête me tourne, c'est une joie neuve, un peu effrayante.

Lis Tes Ratures est blindé. Tout à l'heure, Fatou est revenue à ma table en jouant des coudes, essoufflée, le bonnet de travers : « La queue va jusqu'au coin de la rue ! Les gens n'arrêtent pas d'arriver ! »

Ils sont tous sortis vérifier, à tour de rôle. Pendant que je dédicaçais, à tour de bras.

Après un quart d'heure d'ébullition, mes amis ont commencé à s'emmerder ferme. Ils sont allés prendre un verre dans le bistrot d'à côté. Ils viennent juste de rappliquer, vaguement pompettes, pour constater que la situation n'a guère évolué.

Je ne me suis coltiné qu'une petite dizaine d'obsédés de Ben Whyte. « Ça vous fait quoi, de le voir avec une autre meuf ? » a demandé une fille, pendant que sa copine gloussait dans son dos. J'ai failli écrire « Je t'emmerde » sur son exemplaire. Et puis il y a eu ce type, qui n'a même pas essayé de me tendre un livre. Attaque frontale : « Arnaud Chenu, du magazine

InstaGlam. Qu'est-ce que vous avez pensé de la soirée des Oscars ? Vous êtes toujours en contact ? Vous savez quelque chose ? »

Clémence l'a chopé par le coude et dégagé avec la fermeté d'un videur de camping aux abords des sanitaires.

Moi, j'ai demandé un verre d'eau. Et brièvement envisagé de me le renverser sur la tête.

...

« ... Dans une logique de boucle temporelle, si on tient compte du principe de cohérence de Novikov... »

Il est désormais vingt heures, et ce petit point « science & crédibilité » est offert par un certain Ludovic, physicien tatillon, pendant que je gribouille sur mon bouquin, d'une écriture de plus en plus pataude.

Mes doigts ne se ferment plus très bien, contrairement à mes paupières. La lumière rousse de la librairie, la chaleur, les parfums mêlés, le brouhaha, la monotonie des gestes, tout invite à la torpeur.

On a dépassé l'horaire de fermeture, et les gens continuent d'affluer.

Derrière moi, l'équipe et les potes ont débouché le champagne. Clémence, très en verve, amuse la galerie avec ses anecdotes d'écrivains : « ... Le type voulait refaire *La Ferme des animaux*, mais avec des plantes... Ouais, dans un potager. Courgettes dominantes, poireaux soumis... »

Et moi, je signe.

Je signe.

Je signe.

Assise à ma table, à peine le temps de voir à qui j'ai affaire. Je parle à un défilé de ventres. En blouson de cuir. En sweat. En pull, en doudoune, en hoodie, en jean. En T-shirt Anonymous. Ou Wonder Woman.

Ou Bad-Xzorcism.

Encore un geek.

Je l'Xzorcise vite fait, et puis basta. Je vais boire une coupe. Le nez dans le livre, je l'ouvre à la page de garde.

« Bonsoir, c'est pour qui ? »

Satan, je parie.

« C'est pour… une échange. »

En se posant devant moi, l'Oscar fait un petit bruit mat. Toc chic.

Attends. Oh, attends.

Un instant.

Un instant seulement, je reste coincée sur l'arrogante statuette. Crâne chauve, épaules larges, petit cul : Monsieur Propre, Golden édition.

Au-delà de cette anomalie, il y a l'homme au T-shirt moche. Le « X » rouge sang qui marque sa poitrine comme une blessure, ou l'emplacement d'un trésor. Le visage caché sous une sobre casquette de base-ball, la visière au ras des cils, barrage dérisoire contre l'émotion.

Pendant quelques très longues secondes, il ne se passe rien. À part cette légère parenthèse, qui s'ouvre dans sa joue barbue.

Je n'entends pas se tarir la rumeur des conversations. Je ne vois pas les gens briser la file. Les gens qui réalisent. Reconnaissent. Frémissent. Fouillent leurs poches, leurs sacs, trouvent leurs téléphones.

Il pose un doigt sur le livre. Sans cesser de me bouffer des yeux.

« Je peux avoir ma dédicace ? »

Oui.

Oui, oui.

Où est mon Bic ?

La pile de bouquins vacille, je me dresse pour la rattraper, mon bras balaye l'Oscar… Et tout s'écroule.

Ben se mord la lèvre.

Quelqu'un me file un stylo. Quelqu'un dit « non, pas maintenant », quelqu'un d'autre dit « j'y crois pas ». Et les portables dansent, lumineux comme des lampions de fête.

Sous la phrase imprimée, cette phrase qui dit déjà tout, j'écris… « Gros bisous ».

Mais vraiment.

Pas un truc du genre « chaque jour sans toi est un grain de sel sur une plaie béante », ou quelque autre fioriture à la con.

Non. « Gros bisous ».

Amis de la poésie, *fuck off*.

« *Thanks, Peter.* »

Et de désigner le machin hollywoodien, qui gît désormais sur le flanc au milieu des bouquins, tel une statue de dictateur dans les décombres d'une révolution.

« Pour tes étagères. »

Ce petit geste négligent. Ce monument de charme.

Voilà qu'il recule, un brin théâtral. Gentleman-braqueur, butin littéraire à la main. La foule s'écarte, et je reçois un immense sourire.

C'est comme entrer dans le soleil.

Et puis il tourne les talons, le long d'une haie d'honneur médusée. Direction la sortie.

...

Je touche l'Oscar couché, qui oscille un peu.

Fatou s'approche : « Marianne... »

Non mais...

... Il se fout de ma gueule ?

Peut-être qu'ils apprennent ça dès leur premier cachet, ces enflures de comédiens : toujours se démerder pour qu'on leur coure après.

La porte de la libraire fait ding et me propulse sur le trottoir.

En double file, la voiture scintille sous la pluie froide et les lumières brouillonnes.

« BEN ! »

Il se retourne.

Comme Carmine, qui lui tient la portière. Comme les passants, sous leurs parapluies sombres. Comme ce pauvre type en trottinette électrique, qui manque rouler dans une poubelle.

Dans mon dos, la porte refait ding. Et encore ding. Toute la librairie est en train de se déverser dans la rue.

Je suis déjà au bord du trottoir. Au bord de Ben Whyte.

« Pourquoi tu t'en vas ? »

Encore un pas. Mon visage brûle, le sien aussi. On dirait qu'il étouffe. Que mon regard prend trop de place dans sa poitrine. Nos souffles assèchent le même air.

Tout l'univers va prendre feu.

« Pourquoi tu es venu ? »

Lentement, sa paume vient caresser ma joue.

« Peter… Pas maintenant… Tu vas ameuter toute la ville.

— Je m'en fous !

— … Vraiment ?

— Mais oui, putain ! »

Et bon Dieu, c'est vrai. À m'en râper la voix, malgré l'attroupement qui grossit. Devant les véhicules qui ralentissent et bloquent peu à peu la chaussée. Dans le charivari des appels et des klaxons, pendant que Carmine s'efforce d'écarter les curieux, et même un flic en uniforme.

Sans compter les paparazzis. Déjà.

Aucune importance. On dégage un tel champ de force que leurs photos seront blanches. Ils n'auront pas le sourire de Ben. La joie sauvage qui lui monte aux yeux. Déferlante verte.

« Tu t'en fous, qu'on nous voie ensemble ?

— Oui, je t'ai dit !

— Même si ça finit dans le journal ?

— Si tu savais à quel point.

— Même si on nous emmêle pour de bon ? Même si…

— Ben !

— … Peter ?

— Je veux plus qu'on se démêle. »

Je relève sa casquette, pour mieux le voir. Une mèche s'échappe, s'accroche à ses cils. Notre baiser fait fumer la pluie.

Longtemps.

Un flash nous illumine tout entiers. Et Carmine intervient : « Monsieur… Il y a trop de monde. On dégage. »

Je ne sais même pas si Ben a entendu.

« C'est à cause de tes petites oreilles.

— Quoi ?

— Tes petites oreilles, Peter. Elles étaient trop… émouvantes. Je suis parti… pour éviter de les croquer tout de suite, et… »

Un autre éclair déchire la nuit.

« … de nous donner en spectacle. »

Un photographe nous saute à la gueule, Carmine le tire brutalement en arrière par son sac à dos, et Ben se marre.

« *How ironic.* »

C'est à moi, ce rire de mouette défoncée à la colle ?

« Quant à ton autre question… Tu le sais, pourquoi je suis là.

— Non.

— Menteuse.

— Un peu, mais…

— Qu'est-ce que je peux faire de plus ? Un communiqué ? M'installer à Paris ? Où tu veux qu'on habite ?

— … Comment ?

— Monsieur… Ben. Je me permets d'insister. Lourdement.

— Oui, Carmine, une seconde… »

Il inspire, ferme les yeux dans un nouveau fracas de lumière.

« Je m'étais promis de te le donner, ce foutu Oscar. Quoi qu'il arrive. Mais tu m'as écrit… Tu m'as écrit, putain. Alors je suis venu… me livrer en prime.

— Pour mes étagères ?

— Ton lit. Ta vie, en général. »

Je suis remplie d'étincelles. S'il ne me retient pas, je vais décoller.

Il contemple son anneau, à mon cou.

« Je te préfère à tout le monde, Marianne Corvo.

— Moi aussi, Benjamin Winston Whyte. Je t'… »

Et Carmine craque.

« Bon, ça suffit. Dans la voiture, tous les deux. Monsieur, j'ai votre service de presse en ligne. Je vous les passe ? »

Ça promet.

Remerciements

Générique :

Encore un instant, avant que les lumières se rallument et que la salle se vide. Pour moi, *Paris-Hollywood* est un « film à lire ». Du moins, c'est ainsi que je me suis amusée à le « réaliser ». Et comme tous les films, même celui que vous venez de feuilleter (un immense merci à vous !), il n'existerait pas sans la force, la chaleur et l'imagination de toute une équipe. Il est temps que les noms défilent, et que ma gratitude s'affiche en Dolby 3D.

Rôles principaux, soutien inconditionnel, effets spéciaux magiques (avec prosecco) :

Mon indispensable et merveilleux premier casting de lectrices (dans l'ordre alphabétique) : Aude, Emmanuelle, Guillemette, Mélanie, Myriam et Pascale.

Making of essentiel, technicolor familial et câlins internationaux :

Mes parents, mon fils Gabriel, et mes Québécois : Muriel, Marie, Alice, Mathieu, Félix et Emilien.

Distribution (de pâtés en croûte) et relecture à la loupe :

Emmanuel.

Montage, miracles, production (et toujours prosecco) :

Pierre Beaucousin, sans lequel mon manuscrit serait encore au fond de mon ordinateur.

Toute la formidable équipe de Flammarion, sans laquelle ledit manuscrit aurait loupé sa grande évasion : mention spéciale à Bertrand Pirel et Carole Saudejaud.

Éclairage, support logistique et diffusion d'optimisme (avec ou sans prosecco, mais plutôt avec) :

Toutes celles et ceux, collègues et amis, qui ont lu, relu, conseillé, encouragé… et subi sans se plaindre mon obsession pour Ben et Marianne. J'espère qu'ils se reconnaîtront.

Trompe-l'œil, trucages et avertissement :

Mon cher journal, qui m'a fourni les outils pour bâtir le décor et l'envie de jouer avec les rouages du métier de journaliste. La comparaison s'arrête là : *Paris-Hollywood* n'est pas un « roman à clé » et tous les personnages qu'on y croise sont totalement inventés. Si quelqu'un parvient à dénicher dans cette pure fiction la moindre *« ressemblance avec des faits réels »*, alors je veux bien le numéro de Ben Whyte.

Clap de fin.

À toutes et tous,

Merci.

Table

Imprimé en France par CPI
en février 2025

Cet ouvrage a été mis en pages par

<pixellence>

Dépôt légal : avril 2025
N° d'édition : 640167-0
N° d'impression : 182891